세상을 변화시키는 52주 구역공과

# 하나님의 은혜를 사모하는 구역

편찬위원회 지음

아가페문화사

하나님의 은혜를 사모하는 구역

구역부흥은 교회부흥

구역

이름

주소

교회 전화

하나님의 은혜를 사모하는 구역
성장하는 교회

# 교육 이념

1. 하나님의 영광을 높이는 구역
2. 하나님의 교회를 섬기는 구역
3. 하나님의 사랑을 실천하는 구역
4. 행복한 가정을 이룩하는 구역
5. 변화하는 시대를 선도하는 구역

## 구역공과 일러두기

교회는 살아있는 공동체요, 생명체입니다. 주님의 교회가 성장을 멈춘다거나 마이너스 성장을 한다는 것은 생각조차 할 수 없습니다. 교회의 성장을 돕는 것은 목회의 본질입니다. 문제점을 알고도 해결 방안을 찾지 않은 채 방치 한다면 언젠가는 교회공동체가 무너지고 말 것입니다.

초대교회 공동체는 말씀과 은혜와 성결한 '예배공동체' 였습니다. 현대교회의 문제점은 바로 이러한 '예배공동체' 의 상실 내지 변질된 방법론에 치우친다는 것입니다. 교회공동체의 원초적인 원동력은 바로 '삼위 하나님' 이십니다. 현실교회들이 양적부흥에 치우치면서 '성령론' 의 취약점을 극복하지 못한 채 방법론에 치우칠 수 있습니다. 아가페문화사는 구역공과 집필과 함께 목회의 지침을 " [성경찬송]-[구역공과]-[교회성장]"에 두고, 간절한 기도와 함께 목회의 도우미로 열심히 달려왔습니다.

교회목회는 목회자 한 사람이 하는 것보다, 평신도 일꾼들과 함께 "일꾼을 잘 키우고, 잘 세워 은혜 충만하도록 보내면 된다"는 신념 아래 '말씀의 생활화' 구현을 위해 12년 커리큘럼으로 구역공과를 유목적적인 목회 패러다임을 구상했습니다. 이제 기존의 패러다임을 고수하면서 완성을 향해 지속해가고 있습니다. 그 체제의 통일성은 ① 성경통독 ② 주간경건의 시간(Q. T.) 운영과 찬송 ③ 예배와 설교를 통해 연중 훈련하고 실천하도록 했습니다. 이렇게 성경강해를 중심으로 한 연중 목회계획과 기관 속회운영에 그리고 목회자에게는 말씀과 찬송의 융합적인 방법을 지켜왔습니다.

세상이 변하고 요동할지라도 '평안한 교회 성장'으로 구역이나 그룹의 발전은 물론 주님의 몸인 교회의 건강한 성장을 위해 본 교재가 말씀과 찬송의 용광로가 될 것을 확신합니다.

오늘날 성경교재의 다양성은 목회자들을 혼란케 합니다. 목회자들의 설교내용을 공과로 집필하여 재교육하는 교회들도 늘어가고 있습니다. 그러나 부교역자들이 집필하는 데도 한계가 있으며 부교역자들의 임무로 볼 때 생각해 볼 일입니다.

본 구역공과 편찬위원회의 집필진은 교육과 신학의 전문가들로서 커리큘럼의 구성과 교육현장에서 실천했던 노련한 실력을 바탕으로 성경교재를 집필하고 있습니다.

대도시와 소도시 및 농어촌과 산촌 교회들, 그리고 이역만리 선교현장에서 불타는 마음으로 선교와 목회하는 사랑하는 동역자들을 위하여 이 책 한권만 있으면 1년 목회를 성실하게 실천하고도 남을 수 있도록 만들은 것이 이제 18권이나 되었습니다.

[1]「부흥」· [2]「생동」· [3]「전진」· [4]「결실」· [5]「일꾼을 키움」· [6]「파송」· [7]「건강」· [8]「화목」· [9]「치유」· [10]「칭송」· [11]「생명을 살림」· [12]「주님과 동행」· [13]「성령 충만」· [14]「섬김과 전도로 부흥」· [15]「사랑으로 위로」· [16]「주님으로 새 힘 얻음」· [17]「하나님의 은총이 임함」에 이어 [16]「하나님의 은혜를 사모」의 목표로 한해, 한해 꼼꼼하게 성장해 왔습니다. 특별히 다른 자료들과 기타 사전들을

찾지 않아도 될 만큼 성경강해 자료 제공에 충실을 기했습니다.

구역인도자나 소그룹 리더들은 이렇게 운영하십시오.

첫째, 하나님의 말씀을 날마다 겸손히 듣고(행 10:33),
둘째, 말씀을 매일 양식처럼 먹으며(신 17:19),
셋째, 말씀을 체계적으로 공부하십시오(행 17:11; 딤후 2:15).
넷째, 요절 성구를 암송하십시오(시 119:11).
다섯째, 성경본문을 깊이 묵상하십시오(수 1:8).

본 교재는 평신도 지도자가 목회하는 심정으로 일 년 열두 달 매월 신앙성장목표를 설정하여, "한 주간의 묵상 자료"(Q.T. 가정 예배 자료)와 교회절기, 가정예식 공과를 통해 교회절기 문화와 기독교 상조문화를 선도해 가도록 시도한 최초의 구역공과입니다. 이 공과는 신년 · 고난절 · 부활절 · 감사절 · 중추절 · 성탄절, 임종 · 입관 · 장례식 · 하관(안장) · 추모 예배까지 이 책 한권만으로도 어떤 예배 준비라도 자신감을 갖게 될 것입니다. 또한 각 가정이나 구역의 소그룹에서 쉽고 간편하게 사용할 수 있습니다.

이 교재를 통하여 말씀의 생활화로 '성경을 배워, 예수님의 좋은 일꾼'으로 성장시키시기를 기도드립니다.

2016년 11월

소그룹 및 구역공과 편찬위원회 책임위원 신소섭 목사

## 구역공과 교재 사용법

– 찬송 · 묵도 · 신앙고백(사도신경) · 찬송 · 나눔 기도 –

**1. 먼저 '성경' 본문을 찾아 함께 읽으십시오.**
**2. '요절'을 3회 큰 소리로 함께 읽고 암기하세요.**
**3. '교재의 목표'를 읽고 마음에 새기십시오.**
**4. '시작하는 말'은 인도자나 지도자가 읽음으로 함께 이해하십시오.**
**5. '오늘의 말씀'은 한 대지씩 (팀, 개인) 돌아가면서 읽으십시오.**
**6. '함께 읽어요'는 모든 구역원이 한 목소리로 읽으십시오.**
**7. '정리하는 말'은 인도자나 지도자가 읽으십시오.**
**8. 구역원 모두 기도의 제목들을 적어서 제출하시고 짝 기도나 위하여 기도하십시오.**

–합심기도, 헌금, 가정을 위한 기도, 새 구역원 소개, 찬송, 주기도문
–※ **상기 사용법 4, 5, 6, 7번은 각 교회의 구역지침에 따라 진행하십시오.**

# 구역부흥은 교회부흥

# 성공적인 구역 운영 요령

## 1. 효과적인 개인전도 7가지 방법

- 영혼을 사랑하는 마음을 가져라.
- 전도 대상자를 확실히 정 하라
- 상대를 위하여 충분한 기도로 준비하라.
- 인격적인 교제를 가져라.
- 상대에게 무엇이 필요한가를 파악하라.
- 문제점에 대하여 간증으로 권유하라.
- 결신 후 최소한 3개월간을 영적으로 보살펴라.

## 2. 구역배가를 위한 5가지 기도제목

- 믿지 않는 가족을 위한 기도
- 병든 자를 위한 기도
- 개인이나 가정의 문제 해결을 위한 기도
- 각자의 소원 응답을 위한 기도
- 성령 충만을 위한 기도

## 3. 효과적인 구역원 상담의 5가지 방법

- 상대에게 되도록 많이 말할 기회를 주라
- 관심을 주변 환경에서 신앙생활로 전환시켜라
- 말씀에 입각하여 근원적인 해답을 제시하라
- 함께 기도하고 상담을 마무리 하라
- 확신을 갖고 말로 시인케 하라

## 4. 구역 운영 3가지 주의사항

- 이단 사설에 현혹됨을 예방하라
- 성도간의 금전 문제에 주의 하라
- 신앙적인 이야기 외에 무익하고 부덕한 말을 피하라

## 소그룹 및 구역공과 교육과정(제 1, 2학기)

| 학기 | 월 | 목표 | 과 | 제 목 | 본 문 | 요 절 | 경건의 시간 |
|---|---|---|---|---|---|---|---|
| 1 학기 | 1 | 은혜 사모의 달 | 1 | 하나님의 은혜를 사모하라! | 출 1 : 1- 22 | 출 1 : 20 | 출 1 : - 7 : |
| | | | 2 | 하나님의 구별되는 은혜를 입자! | 출 8 : 16- 22 | 출 8 : 22 | 출 8 : - 14 : |
| | | | 3 | 찬송의 은혜로 살아가자! | 출 15 : 1- 21 | 출 15 : 1하 | 출 15 : - 21 : |
| | | | 4 | 주님의 언약에 순종하는 은혜 | 출 24 : 1- 18 | 출 24 : 11 | 출 22 : - 28 : |
| | | | 5 | 사랑과 구속의 은혜를 입자! | 출 32 : 1- 35 | 출 32 : 32 | 출 29 : - 35 : |
| | 2 | 형통 간구의 달 | 6 | 하나님께 나아가는 은혜 | 출 37 : 1- 9 | 출 37 : 9 | 출36:-40:,요이,요삼 |
| | | | 7 | 구하는 바를 받음이라 | 요일 3 : 13- 24 | 요일 3 : 22 | 요일 1:-5:, 유, 옵 |
| | | | 8 | 고난당할 때, 기도하라! | 약 5 : 7- 20 | 약 5 : 13 | 약 1:-5: 삿 1:-2: |
| | | | 9 | 그대로 행하시는 하나님! | 삿 6 : 25- 40 | 삿 6 : 40 | 삿 3 : - 9 : |
| | 3 | 화해 평화의 달 | 10 | 입다의 지혜와 리더십 | 삿 11 : 12- 33 | 삿 11 : 28 | 삿 10 : - 16 : |
| | | | 11 | 하나님과 화목하는 삶 | 삿 20 : 17- 35 | 삿 20 : 23 | 삿 17:-21:, 룻 3-4: |
| | | | 12 | 룻의 아름다운 선택 | 룻 1 : 3 - 22 | 룻 1 : 16 | 룻 1-2:, 엡 1: - 6: |
| | | | 13 | 그는 우리의 화평이시다. | 엡 2 : 1- 22 | 엡 2 : 14 | 욥 40 :-42 :, 골 1:-4: |
| 2 학기 | 4 | 풍성한 은혜의 달 | 14 | 영광의 기업을 받자! | 잠 3 : 1- 35 | 잠 3 : 35 | 잠 1 : - 7 : |
| | | | 15 | 간절히 찾으면 만나리라! | 잠 8 : 1- 36 | 잠 8 : 35 | 잠 8 : - 14 : |
| | | | 16 | 마음의 경영을 이루리라! | 잠 16 : 1- 33 | 잠 16 : 3 | 잠 15 : - 21 : |
| | | | 17 | 주께서 갚아 주시리라! | 잠 25 : 8- 28 | 잠 25 : 22 | 잠 22 : - 28 : |
| | | | 18 | 현숙하고 지혜로운 여인 | 잠 31 : 10- 31 | 잠 31 : 10 | 잠 29:-31:, 빌 1:-4: |
| | 5 | 가정 행복의 달 | 19 | 평강이 넘치는 가정 | 빌 4 : 1- 23 | 빌 4 : 7 | 창 1 : - 7 : |
| | | | 20 | 예배하는 노아의 가정 | 창 8 : 15-9 :17 | 창 9 : 16 | 창 8 : - 14 : |
| | | | 21 | 웃음을 회복한 가정 | 창 21 : 1- 20 | 창 21 : 3 | 창 15 : - 21 : |
| | | | 22 | 축복이 임한 가정 | 창 27 : 1- 29 | 창 27 : 10 | 창 22 : - 28 : |
| | 6 | 애국 충정의 달 | 23 | 민족과 나라의 부흥 | 창 35 : 1- 15 | 창 35 : 3 | 창 29 : - 35 : |
| | | | 24 | 명철과 지혜의 통치자 | 창 41 : 25- 49 | 창 41 : 33 | 창 36 : - 42 : |
| | | | 25 | 용서와 화해의 정치 | 창 45 : 1- 28 | 창 45 : 5 | 창 43 : - 49 : |
| | | | 26 | 위로로 하나가 됩니다. | 창 50 : 1- 26 | 창 50 : 21 | 창 50 :-삼상 1:-6: |
| 교회 절기 | 신년절 | | 54 | 은혜로 한 해를 살게 하소서! | 눅 4 : 16- 23 | 눅 4 : 19 | 눅 1: 34 - 6 : |
| | 고난절 | | 55 | 십자가 대속의 죽으심 | 눅 24 : 25- 43 | 눅 24 : 26 | 눅 18:-19:, 막 12:-16: |
| | 부활절 | | 56 | 주님께서 살아나셨습니다! | 눅 24 : 1- 35 | 눅 24 : 7 | 눅 20 :- 24 : |
| | 감사절 | | 57 | 향유 옥합을 깨뜨려 감사 | 눅 7 : 36- 50 | 눅 7 : 38 | 눅 7 :- 13 : |
| | 중추절 | | 58 | 여호와로 기뻐하라! | 느 8 : 2- 18 | 느 8 : 10하 | 느 2 :- 8 : |
| | 성탄절 | | 59 | 그 이름을 예수라 하라! | 눅 1 : 26- 38 | 눅 1 : 35 | 눅 1:1-38, 마 1:-6: |

* 교회 절기 교육내용은 분문내용 마지막 부분에 있습니다.

## 소그룹 및 구역공과 교육과정(제 3, 4학기)

| 학기 | 월 | 목표 | 과 | 제 목 | 본 문 | 요 절 | 경건의 시간 |
|---|---|---|---|---|---|---|---|
| 3학기 | 7 | 교육수련의달 | 27 | 사무엘의 마지막 교훈 | 삼상 12 : 1-25 | 삼상 12 : 15 | 삼상 7 : - 13 : |
| | | | 28 | 순종교육을 솔선수범 하자! | 삼상 15 : 1-33 | 삼상 15 : 22 | 삼상 14 : - 20 : |
| | | | 29 | 신앙을 통한 인성교육 | 삼상 25 : 2-38 | 삼상 25 : 28 | 삼상 21 : - 27 : |
| | | | 30 | 성령의 가르침에 순응하자! | 삼상 28 : 1-25 | 삼상 28 : 17 | 삼상 28 :-삼하 3 : |
| | | | 31 | 다윗의 찬송 교훈 | 삼하 6 : 1-23 | 삼하 6 : 14 | 삼하 4 : - 10 : |
| | 8 | 법과정화의달 | 32 | 회개하면 용서하시는 하나님! | 삼하 12 : 1-25 | 삼하 12 : 7 | 삼하 11 : - 17 : |
| | | | 33 | 하나님의 공의를 찬송하라! | 삼하 22 : 1-28 | 삼하 22 : 21 | 삼하 18 : - 24 : |
| | | | 34 | 여호와의 율법을 즐거워하라! | 시 1 : 1-6 | 시 1 : 2 | 시 1 : - 7 : |
| | | | 35 | 의인을 은혜로 호위하심 | 시 5 : 1-12 | 시 5 : 12 | 시 8 : - 14 : |
| | 9 | 말씀충만의달 | 36 | 하나님의 도는 완전하다. | 시 18 : 25-50 | 시 18 : 30 | 시 15 : - 21 : |
| | | | 37 | 주의 길, 내게 가르치소서! | 시 25 : 1-22 | 시 25 : 4 | 시 22 : - 28 : |
| | | | 38 | 여호와의 말씀을 사모하자! | 시 33 : 1-22 | 시 33 : 6 | 시 29 : - 35 : |
| | | | 39 | 네 길을 주님께 맡기라! | 시 37 : 1-40 | 시 37 : 7 | 시 36 : - 42 : |
| 4학기 | 10 | 전도선교의달 | 40 | 진리를 선포하는 지혜 | 시 49 : 1-20 | 시 49 : 20 | 시 43 : - 49 : |
| | | | 41 | 주의 도를 가르치는 은혜 | 시 51 : 1-19 | 시 51 : 11 | 시 50 : - 56 : |
| | | | 42 | 진리의 깃발, 구원의 깃발 | 시 60 : 1-12 | 시 60 : 4 | 시 57 : - 63 : |
| | | | 43 | 민족이여! 주를 찾으라! | 시 67 : 1-7 | 시 67 : 5 | 시 64 : - 70 : |
| | | | 44 | 속량하신 은혜를 전파하라! | 시 71 : 1-24 | 시 71 : 23 | 시 71 : - 77 : |
| | 11 | 은혜감사의달 | 45 | 항상 찬송, 항상 감사 | 시 84 : 1-12 | 시 84 : 4 | 시 78 : - 84 : |
| | | | 46 | 곤고하고 궁핍해도 감사 | 시 86 : 1-17 | 시 86 : 1 | 시 85 : - 91 : |
| | | | 47 | 감사의 예물로 찬양하라! | 시 96 : 1-13 | 시 96 : 8 | 시 92 : - 98 : |
| | | | 48 | 감사로 여호와께 송축하라! | 시 103 : 1-22 | 시 103 : 2 | 시 99 : - 105 : |
| | 12 | 생명결산의달 | 49 | 성령이여, 임하소서! | 레 6 : 1-30 | 레 6 : 12 | 레 1 : - 7 : |
| | | | 50 | 신령과 진정한 예배 | 레 10 : 1-20 | 레 10 : 3 | 레 8 : - 14 : |
| | | | 51 | 올바른 생명 신앙의 길 | 레 16 : 1-34 | 레 16 : 10 | 레 15 : - 21 : |
| | | | 52 | 헌신과 정직한 결산 | 레 27 : 1-34 | 레 27 : 32 | 레 22:-27:, 민1: |
| | | | 53 | 아름다운 성전 봉사 | 민 4 : 1-33 | 민 4 : 30 | 민 2 : - 8 : |
| 가정의례 | 임종 예배 | | 60 | 모세의 임종 준비와 교훈 | 민 14 : 11-38 | 민 14 : 30 | 민 9 : - 15 : |
| | 입관 예배 | | 61 | 아론의 임종 | 민 20 : 10-29 | 민 20 : 29 | 민 16 : - 22 : |
| | 장례 예배 | | 62 | 새로운 지도자에게 위탁 | 민 27 : 1-23 | 민 27 : 22-23 | 민 23 : - 29 : |
| | 안장 예배 | | 63 | 비스가 산상에서의 모세 | 신 3 : 23-29 | 신 3 : 27 | 민 30:-33:, 신 1:-3: |
| | 추모 예배 | | 64 | 하나님을 더욱 사랑! | 신 6 : 1-19 | 신 6 : 5 | 민 34:-36:, 신 4:-7: |

* 가정 의례 교육내용은 분문 내용의 마지막 부분에 있습니다.

하나님의 은혜를 사모하는 구역
성장하는 교회

# 하나님의 은혜를 사모하는 구역

하나님의 은혜를 사모하는 구역

구역부흥은 교회부흥

1단원 은혜 사모의 달

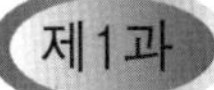

제1과

# 하나님의 은혜를 사모하라!

찬송 / 31, 534, 393 / 통일 46, 324, 447
성경 / 출애굽기 1:1-22
요절 / 출애굽기 1:20
"하나님이 그 산파들에게 은혜를 베푸시니 그 백성은 번성하고 매우 강해지니라."
목표 / 새해는 하나님의 섭리의 은혜를 사모하며 살아가도록 한다.

## 시작하는 말

대망의 새해가 밝았습니다. 하나님의 은혜가 충만하시기 바랍니다. 오늘은 이스라엘 백성의 출애굽에 대해 살펴보겠습니다. 본문에서 여러분은 애굽에서의 고역과 노예 생활 중에도 오직 하나님의 섭리와 은혜로 건져주시고 구원하시는 하나님의 놀라운 손길을 보게 됩니다. 물질(맘몬mammon)이 신이 되어 버린 이 세상에서 참 구원자는 여호와뿐임을 확신하게 될 것입니다. 역사 가운데 임재 하시고 구원과 생명을 주신 '여호와' 하나님께서 여러분들의 삶 가운데 친히 오셔서, 인도해 주시고 보호해 주실 것을 믿으시고 은혜를 사모하는 한 해가 되시기를 바랍니다.

## 오늘의 말씀

### 1. 영적 백성에 대한 하나님의 섭리의 은혜가 있습니다(출 1:1~5).

당시 야곱의 가족들은 ① 도덕적 부패와(창 34:1-3; 37:1-36; 38:1-30) ② 주변의 세속적인 환경에 물들고 있었으므로 하나님께서는 그들을 향한 하나님의 목적들을 이루시기 위하여 자기 백성을 구원하고 보호하는 일에 착수하십니다. 하나님께서는 세속문화로부터 분리시키시고 지키시려고 세 가지 조치를 취했습니다.

① 하나님께서는 야곱의 가족들을 위해 요셉을 애굽의 통치자로 세우셨습니다. 창 41:37-44 ② 하나님은 야곱 가족 전체를 가나안의 세속적 유혹과 영향으로부터 분리시키셨습니다. ③ 하나님은 그 가족을 애굽인 가운데 두셨지만 애굽인들의 배타성으로 인해 이스라엘과 아무런 관련을 맺지 않케 하시고, 그들과 혼합이나 통혼이 거의 없게 만드셨습니다. 그리고 나서 하나님은 야곱의 혈족 70여명을 애굽으로 인도하셨던 것입니다.

· 함께 읽어요 : 출애굽기 1장 5절
"야곱의 허리에서 나온 사람이 모두 칠십 인이요, 요셉은 애굽에 있었더라."

### 2. 이스라엘 백성을 애굽에서 번성케 하셨습니다(출 1:6~7).

하나님은 신실하신 분이셔서 아브라함을 통한 자신의 약속을 계속 이행하여 오셨습니다. 그 약속은 '씨에 대한 약속', 즉 한 위대한 민족(믿는 자들)을 창조해 나가시겠다는 약속입니다.

① 하나님께서 자기 백성들에게 하신 약속을 다 지키십니다. 6절

하나님께서 아브라함을 부르시고, 이스라엘을 선택하신 목적은 '세상을 구원하실 메시야이신 예수 그리스도를 세상에 보낼 통로가 될 수 있는 민족', '하나님의 거룩한 말씀을 세상에 전달해 줄 수 있는 민족', '살아 계신 유일한 참 하나님을 세상에 전할 수 있는 민족', '하나님을 가장 사랑하고 받들어 섬길 민족', '생명과 구원에 대한 진리, 특히 사람은 자기 자신의 공로나 자기 의義에 의해서가 아니라 오직 믿음으로만 하나님께 받아들여진다는 진리를 세상에 증거 할 수 있는 민족'을 세우시기를 원하셨습니다.

② 하나님께서 이스라엘 자손을 번성케 하십니다. 7절 이스라엘 백성이

애굽에서 얼마나 번성했는지를 성경에서 분명히 보여주고 있습니다.

개역성경에는 "생육이 중다衆多; 숫자가 아주 많음하고 번식하고 창성하고 심히 강대하여 온 땅에 가득하게 되었더라." 이것은 아브라함에게 주신 하나님의 언약의 성취이자 천지창조 시에 주신 "생육하고 번성하여 땅에 충만하라, 땅을 정복하라"는 문화명령의 성취요, 하나님의 언약의 성취이기도 합니다.

· 함께 읽어요 : 출애굽기 1장 7절

"이스라엘 자손은 생육하고 불어나 번성하고 매우 강하여 온 땅에 가득하게 되었더라."

## 3. 하나님의 백성이 압제를 극복하는 방법을 주셨습니다(출 1:8~22).

요셉을 알지 못하는 새 왕이 애굽을 다스리게 되었습니다. 요셉의 공로나 하나님을 잘 알지 못하는 왕이 세워져 모든 사람이 자유롭고 평등하다는 것을 알지 못하고, 새 왕에 의해서 고통을 받게 되었습니다. 그러나 그 속에도 하나님의 뜻이 섭리하여 실행되고 있었던 것입니다.

① 새 왕에 의해서 가해진 압제는 박해와 종살이였습니다. 출 1:11

② 고역에도 불구하고 하나님은 이스라엘을 창성케 하셨습니다. 출 1:12

③ 더 엄한 고역으로 고통을 주었습니다. 출 1:13-14

④ 하나님을 두려워하는 자들로 인해 극복했습니다. 출 1:15-21

a. 남자 아이가 낳으면 죽이라고 했습니다. 15~16절

b. 하나님을 두려워하는 산파들이 왕의 명령을 어겼습니다. 17절

c. 왕이 산파를 소환하여 물었으나 거짓말로 넘겼습니다. 18~19절

d. 선의의 거짓말을 한 산파들에게 은혜를 베푸셨습니다. 20~21절

· 함께 읽어요 : 출애굽기 1장 21절

"21 그 산파들은 하나님을 경외하였으므로 하나님이 그들의 집안을 흥왕하게 하신지라."

## 정리하는 말

성도 여러분! 세상의 물질 만능주의는 권력을 남용하고 기본권을 침해하며 하나님의 뜻을 거스르지만, 하나님께서는 인간에게 은혜를 베푸셔서 영적 존재로, 최고의 존엄성과 위엄을 가진 존재로, 하나님 자신의 형상대로 살아가도록 하셨습니다. 여러분! 여러분들의 믿음과 일과 교제 속에서 항상 하나님의 섭리를 사모하셔서, 하나님이 역사하시는 은혜로 금년 한 해도 축복 속에서 풍성하게 살아가시기를 간절히 소원합니다.

## 평가와 결심

1. 영적 백성에 대한 하나님의 섭리는 무엇이었습니까?
   (출 1:1~5, 가나안과 애굽의 세속문화로부터 지켜주심)
2. 애굽에서 하나님은 약속을 어떻게 성취시키셨습니까?
   (출 1:6~7, 아브라함의 약속의 씨를 통해 민족을 세우시고 보존하심)
3. 하나님의 백성이 압제를 극복하는 방법이 무엇입니까?
   (출 1:8~22, 하나님을 두려워하고 하나님의 섭리를 깨닫게 하심으로)

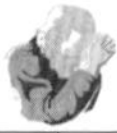

## 주간 경건의 시간 <1> · 날마다 말씀과 함께

| 요일 / 내용 | 주일/월(Mon) | 화(Tue) | 수(Wed) | 목(Thu) | 금(Fri) | 토(Sat) |
|---|---|---|---|---|---|---|
| 찬송 | 23동 / 25동 | 78 / 75 | 70 / 79 | 40 / 43 | 435 / 492 | 426 / 215 |
| 성경 | 출1: / 출 2: | 출 3: | 출 4: | 출 5: | 출 6: | 출 7: |
| 적용 | 은혜 베풂/모세 | 스스로 있는 자 | 하나님의 지팡이 | 내 백성을 보내라 | 신음소리를 듣고 | 피로 변하고 |

* 복수할 때 인간은 적과 같은 수준이 된다. 그러나 용서할 때 적보다 우월해 진다. <프란시스 베이컨, 1561-1626, 영국 철학자>

* 매일 찬송 숫자에서, 앞 숫자는 『21C 찬송가』 / 그 옆은 『통일찬송가』 장수이다. 숫자 다음 '동'자가 첨부된 것은 새 찬송가 장수와 통일찬송가 장수가 같다는 뜻.

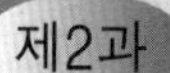

제2과

# 하나님의 구별되는 은혜를 입자!

찬송 / 365, 366, 369 / 통 484, 485, 487
성경 / 출애굽기 8:16-22
요절 / 출애굽기 8:22
"그 날에 나는 내 백성이 거주하는 고센 땅을 구별하여 그 곳에는 파리가 없게 하리니 이로 말미암아 이 땅에서 내가 여호와인 줄을 네가 알게 될 것이라."
목표 / 세상 가운데서 하나님의 구별되는 은혜로 살아가는 태도를 기른다.

## 시작하는 말

바로는 잠시 재앙을 모면하자 곧 하나님께 등을 돌리고 그가 한 약속을 어겼습니다. 하나님의 명령을 따른다는 것은 우리에게 큰 대가를 요구하는 것임을 알아야 합니다. 속담에 화장실에 들어갈 때와 나올 때 생각이 다르다고 했습니다. 어렵고 힘들 때는 간청하다가도 문제만 해결되면 돌아서 버리는 게 인간의 생리가 아닌가 싶습니다. 그러나 하나님께서는 당신의 백성들이 언제나 자신을 경외하고, 오직 은혜만을 사모하며 구별되게 살아가기만을 바라고 있습니다. 이를 명심하기 바랍니다.

## 오늘의 말씀

### 1. 바로는 마음이 강퍅하게 되어 약속을 번복합니다(출 7:22; 8:19).

모세와 아론이 바로 앞에서 지팡이를 던지니 뱀이 되었습니다. 바로가 현인들과 마술사들을 부르매 그들도 그들의 요술로 그와 같이 지팡이를 던지매 뱀이 되었습니다. 또한 바로는 모세만이 아니라 요술사들도 자기들의 요술로 나일강의 물이 피로 변하는 것을 보자 그의 마음이 완악하여져서 그들의 말을 듣지 아니했으니 여호와의 말씀과 같았습니다. 7:22절 바로는 이번에도 약속을 번복했습니다.

아론이 지팡이를 잡고 손을 들어 땅의 티끌을 치매 애굽 온 땅의 티끌이 다 이가 되어 사람과 가축에 오릅니다. 애굽의 요술사들도 자기 요술로 이를 생기게 하려 했으나 그대로 되지 아니했습니다.

· 함께 읽어요 : 출애굽기 8장 18절

"요술사도 자기 요술로 그같이 행하여 이를 생기게 하려 하였으나 못 하였고, 이가 사람과 가축에게 생긴 지라."

## 2. 오직 하나님의 권능만이 만물을 주관하십니다(출 8:16~19).

본문에서 바로는 애굽의 요술사들이 나일강의 물을 피로 변하게 하고 개구리로 온 땅을 치게 하는 것까지는 애굽의 요술사들도 할 수 있다는 것을 보았습니다. 그러나 모세가 아론에게 명령한바 지팡이를 들어 땅의 티끌을 치라 할 때, 온 땅에서 땅의 티끌이 이가 되어 사람과 가축에게 오르게 했습니다. 이로 인해 바로를 비롯한 애굽 사람들이 얼마나 괴로웠겠습니까?

애굽의 요술사들도 티끌을 쳐서 이를 내려 했으나 못했습니다. 여기에서 여호와 하나님께서는 모세와 아론이 행하는 권능과 요술사들의 이적의 한계를 두어 따라오지 못하도록 하셨습니다. 땅의 티끌에서 생명체를 내실 이는 오직 하나님뿐이십니다. 하나님께서는 티끌이나 미세한 입자나 에너지나 먼지까지 현상적으로 존재하는 모든 것을 주관하시는 분이십니다. 그것은 하나님의 손가락에 의해 창조되었고 하나님의 주관 아래 있습니다. 그분은 홀로 살아 계시고 참되신 하나님이십니다. 바로 그분이 만물과 땅의 티끌 같은 가장 미세한 것들까지 주관하십니다. 그뿐입니까? 인간을 속량하시고 건져주십니다. 사람의 머리털까지 헤아리시고 지켜주십니다. 마10:30-31 하나님의 권능은 세상의 요술사들이나 귀신 무당들이 감히 따라할 수 없는 경지입니다. 그건 오직 하나님만 하실 수 있으십니다. 피조물이 어떻게 창조주의 능력을 넘어설 수 있단 말입니까? 전지전능하신 하나님의 권능을 의지하시기 바랍니다.

· 함께 읽어요 : 마태복음 10장 29~31절

"[29] 참새 두 마리가 한 앗사리온에 팔리지 않느냐? 그러나 너희 아버지께서 허락하지 아니하시면 그 하나도 땅에 떨어지지 아니하리라. [30] 너희에게는 머리털까지 다 세신바 되었나니 [31] 두려워하지 말라 너희는 많은 참새보다 귀하니라."

### 3. 하나님께로부터 오는 심판은 경고이자 기회입니다(출 8:20~22).

바로의 신들을 벌하시고 항복하도록 하신 여호와의 재앙은 '피 재앙'에 이어 '개구리 재앙', 그리고 '이 재앙', 네 번째 재앙은 파리 떼가 온 땅에 뒤덮게 하는 '파리 재앙'입니다. 파리가 모든 사람을 덮치고 집집마다 가득하고 땅과 주위 환경을 어둡게 만들 재앙이 예고되었습니다. 하나님의 심판 경고는 아직 돌이킬 수 있는 시간이 있습니다. 파리 떼로 재앙을 내리신 것은 여호와께서 온 땅의 구원자이시라는 사실을 입증하는 데 있었습니다. 같은 애굽 땅이지만 바로의 백성들과 이스라엘 백성들이 거주하는 곳을 구별하셨습니다. 이것이 하나님의 특별 은혜입니다.

하나님께서는 이스라엘 백성들이 거하는 고센 땅에는 파리 떼가 없게 하셨습니다. 하나님께서는 그분의 백성과 바로의 백성들 사이를 구별해 주셨습니다. 그러나 현세의 하나님의 백성들은 꿀 병에 빠진 파리처럼 물질과 향락문화로 대변하는 세속문화에 빠져 헤매고 있습니다. 여러분은 문제 많은 세상의 세속에서 벗어나 이스라엘 백성들처럼 축복이 보장된 하나님의 고센 땅에서 구별된 은혜를 입고 사시기 바랍니다.

· 함께 읽어요 : 출애굽기 8장 22절

"그 날에 나는 내 백성이 거주하는 고센 땅을 구별하여 그 곳에는 파리가 없게 하리니 이로 말미암아 이 땅에서 내가 여호와인 줄을 네가 알게 될 것이라."

## 정리하는 말

여러분! 여러분이 살고 있는 땅은 하나님의 안전지대입니까? 사람들은 하나님께서 허용하신 이 땅에서 조금 더 안전하고 행복하게 살기 위해 돈만 벌 수 있다면 조국도 버리고, 온 가족이 위험한 곳도 마다하지 않고 그 곳을 찾아가 살려고 합니다. 그러나 잊지 마십시오. 창조주 하나님께서는 지금도 살아계시니, 하나님께서 구별하시고 보호하시는 진정한 행복의 장소를 찾아 은혜 안에서 살아가시기를 간절히 소원합니다.

## 평가와 결심

1. 하나님께서 바로의 요술사들에게 무슨 차별을 두었습니까?
   (출 7:22, 8:19, 티끌을 쳐서 이를 내려 하였으나 불가능하게 함)
2. 세 번째 '이 재앙'을 통해 무엇을 알려주려 하였습니까?
   (출 8:16~19, 여호와 하나님만이 온 땅의 생명의 주관자이심)
3. 네 번째 파리 재앙을 통해 무엇을 알게 하려 하였습니까?
   (출 8:20~22, 하나님의 백성을 보호하신다는 사실을 알게 함)

## 주간 경건의 시간 <2> · 날마다 말씀과 함께

| 요일 / 내용 | 주일/월(Mon) | 화(Tue) | 수(Wed) | 목(Thu) | 금(Fri) | 토(Sat) |
|---|---|---|---|---|---|---|
| 찬송 | 36동 / 37동 | 368 / 486 | 370 / 455 | 380 / 424 | 382 / 432 | 383 / 433 |
| 성경 | 출 8: / 출 9: | 출 10: | 출 11: | 출 12: | 출 13: | 출 14: |
| 적용 | 피,개,이,파/ 생축,우박 | 메뚜기, 흑암재앙 | 장자죽는 재앙 | 유월절 | 무교절 | 홍해 도하 |

* 돈을 벌고 싶다면 돈을 써야 한다. < 플라우투스, B. C. 254-184, 로마 시인 >

1단원 은혜 사모의 달

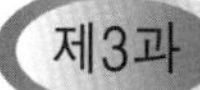


# 찬송의 은혜로 살아가자!

찬송 / 70, 10, 585 / 통 79, 34, 384
성경 / **출애굽기 15:1-21**
요절 / **출애굽기 15:1절 하반절**
"내가 여호와를 찬송하리니 그는 높고 영화로우심이요 말과 그 탄자를 바다에 던지셨음이로다."
목표 / 언제나 찬송의 은혜를 누리며 살아가는 믿음의 태도를 가진다.

## 시작하는 말

오늘 본문은 출애굽기의 하이라이트입니다. 출애굽 후 모세와 이스라엘 백성이 부른 최초의 '회중 찬송' 장면을 포함하고 있습니다. 인생이 광야 같은 세상에서 찬송을 부르면서 살아간다면 얼마나 행복하겠습니까?

이제 바로의 억압 아래서 극적인 해방을 맞아 출애굽 해서 가나안을 향해갑니다. 이스라엘 백성들 앞을 가로막은 홍해를 가르시고 기적적으로 건너게 하시는 하나님의 놀라운 섭리와 기적을 찬송으로 밖에 표현할 방법이 없었을 것입니다. 오! 권능의 주 하나님이여! 찬송합니다.

## 오늘의 말씀

### 1. 이스라엘이 구원을 체험했습니다(출 14:29~31).

이 부분은 여호와께서 그분의 백성을 극적으로 구원하신 사실을 생생하게 보여 줍니다. 본문 세 구절 속에는 네 가지의 놀라운 사실들이 재차 강조되어 있습니다.

① 이스라엘이 바다 가운데 육지로 건너게 했던 것입니다. 29절

② 이스라엘이 애굽인들로부터 구원을 받았습니다. 30절

③ 이스라엘이 애굽인들의 시체를 보았습니다. 30절 구원 받은 이스라엘 백성들은 홍해 바닷가에 서서 뒤좇아 오다가 험준한 물결에 죽어간 애굽 군대의 장군과 병사들 시체를 보았습니다. 30절

④ 이스라엘에 대한 하나님의 목적이 이루어졌습니다. 31절 하나님의 백성들이 여호와의 능력을 보았고, 여호와를 두려워하며, 하나님과 하나님의 종 모세를 믿게 되었습니다.

· 함께 읽어요 : 출애굽기 14장 31절

"이스라엘이 여호와께서 애굽 사람들에게 행하신 그 큰 능력을 보았으므로 백성이 여호와를 경외하며 여호와와 그의 종 모세를 믿었더라."

### 2. 하나님의 위대하신 구원을 찬양합니다(출 15:1~12).

본문의 노래는 하나님을 찬양하는 내용입니다. 이것은 주님께 드리는 노래요, 주님은 마땅히 찬양받으실 분이십니다. 그분은 본 15장에서만 무려 13번이나 언급되어 있습니다. ① 모세의 노래는 하나님을 주님으로 10번이나 언급합니다.(1, 2, 3, 6, 11, 16, 17, 18절) ② 모세의 노래는 하나님을 언제나 아도나이<אֲדֹנָי; 주主>로 언급합니다. 미리암이 부른 노래 19~21절에서 주님으로 언급하기도 합니다. 18절 모세와 이스라엘 백성들은 하나님을 향한 기쁨과 찬양으로 충만했습니다. 이스라엘이 하나님을 찬양하는 데는 두 가지 이유가 있습니다.

① 여호와의 영화로우심과 승리하심 때문입니다. 1절

② 여호와께서는 찬양과 헌신을 받으시기에 합당하시기 때문입니다. 2절

a. 여호와는 나의 힘. b. 나의 노래. c. 나의 구원. d. 나의 하나님. e. 내 아비의 하나님이시니 찬양할 수밖에 없다는 것입니다.

③ 그분의 이름으로 구원하시고 3-5절, 오른손의 능력으로 구원하시고 6절, 큰 위엄으로 구원하시고 7절, 물을 다스림으로 구원하시며 8절, 대적들의 증오, 자랑과 자만을 물리치심으로 구원하시고 9-10절, 하나님으로서 영광을 드러내심으로 구원하셨습니다. 11-12절.

· 함께 읽어요 : 요한계시록 15장 3절

"하나님의 종 모세의 노래, 어린 양의 노래를 불러 이르되 주 하나님 곧 전능하신 이시여 하시는 일이 크고 놀라우시도다. 만국의 왕이시여 주의 길이 의롭고 참되시도다."

### 3. 하나님의 영광스러운 목적을 찬양합니다(출 15:13~18).

이 노래는 하나님의 영광스러운 목적, 즉 구속된 자들을 그분의 거룩하신 처소로 인도하신다는 사실을 노래한 것입니다. 적들 곧 바로와 그 군대는 이스라엘이 약속된 유업을 받으려고 행진할 때 그 길을 방해했음을 주목하십시오. 하나님의 백성을 방해, 훼방하는 것은 하나님을 대적하는 행동입니다. 이에 대해 하나님께서는 대적들이 두려움에 사로잡혀서 대적할 의지를 상실하도록 간담을 녹여 버리셨습니다.

① 하나님의 목적의 근원은 자비하심과 사랑하심입니다. 13절

우리에 대한 하나님의 영광스러운 목적은, 구속하신 백성을 거룩한 처소 곧 약속의 땅, 영원한 나라로 인도하는 것입니다.

② 하나님의 인도하심의 영향력은 14-16절 열방들이 듣고 떨 것이며, 적들은 고통 속에 있게 될 것입니다. 지도자들은 두려워하고 떨 것이며, 약속된 땅에 이르기 위해 행진하는 하나님의 백성들을 대적한 적들은 낙담할 것입니다.

· 함께 읽어요 : 시편 23편 1~2절

"[1] 여호와는 나의 목자시니 내게 부족함이 없으리로다. [2] 그가 나를 푸른 풀밭에 누이시며 쉴만한 물 가로 인도하시는도다."

## 정리하는 말

현대인들의 공통점은 기쁨을 잃어버렸고, 입술에 찬송이 말라버렸습니다. 본문에 이스라엘 백성들의 입술에는 찬송이 흘러넘쳤고, 하나님의 영광스런 구원 후에 여선지자 미리암은 춤과 찬양을 인도했습니다. 19-20절 ① 주님이 영광스럽게 승리하셔서, ② 주님이 말과 거기에 탄 자를 바다에 던져 넣으셨음으로 벅찬 기쁨으로 춤추고 노래로 찬양하고 확증했습니다. 여러분! 구원의 확증을 찬양하고 은혜로 살아가시기 바랍니다.

## 평가와 결심

1. 본문에서 이스라엘 백성들은 무엇을 체험했습니까?
   (출 14:29~31, 여호와께서 행하신 크신 구원의 능력을 체험했음)
2. 본문에서 이스라엘 백성들은 무엇을 먼저 찬양합니까?
   (출 15:1~12, 하나님의 위대하신 구원을 찬양함)
3. 이스라엘이 구원의 찬양 다음에 무엇에 대하여 찬양합니까?
   (출 15:13~18, 하나님의 영광스러운 목적, 약속의 땅으로 인도하심)

### 주간 경건의 시간 <3> · 날마다 말씀과 함께

| 요일 / 내용 | 주일/월(Mon) | 화(Tue) | 수(Wed) | 목(Thu) | 금(Fri) | 토(Sat) |
|---|---|---|---|---|---|---|
| 찬송 | 85동 / 93동 | 252 / 184 | 279 / 337 | 320 / 350 | 329 / 267 | 369 / 487 |
| 성경 | 출15: / 출16: | 출 17: | 출 18: | 출 19: | 출 20: | 출 21: |
| 적용 | 모세의 노래/ 만나 메추라기 | 반석에서 물 솟음 | 이드로 방문 | 시내산에 오름 | 십계명 받음 | 종에 관한 법 |

* 이성에 귀를 기울이지 않는다면 이성이 힐책할 것이다.

< 벤저민 프랭클린, 1706-1790, 미국 발명가, 저술가, 정치가 >

제4과

# 주님의 언약에 순종하는 은혜

찬송 / 325, 324, 375 / 통 359, 360, 421
성경 / 출애굽기 24:1-18
요절 / 출애굽기 24:11
"하나님이 이스라엘 자손들의 존귀한 자들에게 손을 대지 아니하셨고 그들은 하나님을 뵙고 먹고 마셨더라."
목표 / 주께서 주시는 바 언약 순종의 은혜로 살아가는 태도를 기른다.

## 시작하는 말

본문은 하나님과 이스라엘 사이에 거룩한 언약이 체결되는 극적인 장면입니다. 이로써 이제 이스라엘은 공식적으로 하나님의 백성으로서의 권리와 의무를 갖게 되었습니다. 본문에서 특히 강조되고 있는 내용은 언약 안에서 하나님의 백성 된 자들의 의무입니다. 수많은 사람들이 하나님의 말씀을 읽고 선포되는 것을 듣습니다. 그러나 하나님의 말씀은 '순종'을 전제하므로 '언약을 순종하는 은혜'로 사시기 바랍니다.

## 오늘의 말씀

### 1. 첫 번째 의무는 하나님께 전적인 헌신이 요구됩니다(출 24:1~3).

하나님의 백성의 첫 번째 의무는 순종입니다. 그 순종을 위해서는 전적인 헌신이 요구됩니다. 부르심의 목적은 '경배하라'는 것입니다. 하나님께서는 시내산에 임재 하셔서 하나님과 백성들의 관계를 규정한 것을 모세에게 주셨습니다.

① 십계명입니다. 19:1-20:26 ② 이스라엘을 다스릴 시민법이었습니다. 21:1-21:19 ③ 순종으로 인한 세 가지 위대한 상급 혹은 약속입니다. 23:20-23

이제 하나님께서는 모세를 자신의 백성에게 돌려 보내시면서 백성들로 율법을 준행하는 데 동의하게 하셨고, 그 땅의 법으로서 공식적으로 채택하도록 하셨습니다. 하나님께서 두 가지를 요구하셨습니다. 즉 ① 율법에 대한 순종과, ② 하나님께 대한 성실하고 진정한 예배禮拜입니다. 이것이 우리의 전적인 의무이자 헌신인 것입니다.

· 함께 읽어요 : 출애굽기 24장 3절

"모세가 와서 여호와의 모든 말씀과 그의 모든 율례를 백성에게 전하매 그들이 한 소리로 응답하여 이르되 여호와께서 말씀하신 모든 것을 우리가 준행 하리이다."

## 2. 두 번째 의무는 하나님과의 언약을 체결하는 것입니다(출 24:4~11).

하나님의 백성의 두 번째 의무는 하나님과의 언약을 체결하는 것입니다. 언약 체결의 공식적인 의식은, 다음과 같은 내용이 하나님의 은혜로 이루어지는 것을 말합니다. ① 모세가 하나님의 법을 기록함4절. ② 언약 체결을 위한 의식4~8절. a. 제단과 12기둥을 세움4절. b. 제사를 위해 청년들을 보냄5절. c. 제단에 피를 뿌림6절. d. 언약서를 낭독함7절. e. 헌신을 약속함7절. f. 백성들에게 피를 뿌림8절. 피 뿌림의 의미는 희생 제사입니다. 곧 용서와 용납, 그리고 복종할 것을 약속했기 때문에 이스라엘 백성과 하나님 사이에 세우는 언약이 성립되고 확증된 것입니다.

여기서 '희생 제물의 피'는 예수 그리스도의 보혈의 상징입니다. 그리스도의 피는 하나님께서 우리와 맺은 언약을 확증한다는 것입니다. 하나님께서는 그리스도의 피를 통해서 사람들을 용서하시고 구원하셨습니다. 하나님과 인간 사이의 가로 막힌 담을 십자가의 보혈로 허물고 화평을 이루셨습니다. 이 화평과 화해는 오직 예수 그리스도의 피를 통해서만 가능한 것입니다. 이 사실을 믿으시기 바랍니다.

· 함께 읽어요 : 골로새서 1장 20절

"그의 십자가의 피로 화평을 이루사 만물 곧 땅에 있는 것들이나 하늘에 있는 것들이 그로 말미암아 자기와 화목하게 되기를 기뻐하심이라."

### 3. 세 번째 의무는 하나님께 경배 드림입니다(출 24:9~18).

1) 하나님의 백성들의 세 번째 의무에 따라서 모세와 지도자들이 공적인 제사가 끝난 후 하나님께 경배하러 시내산으로 올라갔습니다. 9-11절 이 산은 일찍이 하나님과 모세가 만났던 산입니다. 이들이 여기에서 경험한 것은 성경에 묘사된 기록 중에서 가장 놀랍고도 극적인 경험 중 하나입니다.

① 하나님을 뵈었습니다. 10절 지도자들이 하나님을 보았다는 것은 하나님의 실체라기보다는 단지 그림자, 즉 하나님의 희미한 모습일 것입니다. 누구도 영광과 거룩한 광채와 찬란함 가운데 하나님을 볼 수 없습니다.

② 지도자들은 언약의 식사를 했습니다. 11절 지도자들이 '하나님을 보고 먹고 마셨다'는 식사는 백성들이 하나님과 맺은 약속과 언약을 의미합니다. 언약을 체결하기 위해 드린 희생 제물을 제사 후에 함께 먹는 것은 계약의 완전한 체결을 상징합니다.

2) 하나님의 백성의 네 번째 의무는 하나님의 법 또는 하나님의 말씀을 확고하게 받는 것입니다. 12-18절 ① 모세를 산 위로 부르셨습니다. 12-14절 ② 하나님의 영광의 구름이 온 산을 덮었습니다. 15-18절 모세는 6일 동안 하나님의 음성을 듣기 전 기도했고, 40주야를 하나님의 임재 가운데 있었습니다. 십계명은 이런 가운데 백성을 위해 모세에게 주어졌습니다.

· 함께 읽어요 : 출애굽기 24장 18절

"모세는 구름 속으로 들어가서 산 위에 올랐으며 모세가 사십 일 사십 야를 산에 있으니라."

## 정리하는 말

여러분 진정한 은혜는 하나님의 임재입니다. 이스라엘 백성들과 모세는 오직 하나님의 임재 가운데 있기 위하여 몸을 정결케 하고, 기도했습니다. 아침 자리에서 일어나 ①**마음**을 **고요**하게, ②**영혼**과 **육신**을 **주 예수 그리스도 보혈로 정결하게**, ③**주 성령님 오셔서 다스려 주소서**! ④**순종**하겠습니다. 이렇게 하나님의 임재를 간구하며 기도와 함께 성경읽고 하루를 시작하시기 바랍니다. 은혜롭고 복된 하루가 될 것입니다.

## 평가와 결심

1. 하나님의 백성의 첫 번째 의무는 무엇입니까?
   (출 24:1~3, 하나님께 전적인 순종과 헌신임)
2. 하나님의 백성의 두 번째 의무는 무엇입니까?
   (출 24:4~8, 하나님과의 공식적으로 언약을 체결하는 것임)
3. 하나님의 백성의 세 번째와 네 번째 의무는 무엇입니까?
   (출 24:9~11, ①하나님께 경배 ②하나님의 법을 받고 순종함)

### 주간 경건의 시간 <4> · 날마다 말씀과 함께

| 요일 / 내용 | 주일/월(Mon) | 화(Tue) | 수(Wed) | 목(Thu) | 금(Fri) | 토(Sat) |
|---|---|---|---|---|---|---|
| 찬송 | 91동 / 37동 | 365 / 484 | 385 / 435 | 387 / 440 | 386 / 439 | 495 / 271 |
| 성경 | 출 22: / 23: | 출 24: | 출 25: | 출 26: | 출 27: | 출 28: |
| 적용 | 배상법/ 세 절기 법 | 시내산 언약 | 성소 지을 예물 | 성막과 증거 궤 | 제단과 성막 뜰 | 제사장의 옷 |

* 은혜를 모르는 자식을 두는 것은 독사에 물리는 것보다 더 고통스럽다.
< 윌리엄 셰익스피어, 1564-1616, 영국 시인, 극작가 >

# 사랑과 구속의 은혜를 입자!

찬송 / 309, 305, 92 / 통 409, 405, 97
성경 / **출애굽기 32:1-35**
요절 / **출애굽기 32:32**
"그러나 이제 그들의 죄를 사하시옵소서 그렇지 아니하시오면 원하건대 주께서 기록하신 책에서 내 이름을 지워 버려 주옵소서."
목표 / 이스라엘을 사랑과 은혜로 갱신시키시는 하나님의 언약을 깨닫는다.

## 시작하는 말

이스라엘은 하나님의 영광과 능력이 구름 가운데서 시내산에 내려오는 것을 보았습니다. 그 백성은 모세를 통하여 하나님으로부터 율법을 받았습니다. 언약 체결식을 가졌고, 헌신을 다짐했습니다. 하나님의 성막을 짓겠다고 약속한 모세가 산에 올라 하나님의 영광의 구름 속으로 들어간 지 6주가 지났을 때, 그들은 하나님께 순종하겠다는 언약을 깨뜨리고 말았습니다. 모세가 오기를 끝까지 기다리지 못하고 말입니다.

## 오늘의 말씀

### 1. 이스라엘의 죄악이 언약 파기의 원인입니다(출 32:1~6).

이스라엘 백성이 하나님에 대한 믿음을 잃어버리고 하나님으로부터 돌아서서 그들의 삶과 운명을 스스로 개척하려 했습니다. 그들은 스스로 언약을 깨뜨렸습니다. 그들의 죄의 원인들은 아홉 가지로 나타납니다.

①조급한 마음입니다. 가나안으로 향하던 발걸음을 멈춰, 시내산에서 율법과 계명을 받기 위해 산에 올라갔을 때, 백성들은 모세가 여호수아와 함께 죽었거나 하나님의 뜻을 버렸다고 추측했을 수 있고, 조바심이 들었을 것입니다. 걱정이나 조바심은 잘 못된 선택을 하게 만듭니다.

②군중의 압력이 작용했을 것입니다. ③아론의 나약한 지도력도 한 몫했습니다. ④거짓된 우상들을 믿었을 것입니다. ⑤하나님에게 불순종하고, ⑥인간을 신뢰하다보니 그들은 애굽에서 구출한 분이 모세라고 착각했을 것입니다. 1절(①~⑥) ⑦군중을 두려워했고 2-4절 ⑧거짓된 숭배, 5-6절 ⑨음식과 술 그리고 음란한 행위들이 문제였습니다. 6절

· 함께 읽어요 : 베드로전서 4장 3절

"너희가 음란과 정욕과 술 취함과 방탕과 향락과 무법한 우상 숭배를 하여 이방인의 뜻을 따라 행한 것은 지나간 때로 족하도다."

## 2. 이스라엘의 죄를 위한 모세의 중보 기도가 있습니다(출 32:7~14).

이스라엘 백성들의 엄청난 죄에 대한 하나님의 거룩하신 진노와 책망에 대한 모세의 중보 기도가 있었습니다.

① 하나님의 분노가 있었습니다. 7절 하나님은 분명히 출애굽이나 백성들의 인도를 통하여 자신을 보여 주셨습니다. 그럼에도 금송아지를 숭배한 백성들의 엄청난 죄를 보고 분노하셨고, 모든 것을 알고 계셨습니다.

② 하나님은 심판을 경고했습니다. 10절 패역하고 악한 백성들을 직접 다스리겠다고 하시면서 다른 방식으로 언약을 이루시겠다고 하십니다. 10절

③ 모세는 중보 기도를 했습니다. 11-14절 a) 하나님께서 구원해 내신 백성을 어찌하여 진노하시나이까. 11절 b) 하나님의 영광과 신실하심을 보전하옵소서. 12절 c) 분노를 돌이켜서 백성을 멸하지 마옵소서. 12절. d) 하나님의 위대한 약속들을 기억하소서. 13절 "아브라함과 이삭과 야곱에게 하신 위대한 약속들을 기억하소서." 백성을 살려 달라는 것입니다.

· 함께 읽어요 : 아모스 5장 4절

"여호와께서 이스라엘 족속에게 이와 같이 말씀하시기를 너희는 나를 찾으라. 그리하면 살리라."

## 3. 이스라엘 백성에게 모세의 지혜로운 수습책이 있습니다(출 32:21~35).

아론은 백성들을 책임지고 있었지만 군중으로부터 압박을 받자 엄청난 중죄에 빠지도록 한 자신의 죄에 대해 인정치 않고 변명만 했습니다. ① 백성들의 악함. 22절 ② 백성들이 죄를 짓도록 강요했다고 했음. 23절 ③ 모세가 자리를 오랫 동안 비웠음. 23절 ④ 거짓말 백성들이 가져온 금을 불에 던졌더니 금송아지가 나왔다고 함 을 함. 24절 이 죄에 대한 의로운 심판이 가해집니다. 25~29절

"백성이 방자하니 '파라'<פָּרַע>; '풀다', '해방하다', '고삐를 매지 않음', '법 없음'의 뜻. 백성의 일부가 도덕적 · 성적 방탕 상태에 빠져 들어가고 있었습니다. 모세는 진지 입구에서 환락에 빠진 군중을 향하여 '여호와 편에 있는 자는 내게로 나아오라'고 하니 레위 자손이 나와 그에게로 갑니다.

그들에게 이스라엘의 하나님 여호와께서 이렇게 말씀 하시기를 "너희는 각각 허리에 칼을 차고 진陣의 이 문에서 저 문까지 왕래하며 각 사람이 그 형제, 자기 친구, 자기 이웃을 죽이라" 하셨느니라 출 32:27절 하니 그들이 모세의 말대로 행하니 이 날에 백성 중에 삼천 명 가량이 죽임을 당했습니다. 이 반면에 모세가 레위인들의 순종에 축복을 선언합니다. 29절

모세는 "이제 그들의 죄를 사하시옵소서. 그렇지 아니하시오면 원하건대 주께서 기록하신 책에서 내 이름을 지워 버려 주옵소서" 32절 라고 이스라엘 민족을 위한 비장한 '중보 기도'를 했습니다.

· 함께 읽어요 : 출애굽기 32장 29절

"[10] 모세가 이르되 각 사람이 자기의 아들과 자기의 형제를 쳤으니 오늘 여호와께 헌신하게 되었느니라. 그가 오늘 너희에게 복을 내리시리라."

## 정리하는 말

성도 여러분! 하나님은 이스라엘 민족을 위한 모세의 비장한 기도를 들으시고 "누구든지 내게 범죄 하면 내가 내 책에서 그를 지워 버리리라" 33절 이제 가서 내가 말한 곳으로 백성을 인도하라고 했습니다. "내 사자가 네 앞서 가리라. 그러나 내가 보응할 날에는 그들의 죄를 보응하리라" 34절 고 하셨습니다. 이 사실을 명심하시고 죄를 이김은 하나님의 은혜뿐임을 아시기 바랍니다. 여러분! ♪"주의 보혈 능력 있도다!"♪ 찬송하면서 오직 예수 그리스도 십자가의 은혜로 살아가시기를 바랍니다.

## 평가와 결심

1. 언약 파기에 대한 죄의 원인이 어디에 있었습니까?
(출 32:1~6, 하나님 신앙 잃어버리고, 그들의 삶과 운명을 스스로 개척하려 함)
2. 거룩하신 하나님의 노와 진노를 잠재운 것은 무엇이었습니까?
(출 32:7~14, 25~29 여호와의 종 모세의 중보 기도와 레위인의 순종)
3. 이스라엘을 구한 모세의 중보 기도의 내용이 무엇입니까?
(출 32:32, 그들의 죄를 사하소서. 그렇지 않으면 기록하신 책에서 내 이름을 지워 주소서)

### 주간 경건의 시간 <5> · 날마다 말씀과 함께

| 요일 / 내용 | 주일/월(Mon) | 화(Tue) | 수(Wed) | 목(Thu) | 금(Fri) | 토(Sat) |
|---|---|---|---|---|---|---|
| 찬송 | 91동 / 144동 | 351 / 389 | 445 / 502 | 595 / 372 | 313 / 352 | 325 / 359 |
| 성경 | 출 29: / 30: | 출 31: | 출 32: | 출 33: | 출 34: | 출 35: |
| 적용 | 제사장 위임/ 분향할 제단 | 회막 기구 | 금송아지 신神 | 회막 | 언약 다시 세움 | 안식일 규례 |

* 은혜는 받을 줄만 알고 그것을 보답할 줄 모르는 자는 가치 없는 사람이다.
< 플라우투스 B. C. 254경~ 184 >

# 하나님께 나아가는 은혜

찬송 / 361, 365, 369 / 통일 480, 484, 487
성경 / **출애굽기 37:1-9**
요절 / **출애굽기 37:9**
"그룹들이 그 날개를 높이 펴서 그 날개로 속죄소를 덮었으며 그 얼굴은 서로 대하여 속죄소를 향하였더라."
목표 / 하나님께 나아가는 방법을 알고 은혜를 간구하며 살아가도록 한다.

## 시작하는 말

인간은 무지無知로 인하여 진보나 발전은 물론 성공의 길로 가지 못하고 매우 중요한 진리를 받아들이지 못하는 경우도 많습니다.

피조물이요 죄악의 덩어리인 인생들이 하나님께 가까이 나아가는 방법이 있다면 그것보다 행복한 길이 어디 있겠습니까?

본문은 하나님께 대하여 무지한 인간이 하나님의 사랑과 자비의 은혜를 얻는 길을 가르쳐 주고 있으니, 참으로 하나님의 은혜요 사랑입니다.

## 오늘의 말씀

### 1. 하나님의 궤는 하나님의 보좌와 임재를 상징합니다(출 37:1~5).

하나님의 보좌와 임재를 상징하는 하나님의 궤, 즉 법궤가 있었습니다. 출 25:10-16 하나님의 궤를 만드는 위대한 특권을 부여받은 사람은 브사렐이었습니다. 하나님의 궤, 즉 보좌는 하나님께서 그분의 백성들을 만나시고 그들에게 말씀하시겠다고 약속한 장소였습니다. 하나님의 보좌는 우리 모두가 나아가 무릎 꿇고 엎드려서 우주의 엄위하신 대주재시요 왕이 되신 주께 우리의 삶을 온전히 바치는 곳입니다. 성경은 하나님의 보좌에 관해 크고 흰 보좌, 높고 영광스런 보좌, 붙는 불과도 같다고 묘사하고 있습니다. 하나님께서 역사하시는 현장입니다.

· 함께 읽어요 : 출애굽기 25장 22절

"거기서 내가 너와 만나고 속죄소 위 곧 증거궤 위에 있는 두 그룹 사이에서 내가 이스라엘 자손을 위하여 네게 명령할 모든 일을 네게 이르리라."

## 2. 하나님의 궤, 즉 보좌는 목적이 있어 만들어졌습니다(계 3:21).

· 하나님의 보좌는 ①하나님께서 우주의 대주재로 좌정해 계시면서 경배와 찬양을 받으시는 곳입니다. 계 4:10-11 ②공의와 심판이 이루어지는 곳입니다. 시 89:14 ③자비와 은혜, 축복과 위로가 흘러넘치는 곳입니다. 시 16:5 ④성도들의 기도가 상달되는 곳입니다. 계 7:15

· 하나님의 보좌의 위치는 ①하늘에 있습니다. 시 114:4 ②새 하늘과 새 땅, 새 예루살렘에 있을 것입니다. 계 21:1-2; 22:3

· 하나님의 보좌는 안전함과 영속성이 있습니다. 시 45:6 그 누구도 안전함과 영속성을 파괴할 수 없습니다. 하나님을 인간의 존재 수준으로 보아서는 안 됩니다. 하나님의 계획은 무궁하고 전지전능하시기 때문입니다.

· 예수 그리스도는 하나님의 보좌 우편에 앉아 계시고, 히 12:2 죽임을 당한 어린양이 앉아 계신 곳, 계 5:6 대제사장으로 앉아 계신 곳, 히 8:1 예수 그리스도께서 심판의 일곱 인들을 떼기 위해 앉아 계신 곳입니다. 계 5:1

브사렐은 순금으로 이 속죄소[1]를 만들었습니다.

---

1) '속죄소'는 '시은 좌'라고도 불리며, 곧 '은혜의 자리'라는 뜻이다.

· 함께 읽어요 : 출애굽기 37장 1~2절

"[1] 브살렐이 조각목으로 궤를 만들었으니 길이가 두 규빗 반, 너비가 한 규빗 반, 높이가 한 규빗 반이며 [2] 순금으로 안팎을 싸고 위쪽 가장자리로 돌아가며 금테를 만들었으며"

### 3. 그룹 둘을 속죄소 양쪽에 쳐서 만들었습니다(출 37:6~9).

속죄소, 즉 궤의 덮개가 있었습니다. 출 25:17-21 이 덮개로서 하나님의 보좌가 사람들이 앉는 자리로부터 구별된다는 사실에 주목하십시오. 하나님의 거룩한 보좌는 자비하심, 곧 죄인들에게 죄 사함을 베푸시는 하나님의 자비하심으로 덮여 있습니다.

속죄소의 모든 속성은 자비와 용서, 속죄와 화해를 상징해 주고 있습니다. 속죄소는 신성을 상징하는 정금으로 만들었습니다. 6절 오직 하나님만이 한 인간의 죄를 사해 줄 권한을 지니신다는 것을 기억하십시오.

속죄소의 크기는 궤에 정확하게 맞도록, 장은 정확히 이 규빗 반, 광은 일 규빗 반이었습니다. 속죄소 양편 끝에는 그룹이 있었습니다. 7절 이 그룹들은 금을 쳐서 만들었고 속죄소와 한 덩이가 되게 했습니다. 8절 그룹들의 날개는 위로 향해 있었으며 속죄소를 덮고 있었습니다. 브살렐은 그것들로 서로 연결되게 하고 속죄소를 내려다보게 했습니다. 9절

속죄소 혹은 덮개는 하나님의 크신 자비, 그리고 죄 사함을 받고 그분과 더불어 화해하는 것을 상징합니다. 하나님의 자비는 믿는 자들에게 ①우리로 하여금 회개케 하고 죄로부터 떠나 하나님께로 향하게 합니다. ②우리의 죄를 용서해 줍니다. ③우리를 구원합니다. ④죄로 인한 하나님의 맹렬한 심판으로 우리가 진멸되는 데서부터 구해줍니다. ⑤하나님의 자비는 측량할 수 없습니다. ⑥또한 영원히 지속됩니다. 할렐루야!

· 함께 읽어요 : 시편 108편 4절

"주의 인자하심이 하늘보다 높으시며 주의 진실은 궁창에 까지 이르나이다."

## 정리하는 말

사랑하는 성도 여러분! 본문의 브사렐 같은 분은 하나님의 백성이 하나님께 가까이 나아가는 속죄소를 만드는데 그의 재능을 쏟은 분입니다. 오늘날 많은 사람들이 돈이면 다다, 이렇게 믿고 살아가는 사람들이 많지만 일생을 죄 용서함과 화해로 하나님께 나아가며, 살아간다면 이보다 더 행복한 삶이 없을 것입니다. 그런 생애를 살다가기를 간절히 부탁드립니다.

## 평가와 결심

1. 하나님의 궤는 무엇을 상징합니까?
   (출 37:1~5, 하나님의 보좌와 임재를 상징함)
2. 하나님의 보좌를 만드신 목적은 무엇입니까?
   (계 3:21, 우주의 대주재로서 좌정해 계셔 찬양과 경배를 받으시기 위함)
3. 속죄소의 모든 속성은 무엇입니까?
   (출 37:6~9, 자비와 용서, 속죄와 화해를 상징함 )

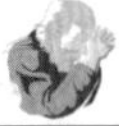

## 주간 경건의 시간 <6> · 날마다 말씀과 함께

| 요일 / 내용 | 주일/월(Mon) | 화(Tue) | 수(Wed) | 목(Thu) | 금(Fri) | 토(Sat) |
|---|---|---|---|---|---|---|
| 찬송 | 146동 / 145동 | 214 / 349 | 213 / 348 | 212 / 347 | 428 / 488 | 491 / 543 |
| 성경 | 출 36: / 37: | 출 38: | 출 39: | 출 40: | 요한 2서: | 요한 3서: |
| 적용 | 예물 재료/ 언약궤 제작 | 번제단 제작 | 제사장 옷 만듦 | 성막 봉헌 | 기쁨을 충만케 함 | 선한 것 본받으라 |

* 은혜스러운 모습은 마음의 내적 조화의 외적 표현으로 일컬어져 오고 있다.
<윌리엄 헤즐리트, 1778~1830, 영국 비평가, 저술가 >

2단원 형통 간구의 달

제 7과

# 구하는 바를 받음이라

찬송 / 151, 150, 149 / 통 138, 135, 147
성경 / 요한1서 3:13-24
요절 / 요한1서 3:22
"무엇이든지 구하는 바를 그에게서 받나니 이는 우리가 그의 계명을 지키고 그 앞에서 기뻐하시는 것을 행함이라."
목표 / 기도응답 위해서 계명 지키고 기뻐하는 바를 행하는 태도를 기른다.

## 시작하는 말

요즘 성도들은 무당이나 복채를 쥔 복술자에게 구하듯 하나님께 무엇이든 간절히 구하면 주신다는 '기복주의' 신앙에 빠져 있습니다.

강단에서 목사가 복을 빌어주는 대행자 노릇을 하고 있음은 대단히 슬픈 현실입니다. 국민에게도 의무 이행과 권리 주장이 있듯이 하나님의 백성은 성경말씀에 따라 계명을 지키고 하나님께서 기뻐하시는 일들을 행함이 우선이어야 함을 명심해야 합니다.

## 오늘의 말씀

### 1. 오늘날 성도들은 입술 신앙에 빠져 있습니다(요일 3:13~15).

오늘날 크리스천들은 믿는다 하면서도 아벨의 믿음보다는 가인의 불신앙을 더 좋아하면서 입술로는 "하나님을 경외하고 이웃을 사랑한다"

면서도 여전히 미워하고 조금의 유익이 온다면 불신앙을 선택합니다.

아벨은 철저히 믿는 자였기 때문에 하나님의 말씀하신 대로 '희생의 제물'로 제사를 드렸습니다. 그러나 가인은 자기 소산을 드리면서 자신의 수고로 얻어진 소산으로 헌물을 드렸기 때문에 하나님께서 자신을 받아주시리라 생각했습니다. 그러나 아벨과 그의 제물만을 받으시자 가인은 아벨을 쳐 죽였습니다. 형제를 미워하고 살인하는 자가 되었습니다. 하나님께서 가인의 가식을 아셨기에 그의 제사를 열납하지 않으셨습니다. 하나님 앞에서는 '입술신앙'이 통하지 않았습니다.

· 함께 읽어요 : 요한1서 3장 15절

"그 형제를 미워하는 자마다 살인하는 자니 살인하는 자마다 영생이 그 속에 거하지 아니하는 것을 너희가 아는 바라."

## 2. '친구를 위해 목숨을 버리는' 사랑이 진짜입니다(요일 3:16~21).

여러분! 진실한 신앙이란 무엇입니까? 왜 가인의 신앙은 거짓이고, 아벨의 신앙은 진실합니까? 구약성경 창세기 4장을 보면 분명하게 '가인과 그 제물' 그리고 '아벨과 그 제물'이라고 기록하고 있음에 주목하십시오.

이 구절의 뜻이 무엇입니까? '가인'이라는 인격은 하나님께서 받지 않으셨으니 그 제물도 받지 않으신 것입니다. '아벨'이라는 인격을 하나님께서 인정하시니 그의 제물은 기쁘게 받으신 것입니다. '아벨의 인격'은 하나님의 말씀하신 바대로, 희생제물의 피로 하나님께 예배드렸습니다. 여러분이 하나님의 말씀을 인정하고 지키고 사랑한다면 하나님께서 여러분들을 지켜주시고, 여러분을 사랑해 주실 것입니다.

사랑은 의인을 핍박하지 않습니다. 우리가 그리스도를 사랑한다면, 세상이 우리를 핍박할 것입니다. 가인에게는 자신의 삶을 하나님께서 돌보시고 축복하신다는 진정한 확신이 없었습니다. 그러므로 그는 아벨을

시기하고 질투한 나머지 아벨을 죽였던 것입니다. 성도 여러분이 하나님의 말씀을 기억하고 인정하며, 사랑하고 지킨다면 하나님께서 여러분들을 그렇게 사랑하고 지켜주실 것을 믿으시기 바랍니다.

· 함께 읽어요 : 요한1서 3장 18~19절

"[18] 자녀들아 우리가 말과 혀로만 사랑하지 말고 행함과 진실함으로 하자. [19] 이로써 우리가 진리에 속한 줄을 알고 또 우리 마음을 주 앞에서 굳세게 하리니"

## 3. 하나님을 기쁘시게 하며 계명을 지키며 구하십시오(요일 3:22~24).

우리가 우리를 사랑하는 사람들만 사랑하는 것은 어린이와 같은 미흡한 수준의 사랑입니다. 그것은 하나님께서 사랑하시는 것처럼 사랑하는 것이 아닙니다. 진정한 사랑은 포용하는 것입니다. 우리가 악을 행하는 자들을 사랑한다면, 우리가 진리에 속해 있다는 것을 비로소 알게 됩니다.

그러므로 우리가 진리에 속해 있다면 우리 역시 악을 행하는 사람들을 사랑해야 합니다. 우리는 우리를 반대하고 우리에게 거슬리는 행동을 하고 맞서는 사람들을 사랑해야 합니다. 하나님처럼 사랑하는 경지를 갈구하며 추구해야 합니다. 우리가 그렇게 할 때에 가장 놀라운 일들이 일어나게 되어있습니다. 우리의 심령에 확신이 생깁니다. 그리고 주목하십시오. 우리의 심령은 그분 앞에서 확신을 갖게 됩니다. 이것은 우리가 그분께 받아들여진다는 사실을 의미합니다.

하나님의 계명을 지키는 자는 ①주 안에 거하고 ②주는 그의 안에 거합니다. ③성령으로 말미암아 그가 우리 안에 거하시는 줄을 알게 됩니다. 요일 3:24절 그리고 구하는 것은 다 이루어져 응답받게 될 것입니다.

· 함께 읽어요 : 요일 3장 24절

"그의 계명을 지키는 자는 주 안에 거하고 주는 그의 안에 거하시나니 우리에게 주신 성령으로 말미암아 그가 우리 안에 거하시는 줄을 우리가 아느니라."

## 정리하는 말

성도 여러분! 기도란 "하나님께 자신의 원하는 바를 구하는 것"입니다. 하나님 앞에서 책망 받을 것이 없다면 담대하게 부르짖어 간구하는 기도가 하나님께 상달될 것입니다. 여러분이 헌신적인 사랑과 봉사로 불신자들에게 다가간다면, 하나님이 기뻐하시고 역사하사 여러분의 도고의 소원이 이 땅에서 다 이루어지게 할 것입니다. 믿으시기 바랍니다.

## 평가와 결심

1. 오늘날 크리스천 신자들의 약점이 무엇입니까?
   (요일 3:13~15, 잘 믿는 다하면서도 입술 신앙에 빠져있음)
2. 진정한 사랑이란 어떤 사랑입니까?
   (요 15:13, 요일 3:16 사람이 친구를 위하여 목숨을 버리는 희생적 사랑)
3. 무엇이든지 구하는 것을 받는 방법은 무엇입니까?
   (요일 3:22~24, ① 계명을 지키고 ② 주님 기뻐하시는 것을 행함)

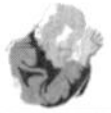

### 주간 경건의 시간 <7> · 날마다 말씀과 함께

| 요일 / 내용 | 주일/월(Mon) | 화(Tue) | 수(Wed) | 목(Thu) | 금(Fri) | 토(Sat) |
|---|---|---|---|---|---|---|
| 찬송 | 87동 / 85동 | 213 / 348 | 214 / 349 | 363 / 479 | 508 / 270 | 151 / 138 |
| 성경 | 요일1: / 2: | 요일 3: | 요일 4: | 요일 5: | 유 1: | 욥 1: |
| 적용 | 생명의 말씀/기름부음 | 하나님의 씨 | 하나님은 사랑이라 | 세상 이기는 믿음 | 믿음의 도 | 행한 대로 받으리라 |

* 은혜는 죄인이 은혜롭게 되는 것이요, 의인이 성화되는 것이다.
<존 칼빈, 1509-1564, 프랑스 신교 신학자 >

제 8 과

# 고난당할 때, 기도하라!

찬송 / 545, 543, 539 / 통 344, 342, 483
성경 / **야고보서 5:7-20**
요절 / **야고보서 5:13**
"너희 중에 고난당하는 자가 있느냐 그는 기도할 것이요 즐거워 하는 자가 있느냐 그는 찬송할지니라."
목표 / 고난 당하며 기도하고, 즐거워하며 찬송하는 태도를 기른다.

## 시작하는 말

인생의 시험과 시련은 무서운 장벽입니다. 만일 그 시험에 굴복한다면 그 시험들이 우리를 굴복시켜, 결국 파멸시킬 것입니다. 세상의 시험들은 우리를 세상 문화와 물질과 쾌락에 얽매이게 하고, 우리의 의지, 가정, 우정, 직상까지 파괴하기 위해 엄습합니다. 야고보 사도는 본문에서 기도와 찬송에 대하여 두 가지 교훈을 주고 있습니다.

야고보 사도는 성도들이라고 시험과 시련이 면제되는 법이 없으니 "시험과 시련을 정복하라"고 하면서 그 방법을 제시해 주고 있습니다.

## 오늘의 말씀

### 1. 주의 강림이 가까우니 길이 참으라는 것입니다(약 5:7~11).

여러분! 우리네 인생에 시험과 시련이 없으면 좋을 것 같지요? 실타래 풀리듯이 순탄하게 좋은 일만 생기면 좋겠지요. 그러나 고난과 역경과 고통이 있어야 헤쳐 나가는 성취감도 있고 사는 재미도 있는 것입니다.

그리스도께서 분명히 다시 오십니다. ①행한 대로 갚아주시려, ②양과 염소를 분별하시기 위해, ③산 자와 죽은 자를 심판하시기 위해, ④믿지 않는 자들과 믿는 자들을 심판하시기 위해서 다시 오실 것입니다.

그러므로 주님의 강림을 고대하며 길이 참아야 합니다.

첫째, 농부처럼 길이 참아야 합니다. 농부가 씨를 뿌리고 나서 그 씨를 싹틔울 이른 비를 기다리고, 곡식을 익게 할 늦은 비를 기다리듯이 길이 참아야 합니다. 7-9절 둘째, 선지자들처럼 길이 참아야 합니다.10절 셋째, 시련과 시험의 고통 속에서 인내한 욥처럼 길이 참아야 합니다. 11절

· 함께 읽어요 : 야고보서 5장 8절

"너희도 길이 참고 마음을 굳건하게 하라 주의 강림이 가까우니라."

## 2. 고난과 즐거움 속에서 기도하고 찬송해야 합니다(약 5:12~13).

고난과 시련에 처했을 때 맹세하거나 저주하지 말아야 합니다. 감정을 앞세우지 말고 기도하는 마음으로 받아들이고, 말은 분명하고 진실하게 해야만 합니다. 욥은 엄청난 재난이 찾아왔을 때 입술로 범죄 하지 않기 위해 노력했습니다. 말은 지위가 높고 낮음에 상관없이 막말할 위험성이 도사리고 있습니다. 야고보 사도는 두 가지 교훈을 제시합니다.

첫째로 고난당할 때는 기도하라고 합니다. 수천 도의 용광로 안에서 돌이나 자갈 같은 불순물은 다 태워져 버리고 고귀한 금속들만 남게 됩니다. 일곱 번 연단한 정금처럼 만들어지는 것입니다. 벧전 1:7; 계 3:18절

둘째로 즐거울 때는 찬송하라는 것입니다. 이 말은 고난의 한 가운데에서 하나님께 찬송하지 말라는 것이 아니라, 우리의 본분은 항상 하나님께 기도하고 찬송해야 한다는 것입니다. 하나님은 우리가 고난을 겪을 때 가장 먼저 능력과 구원을 달라고 기도하기를 원하시고, 고난을 이기는 과정에서 하나님을 위해 훌륭한 증거자가 될 수 있도록 용기를 달

라고 간구하기를 원하십니다. 그리고 우리가 형통한 삶을 누릴 때, 더더욱 하나님을 찬양하고 즐거워하기를 원하십니다. 따라서 곧 우리는 항상 기뻐하고 쉬지 말고 기도해야 합니다.

· 함께 읽어요 : 베드로전서 1장 7절
"너희 믿음의 확실함은 불로 연단하여도 없어질 금보다 더 귀하여 예수 그리스도께서 나타나실 때에 칭찬과 영광과 존귀를 얻게 할 것이니라."

## 3. 상황에 따라 기도함으로 대응하라는 것입니다(약 5:14~20).

첫째로 믿는 형제가 병들었을 때, 교회지도자들을 청해 병든 자를 위해 기도하라는 것입니다. ①하나님께서 우리에게 고난과 고통의 때에 구원과 치유를 위해 기도하라고 명하셨습니다. ②하나님께서 우리에게 병든 자들에게 기름을 바르라고 말씀하셨습니다. 기름은 성령, 즉 그분의 임재의 상징입니다. 기름은 우리를 향하신 하나님의 돌보심, 위로, 기쁨, 긍휼의 상징입니다. 기도함으로 성령의 임재를 사모하시기 바랍니다.

우리가 주목해야 할 것은 병든 자나 장로나 그 질병의 시련에 굴복해서는 안 되며, 하나님께서 그 병든 자를 고쳐주실 줄로 믿고 기대하며 기도해야 한다는 것입니다. 또한 우리가 알아야 할 것은 기도나 기름을 바름으로 치유되는 것이 아니라, 주님에 의해 치유 받는 것임을 깨달아야 합니다. 참된 믿음의 기도는 병든 자를 치유합니다.15절 의로운 자의 간절한 기도는 성령이 역사하며, 죄로 병든 자의 영혼을 치유합니다.

혹시 미혹되어 진리를 떠나는 사람이 있으면 찾아가서 그들이 주님께로 다시 돌아오기를 위해서 간절히 기도하시기를 바랍니다.

· 함께 읽어요 : 야고보서 5장 16절
"그러므로 너희 죄를 서로 고백하며 병이 낫기를 위하여 서로 기도하라 의인의 간구는 역사하는 힘이 큼이니라."

## 정리하는 말

오늘날과 같이 시험과 시련과 고통이 많은 시대를 살아가면서 엘리야 선지자처럼 기도해야 합니다. 사랑하는 성도 여러분! 주님의 치유의 손길을 부르는 방법은 기도밖에 없습니다. 시험과 시련에서 괴로움을 당할 때 기도하고 찬송하십시오. 여러분! 항상 기뻐하고, 범사에 감사하며, 쉬지 말고 기도하여 멋진 인생으로 살아가시기를 간절히 부탁드립니다.

## 평가와 결심

1. 시험과 시련을 당할 때 우리가 해야 할 일, 첫째는 무엇입니까?
   (약 5:7~11, 주의 강림을 기다리며 길이 참아야 함)
2. 시험과 시련을 당할 때 우리가 해야 할 일, 둘째는 무엇입니까?
   (약 5:12~13, 기도하며 찬송해야 함)
3. 시험과 시련 중에 상황에 따라 대처하는 방법이 무엇입니까?
   (약 5:14~20, 교회 장로들을 청하여 기름을 바르며 기도하라)

### 주간 경건의 시간 <8> · 날마다 말씀과 함께

| 요일 / 내용 | 주일/월(Mon) | 화(Tue) | 수(Wed) | 목(Thu) | 금(Fri) | 토(Sat) |
|---|---|---|---|---|---|---|
| 찬송 | 117동 / 93동 | 472 / 530 | 471 / 528 | 384 / 434 | 401 / 457 | 417 / 476 |
| 성경 | 약 1: / 2: | 약 3: | 약 4: | 약 5: | 삿 1: | 삿 2: |
| 적용 | 지혜 구하라/ 긍휼을 행하라 | 위로부터 난 지혜 | 하나님을 가까이 | 서로 기도하라 | 내게 복을 주소서 | 여호수아의 죽음 |

* 아침에 하나님으로부터 도망친 자는 하루 종일 그를 발견하지 못하다.

<존 번연, John Bunyan 1628~1688 영국의 종교문학자, 저서-천로역정; pilgrim's Progress >

# 그대로 행하시는 하나님!

찬송 / 214, 212, 218 / 통 349, 347, 369
성경 / 사사기 6:25-40
요절 / 사사기 6:40
"그 밤에 하나님이 그대로 행하시니 곧 양털만 마르고 그 주변 땅에는 다 이슬이 있었더라."
목표 / 성도는 기도에 따라 행하시는하나님의 은혜로 살아감을 안다.

## 시작하는 말

하나님의 부르심을 받은 기드온에게 새로운 도전이 주어집니다. 이 도전은 미디안의 손에서 이스라엘을 구원할 자로 세움 받은 기드온에게 하나님께서 함께하심을 확실히 체험 할 수 있게 해 주었습니다.

하나님께서는 미디안과의 싸움을 앞두고 기드온을 담대하도록 준비시키고 계셨습니다. 하나님은 당신의 백성들의 지도자들에게 일을 맡기시기 위해 기도하게 하시고 그를 통해 확신을 얻어 나아가게 하셨습니다.

## 오늘의 말씀

### 1. 먼저 기드온의 가정의 개혁을 명령하셨습니다(삿 6:25~27).

하나님께서는 엘리사를 부르실 때나 예수께서 제자들을 부르실 때 1차적으로 가족들과의 철저한 정리를 요구하셨습니다. 본문에서도 기드온에게 그의 집의 개혁을 명령하셨습니다.

첫째로, 그의 집안이 섬기는 바알의 단을 헐라는 것입니다. 부름 받은 기드온은 바알을 섬기는 죄악을 일삼는 가문에 속해 있었던 것입니다.

둘째로, 하나님을 위해 단을 쌓고 번제를 드리라는 것입니다. 하나님께 제사를 드리는 것은 하나님의 백성이 마땅히 행할 바였습니다.

사랑하는 성도 여러분! 여러분이 하나님의 부르심을 받은 신실한 종으로서 일하기를 원하십니까? 먼저 하나님보다 더 사랑했던 것들과의 우선 순위를 생각하고 정리하시기 바랍니다. 그리고 확실하게 세상과의 선을 그어 다시 세속으로 물들어가지 않도록 사탄 마귀와의 전쟁을 선포하고, 우상 숭배를 청산하며, 오직 하나님 앞에서 결단하며 새롭게 되었음을 분명하게 고백하시기 바랍니다.

· 함께 읽어요 : 이사야 57장 13절

"네가 부르짖을 때에 네가 모은 우상들에게 너를 구원하게 하라 그것들은 다 바람에 날려가겠고 기운에 불려갈 것이로되 나를 의뢰하는 자는 땅을 차지하겠고 나의 거룩한 산을 기업으로 얻으리라"

## 2. 하나님의 명령에 순종해야 살 길이 있습니다(삿 6:28~32).

성읍 사람들이 아침에 일어나 보니 바알의 제단이 파괴되었으며 아세라가 찍혔고, 새로 쌓은 단에 그 둘째 수소가 드려졌습니다. 이 일의 행태가 누구의 소행인가 물으니 요아스의 아들 기드온이 이를 행하였음이 밝혀졌습니다. 요아스에게 "네 아들을 끌어내라 그는 당연히 죽을지니 바알의 단을 파괴하고, 아세라를 찍었음이니라." 이때 요아스는 둘러선 모든 사람들에게 "너희가 바알을 위하여 다투느냐? 너희가 바알을 구원하겠느냐? 그를 위하여 다투는 자는 아침까지 죽임을 당하리라 바알이 과연 신神일진대 그의 제단을 파괴하였은즉 그가 자신을 위해 다툴 것이니라"고 할 때 여론이 잠잠해졌습니다. 그날에 성읍 사람들은 기드온을 여룹바알 <יְרֻבַּעַל ; '바알'='주인'은 다투라> 이라 불렀습니다. 기드온은 하나님의 명령에 순종했으므로 그는 성읍 사람들에게 두려움의 대상이 되었습니다. 하나님의 명령에 순종해야 살 길이 있음을 명심하시기 바랍니다.

· 함께 읽어요 : 사사기 6장 32절

"그 날에 기드온을 여룹바알이라 불렀으니[2] 이는 그가 바알의 제단을 파괴하였으므로 바알이 그와 더불어 다툴 것이라 함이었더라."

## 3. 기드온은 반대를 이겨 내고 확증을 얻었습니다(삿 6:33~40).

기드온은 바알 신神을 섬기는 가문을 개혁하면서 생명의 위협을 받았지만 부친인 요아스의 지혜로운 답변으로 전화위복이 되었습니다. 요아스의 말은 논리적이며 설득력이 있었습니다. 우상을 섬기는 자들의 어리석음을 예리하게 지적하는 요하스의 말은 하나님께서 그의 마음에 역사하셨음을 보여줍니다. 이제 기드온은 "큰 용사여 여호와께서 너와 함께 계시도다"라는 여호와의 사자의 말과 하나님의 도우심을 확신하기 위해서 가문에서뿐 아니라 여호와 하나님의 확증을 받고 싶었을 것입니다. 여호와 하나님이 기드온에게 임하셔서 이렇게 간구하게 하셨습니다.

첫째로, 확신을 위해 표징을 구했습니다. 삿 6:37-38

둘째로, 하나님을 신뢰하기 위해 다시 표징을 구했습니다. 삿 6:39-40

양털과 주변에 이슬 내림과 이슬 내리지 않음과 같은 자연 현상의 방법과 재료로 하나님이 그와 함께 한다는 확증을 얻게 되었습니다.

· 함께 읽어요 : 히브리서 11장 1절

"믿음은 바라는 것들의 실상이요 보이지 않는 것들의 증거니."

---

2) 여룹바알, Jerubbaal; 예룹바알 은 "바알(또는 주인)은 다투라" 또는 번성하라는 뜻임.

## 정리하는 말

오늘날 우리나라의 주변에 불신앙의 국가들이 우리들을 위협하고 있습니다. 이런 때 견고한 신앙으로 무장되지 않으면 모두 위험에 처할 수도 있습니다. 우상 숭배하는 자들과 싸워 이기는 방법은 오직 여호와 하나님만 믿고 신뢰함이 우선되어야 합니다. 여러분! 이 나라가 남북관계와 중국 · 일본관계가 우리의 믿음의 기도로 잘 해결되기를 소원합니다.

## 평가와 결심

1. 하나님의 소명을 받은 기드온이 먼저 한 일이 무엇입니까?
   (삿 6:25~27, 우상 숭배하는 가문을 개혁함)
2. 우리가 우상 숭배 자들과의 전쟁에서 살길은 무엇입니까?
   (삿 6:28~32, 하나님의 명령에 전적으로 순종해서 이겨야 함)
3. 기드온은 어떤 방법으로 확증을 얻어냈습니까?
   (삿 6:33~40, 양털과 주변에 이슬내림과 내리지 않는 자연현상 통해)

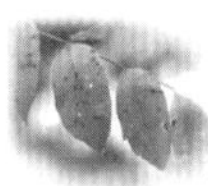

### 주간 경건의 시간 <9> · 날마다 말씀과 함께

| 요일 / 내용 | 주일/월(Mon) | 화(Tue) | 수(Wed) | 목(Thu) | 금(Fri) | 토(Sat) |
|---|---|---|---|---|---|---|
| 찬송 | 146동 / 89동 | 179 / 167 | 200 / 235 | 252 / 184 | 180 / 168 | 336 / 383 |
| 성경 | 삿 3: / 4: | 삿 5: | 삿 6: | 삿 7: | 삿 8: | 삿 9: |
| 적용 | 여호와의 영/ 여선지 드보라 | 별들의 전쟁 | 큰 용사여! | 여호와를 위하라 | 여호와께서 다스리리라 | 아비멜렉 |

* 기도는 영혼이 하늘로 올라가는 데 필요한 날개요, 명상은 하나님을 보는 눈이다.
<성 암브로시우스, A. D. 340 ? ~ 397, 이탈리아 밀란의 주교>

# 입다의 지혜와 리더십

찬송 / 255, 264, 268 / 통일 187, 198, 202
성경 / 사사기 11:12-33
요절 / 사사기 11:28
"암몬 자손의 왕이 입다가 사람을 보내어 말한 것을 듣지 아니하였더라."
목표 / 화해와 사랑으로 생명을 구하는 은혜로 살도록 한다.

## 시작하는 말

여러분! 본문에서 화해를 위하여 사신을 보내 평화적으로 해결하려 했던 입다의 사랑과 지혜가 돋보입니다. 국제관계에서 서로의 이해관계를 뛰어 넘어 평화와 공존으로 나아가야 하는 현실에서 선 평화先平和 후 득실後得實을 가려내는 지혜가 있었으면 좋겠습니다. 이 나라의 독립을 위해 태극기의 물결로 평화를 지킨 선열先烈들의 애국정신으로 자주독립 국가를 이뤄 살아가는 우리로써 남북분단이 종식되고, 평화조국을 이뤘으면 하는 간절한 소망이 통일한국으로 이뤄지기를 소망합니다.

## 오늘의 말씀

### 1. 지식의 대화로 설득에 나선 입다가 돋보입니다(삿 11:12~19).

입다는 길르앗의 사령관으로서 암몬 왕에게 외교를 통하여 평화적으로 문제를 해결하려 했습니다. 입다는 길르앗 장로들에게 전쟁으로 해결해 줄 것을 요청 받았습니다.8절 입다는 전형적인 외교술로 싸움을 피하고서 평화롭게 해결할 수 있는 길을 모색하기 위해 암몬 왕에게 사자를 보내서 설득하려 했습니다. 하나님의 약속들을 의지하여 그가 주신 기업을 확신하고, 즉 조상적부터 주신 기업을 찾기 위함입니다. 이 과정에서 입다는 지혜와 인내로서 지도자가 갖추어야 할 자질을 탁월하게 나타내 보입니다. 그러나 암몬 왕은 입다의 평화적 해결을 거부함으로써 싸움은 피할 수 없게 됩니다.

① 입다가 암몬 왕에게 사자를 보내 침략한 이유를 물었습니다. 12~13절

② 입다가 암몬 왕의 답변을 반박합니다. 14-27절 입다도 역사적인 사실을 들어 그 주장을 반박함을 볼 때, 입다가 역사에 대해 잘 알고 있었으며 정확한 판단력을 가졌던 것으로 사료되어 돋보이기도 합니다.

· 함께 읽어요 : 사사기 11장 23절; 26절

"23 이스라엘 하나님 여호와께서 이같이 아모리 족속을 자기 백성 이스라엘 앞에서 쫓아내셨거늘 네가 그 땅을 얻고자 하는 것이 옳으냐." "26 이스라엘이 헤스본과 그 마을들과 아로엘과 그 마을들과 아르논 강가에 있는 모든 성읍에 거주한지 삼백년이거늘 그 동안에 너희가 어찌하여 도로 찾지 아니하였느냐"

## 2. 입다는 리더십으로 정당하게 주장하며 권리를 찾습니다(삿 11:20~28).

입다는 타협하려는 의도는 없었습니다. 그의 평화적 공세와 대화적 외교 방법은 타협을 위한 방법이 아닙니다. 자신의 권리를 정당히 주장한 것입니다. 하나님이 주신 기업의 땅, 그 기업을 정당히 요구한 것입니다. 오늘 나는 하나님 나라의 영역을 세상과 타협하며 살고 있지는 않은가? 내 마음은 온전히 하나님의 나라가 되어 있는지? 내 가정 · 우리 교회는 세상과  타협이 아니라 약속의 기업을 완전히 소유하고 있는지 돌이켜 살펴보아야 할 것입니다.

평화와 자유는 거저 주어지는 것이 아닙니다. 스스로가 지키지 않으면 우리 곁을 떠나고 맙니다. 우리 성도들은 하나님께 엎드려 기도와 간

구만 하고 있는 것은 아닙니까? 우리가 해야 할 의무는 뒤로한 채 권리만 주장한다면 옳은 처사가 아닙니다. 지도자의 선택은 소속된 수많은 백성들의 생존이 달려 있기에 평화와 자유 수호를 위해 여호와의 영감靈感, 정당한 방법, 신속하고 정확한 판단력과 시행이 필요한 것입니다.

· 함께 읽어요 : 사사기 11장 27절
"내가 네게 죄를 짓지 아니하였거늘 네가 나를 쳐서 내게 악을 행하고자 하는도다 원하건대 심판하시는 여호와께서 오늘 이스라엘 자손과 암몬 자손 사이에 판결하시옵소서 하였으나"

### 3. 여호와의 신이 입다에게 임하여 결국, 승리했습니다(삿 11:29~33).

여호와의 신神이 입다에게 임하여 능력을 주셨습니다. 여호와의 영이 임한 입다는 암몬에게 점령되었던 길르앗 20성읍을 찾고 암몬을 쳐서 굴복시키는 대승리를 거두었습니다.

일반적으로 보면, 입다의 서원은 그 시대에 이상한 것이 아닙니다. 그러나 하나님의 영이 임했음에도 그가 성급한 서원을 한 것은 입다의 불안감과 자의식의 표출입니다. 바로 그것이 문제였습니다. 온전히 하나님을 의지하지 않았다는 것입니다. 그로 인해 무남독녀 외동딸을 희생시키는 결과를 낳았습니다. 하나님은 결국 입다의 소원을 들어주셔서 암몬 족속을 그의 손에 붙이셨습니다. 승리의 원인은 하나님의 능력이 그에게 임함으로 승리하게 되었던 것입니다. 성도 여러분! 승패는 하나님께 달려있습니다. 때문에 승리나 성공 후에 더욱 겸손하고 조심해야 합니다. 우리의 나약한 인간이 교만하여 실수를 저지르기 때문입니다.

· 함께 읽어요 : 사사기 11장 29절
"이에 여호와의 영靈이 입다에게 임하시니 입다가 길르앗과 므낫세를 지나서 길르앗의 미스베에 이르고 길르앗의 미스베에서부터 암몬 자손에게로 나아갈 때에"

## 정리하는 말

사랑하는 성도 여러분! 입다는 길르앗의 사령관이요, 유능한 외교관입니다. 그래서 문제를 평화로 해결하려 했지만 결국은 전쟁으로 이어지고, 여호와의 도우심으로 승리하게 됩니다. 지도자는 민첩함과 예리한 판단력으로 추진력을 겸비한 리더십이 중요합니다. 그런데, 입다는 섣부른 서원으로 참담함을 맛보아야 했습니다. 하찮은 말실수가 커다란 업적을 무산시킨다는 사실을 명심하시고, 삶에서 더욱 지혜롭게 대처하시기 바랍니다.

## 평가와 결심

1. 입다의 리더십과 지도력은 어디에서 빛을 발하며 들어납니까?
   (삿 11:12~19, 암몬 왕과 담판에서 지혜와 인내로서 평화 해결책 제시)
2. 입다의 뛰어난 리더십의 근원은 무엇이었습니까?
   (삿 11:20~28, 여호와의 영감 소유, 올바른 역사관, 신속 정확한 추진력)
3. 여호와의 능력으로 승리를 내다 본 입다의 실수는 무엇입니까?
   (삿 11:30~31, 평안히 돌아올 때 먼저 영접한 자 번제로 드리겠다고 맹세)

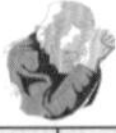

### 주간 경건의 시간 <10> · 날마다 말씀과 함께

| 요일 / 내용 | 주일/월(Mon) | 화(Tue) | 수(Wed) | 목(Thu) | 금(Fri) | 토(Sat) |
|---|---|---|---|---|---|---|
| 찬송 | 85동 / 87동 | 205 / 236 | 336 / 383 | 347 / 382 | 388 / 441 | 542 / 340 |
| 성경 | 삿 10: / 11: | 삿 12: | 삿 13: | 삿 14: | 삿 15: | 삿 16: |
| 적용 | 주께 범죄/ 용사 입다 | 에브라임 사람 | 기묘자 | 여호와의 영 | 엔학 고레 | 하나님의 나실인 |

* 모든 미덕의 절정은 용기이다. < 윈스턴 처칠, 1874~1852, 영국 수상 >

# 하나님과 화목하는 삶

찬송 / 535, 534, 550 / 통 325, 324, 248
성경 / 사사기 20:17-35
요절 / 사사기 20:23
"이스라엘 자손이 올라가 여호와 앞에서 저물도록 울며 여호와께 여쭈어 이르되 내가 다시 나아가서 내 형제 베냐민 자손과 싸우리이까 하니 여호와께서 말씀하시되 올라가서 치라 하시니라."
목표 / 동족상잔의 비극의 해결책도 하나님과 화목하는 데 있음을 안다.

## 시작하는 말

기브아라는 동네에서 베냐민 지파가 살았습니다. 그 기거 중에서 레위인의 첩을 능욕하고 죽음에 이르게 한 사건이 발생했습니다. 삿 19장 참으로 하나님의 백성으로 있을 수 없는 일입니다. 이런 문제의 처리는 그 사회의 성숙도를 가늠하는 시금석이 됩니다. 만약에 도덕과 윤리가 실종된 사회를 방치하고 더 나아가 오히려 옹호한다면 소돔과 고모라가 될 것입니다. 여러분은 철저한 윤리의 삶으로 주님과 화목하시기 바랍니다.

## 오늘의 말씀

1. 이스라엘이 연달아 베냐민 지파의 징계에 실패합니다(삿 20:17~28).

패륜적인 베냐민 지파를 상대로 한 이스라엘 온 지파의 싸움에서 이스라엘은 혹독하게 두 번이나 패배했습니다. 압도적인 군사력에도 불구하고 이런 일이 발생했습니다. 이스라엘은 패배의 쓴 잔을 맛보고서야 스스로 교만하고 완악했던 죄를 회개했던 것입니다. 여러분! 살다가 예기치 못했던 실패를 거듭한다면 한 번쯤은 자신을 되돌아보는 자기 성찰이 필요합니다. 큰 실패에서 되돌아보는 지혜는 새로운 도약의 계기가 되고, 실패를 성공의 어머니로 만드는 기반이 되기 때문입니다. 이런 지혜가 여러분의 삶 속에서 항상 일어나기를 기원합니다.

이스라엘의 온 회중이 여호와께 단을 세웠습니다. 번제물도 정성스럽게 드렸습니다. 화목제도 드렸습니다. 이는 곧 사함을 받기 위해서였습니다. 그들의 진솔하고 헌신적인 제사를 하나님께서 기뻐하셨습니다. 이런 태도가 정상적입니다. 오늘 여러분들이 드리는 예배가 어떤지 뒤돌아보시기 바랍니다. 예배 회복이 만사해결의 초석인줄 믿으시기 바랍니다.

· 함께 읽어요 : 욥기 22장 21절
"너는 하나님과 화목하고 평안 하라 그리하면 복이 네게 임하리라."

## 2. 이스라엘 백성 전체가 하나님께 부르짖었습니다(삿 20:26~28).

여러분! 이스라엘 백성이 전에는 언약궤 없이 기도와 제사를 드렸습니다. 그러나 이번에는 언약궤가 거기에 있었습니다. 언약궤 앞에서 조심스럽게 제사가 이루어졌습니다. 또한 군대의 전진이 있기 전에 심사숙고해서 하나님께 물었습니다. 울며 금식하며 부르짖는 것은 참으로 훌륭한 제사요 신앙의 처사입니다. 그러나 무엇보다 먼저 주님이 원하는 방법을 찾아 바른 예배를 드리는 것이 신앙인의 자세인 것입니다.

요즘 개신교회 개혁주의 교회에서 드려지는 예배들을 관찰해 보면서 많은 것을 느끼게 합니다. 열린 예배를 추구하면서 교회가 세상 문화에 동화된 듯합니다. 하나님을 향한 거룩한 열정과 영광이 실종되고 사람들의 입맛에 맞게 변화되어 형식주의와 매너리즘에 빠져 있습니다. 따라서 예배의 본질이 무너지고 예배의 목표가 표류하고 있습니다. 하나님이 원하시는 예배를 회복해야 합니다. 성경으로 돌아가야 합니다. 그래서 예배의 본질을 찾아 시들어 버린 한국교회 예배에 생기를 불어 넣어 영광스런 예배로 꽃을 피워야 합니다. 우리는 잘 못된 예배의 현실을 직시하고 바로 잡아, 신앙 점검에 최선을 다해 매진해야 할 것입니다.

이스라엘 백성들의 진실한 마음으로 금식하면서 드린 제사와, 간절한 기도가 우리의 예배 자세가 되어야 합니다. 우리의 예배도 하나님 중심, 말씀 중심, 교회 중심의 신중하고 진정한 예배가 되어야 할 것입니다.

· 함께 읽어요 : 사사기 20장 28절

"아론의 손자인 엘르아살의 아들 비느하스가 그 앞에 모시고 섰더라. 이스라엘 자손들이 여쭈기를 우리가 다시 나아가 내 형제 베냐민 자손과 싸우리이까 말리이까 하니 여호와께서 이르시되 올라가라 내일은 내가 그를 네 손에 넘겨주리라 하시는지라."

### 3. 하나님께서 역사하심으로 결국 승리했습니다(삿 20:29~35).

이스라엘 백성들에게 동족상잔의 비극이 일어났습니다. 그러나 결코 묵과할 수 없는 죄악을 앞에 두고 금식 기도를 했고 승리를 약속 받았습니다. 23절 그리고 하나님의 명령에 따라 진격하여 베냐민 지파 이만 오천을 죽임으로 대승리를 거두었습니다. 여러분! 하나님과 화해하고 평화를 이루십시오. 그것이 세상에서 승리하고 기쁨을 얻는 지름길입니다.

① 화해와 평화로 응답 받은 신앙인은 언제나 승리합니다. 35절

② 이스라엘 사람들은 준비할 것도 게을리 하지 않았습니다. 29, 31절

③ 이스라엘 복병은 손쉬운 장소에서 승리했습니다. 33절

나무가 없는 푸른 초장에서 완벽하게 매복하고 위장했으므로 적들은 눈치를 채지 못했습니다. 하나님과 함께 완벽한 승리를 거둔 것입니다.

· 함께 읽어요 : 사사기 20장 35절

"여호와께서 이스라엘 앞에서 베냐민을 치시매 당일에 이스라엘 자손이 베냐민 사람 이만 오천백 명을 죽였으니 다 칼을 빼는 자였더라."

## 정리하는 말

성도 여러분! 3월은 만물이 소생하는 계절입니다. 우리 민족에게 전국 방방곡곡에 태극기로 물들게 했던 벅찬 감동의 달입니다! 평화와 화해로 사랑하신 하나님의 깊은 뜻이 깃들어 있는 달이기도 합니다. 여러분들의 가정에나 직장마다 하나님의 평화와 사랑이 충만하기를 소망합니다. 전능하신 하나님의 은혜로 기뻐하는 화해와 화목의 삶이 되시기 바랍니다.

## 평가와 결심

1. 이스라엘이 드린 제사의 뜻이 과연 무엇입니까?
   (삿 20:17~28, 죄 용서로 하나님과의 화해와 평화임)
2. 다시 드려진 이스라엘 백성의 기도는 어떠했습니까?
   (삿 20:26~28, 죄를 회개하고 금식하며 진지하고 신중함)
3. 이스라엘의 금식 기도의 결과는 어떠했습니까?
   (삿 20:29~35, 대 승리의 결과를 얻었음)

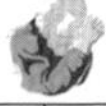

## 주간 경건의 시간 <11> · 날마다 말씀과 함께

| 요일 / 내용 | 주일/월(Mon) | 화(Tue) | 수(Wed) | 목(Thu) | 금(Fri) | 토(Sat) |
|---|---|---|---|---|---|---|
| 찬송 | 83동 / 85동 | 286 / 218 | 320 / 350 | 329 / 267 | 339 / 365 | 338 / 364 |
| 성경 | 삿 17: / 18: | 삿 19: | 삿 20: | 삿 21: | 룻 3: | 룻 4: |
| 적용 | 자기 소견/ 단지파 | 레위 사람과 첩 | 베냐민 자손고집 | 왕이 없으므로 | 현숙한 여자 룻 | 보아스 오벳, 이새 |

* 용기는 공포에의 저항이요, 공포를 정복하는 것이지 결코 공포의 부재는 아니다.

< 마크 트웨인, 1835-1910, 미국 해학가, 사무엘 L. 클레멘스의 필명 >

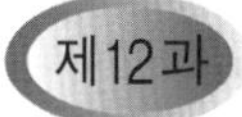
제12과

# 룻의 아름다운 선택

찬송 / 518, 520, 522 / 통 252, 257, 269
성경 / 룻기 1:3-22
요절 / 룻기 1:16
"룻이 이르되 내게 어머니를 떠나며 어머니를 따르지 말고 돌아가라 강권하지 마옵소서. 어머니께서 가시는 곳에 나도 가고 어머니께서 머무시는 곳에서 나도 머물겠나이다. 어머니의 백성이 나의 백성이 되고 어머니의 하나님이 나의 하나님이 되시리니"
목표 / 룻처럼 민족을 초월한 하나님의 화해와 평화로 살아가도록 한다.

## 시작하는 말

본문에는 세 여인이 언급되고 있습니다. 나오미와 두 며느리 오르바와 룻입니다. 여기서 두 여인만이 흉년을 피해 갔던 모압 지방에서 다시 돌아옵니다. 똑같이 어려운 환경 가운데 오로지 나오미와 함께 돌아온 룻에게 관심이 모아지고 있습니다.1:16절 이는 시어머니를 따르려는 애틋한 며느리의 극진한 사랑이요, 민족을 초월한 화해와 평화 정신 때문이었습니다. 성경은 하나님의 은혜는 고난을 통해서도 받는다고 했습니다.

## 오늘의 말씀

### 1. 세 여인을 돌보시는 이는 하나님이십니다(룻 1:3~6).

엘리멜렉 가족은 흉년을 만나 육적인 기근과 함께 영적인 기근까지 만났습니다. 그래서 그들은 약속의 땅, 조상들이 물려준 기업의 땅을 등

지고 하나님을 믿지 않고 우상 숭배를 하는 이방 나라, 모압으로 이사했습니다. 이것은 롯이 멸망당할 소돔 성으로 간 것과 다름이 없었습니다.

안타깝게도 엘리멜렉은 자신만 잘 살겠다고 모압 땅으로 갔지만 십년쯤 지나 거기서 죽었고, 두 아들 말론과 기룐도 죽고, 모압에서 취한 두 아내만 남아 결국 세 여인만 남겨진 것입니다. 1:3-5절 그렇지만 여호와께서 자기 백성을 돌보시사 그들에게 양식을 주셨다는 소식을 듣게 됩니다.

· 함께 읽어요 : 룻기 1장 6절
"그 여인이 모압 지방에서 여호와께서 자기 백성을 돌보시사 그들에게 양식을 주셨다 함을 듣고 이에 두 며느리와 함께 일어나 모압 지방에서 돌아오려 하여"

### 2. 세 여인 중에 두 며느리의 반응은 각각 달랐습니다(룻 1:7~17).

참으로 허무한 세상임을 보여줍니다. 모압 땅에 양식을 구하려 이주했다가 세 남자는 모두 죽고 말았습니다. 세상 물질을 따라가는 길은 행복을 보장받지 못할 뿐 아니라, 허무하고 생명이 없습니다. 여호와 하나님의 약속을 믿고 따르는 신앙만이 참 된 생명의 길이 있습니다.

룻과 오르바는 하나님을 믿지 않는 우상을 섬기는 나라 모압 여인으로서 하나님을 섬기는 이스라엘 남편과 결혼하여 영생과 축복을 받을 수 있는 사람이 되었습니다. 그런데 남편이 죽고 시모 나오미가 고향으로 돌아간다니, 룻은 따랐지만 오르바는 다시 우상 민족으로 되돌아갔습니다.

오르바는 천국 민족이 되었다가 지옥 민족으로 돌아갔습니다. 룻은 부모형제가 사는 고향으로 돌아가라 했을 때, 시어머니가 섬기는 하나님을 섬기고 싶어, 시어머니 나오미를 존경하고 가까이 따랐던 것입니다.

첫째로 룻은 겸손한 신앙을 소유했습니다.

둘째로 룻은 사랑의 믿음을 소유했습니다.

셋째로 룻은 하나님과 동행하는 믿음의 사람이었습니다.

룻의 결단은 고난과 역경 속에서도 하나님을 믿는 신앙으로 귀화한 것입니다. 시어머니 나오미는 모압을 떠나기 전에 두 자부에게 각기 집으로 돌아가 집에서 위로를 받게 하시기를 원하노라 하고, 그들에게 입맞추매 그들이 소리를 높여 웁니다. 오르바는 시어머니에게 입 맞추고 떠났으나, 룻은 붙좇았습니다. 네 동서는 그의 백성과 그의 신들에게로 돌아가나니 너도 동서를 따라 돌아가라고 합니다. 룻은 "어머니를 떠나며 어머니를 따르지 말고 돌아가라고 강권하지 마옵소서"라고 합니다.

· 함께 읽어요 : 룻기 1장 17절

"어머니께서 죽으시는 곳에서 나도 죽어 거기 묻힐 것이라 만일 내가 죽는 일 외에 어머니를 떠나면 여호와께서 내게 벌을 내리시고 더 내리시기를 원하나이다 하는지라."

## 3. 룻의 신앙은 민족을 초월한 화해의 본입니다(룻 1:18~22).

나오미는 룻이 끝까지 떠나기를 거절하고 자기와 함께 가기로 굳게 결심하고 섬기어 따르기로 했을 때, 더 이상 말하지 아니했습니다.

이에 두 사람이 베들레헴까지 갔습니다. 온 성읍이 그들로 말미암아 떠들며 "이가 나오미가 아니냐?"라고 합니다. 나오미는 자기를 마라[1]라 부르라고 합니다. 그리하여 붙좇았던 룻은 보아스와 결혼하고 다윗의 증조모로 예수님의 족보에 오르는 영광을 안게 됩니다.

· 함께 읽어요 : 룻기 1장 21절

"내가 풍족하게 나갔더니 여호와께서 내게 비어 돌아오게 하셨느니라. 여호와께서 나를 징벌하셨고 전능자가 나를 괴롭게 하셨거늘 너희가 어찌 나를 나오미라 부르느냐 하니라."

---

1) 마라 Marah; '쓴 것' '괴로운'이란 뜻으로 남편과 두 아들을 모압 땅에서 잃은 '나오미' "나의 기쁨이 되는 자" 라고 부르지 말고, '마라' '쓴' '괴로운' 란 이름으로 자기 자신에게 붙인 이름이다.

## 정리하는 말

오늘날은 글로벌 시대이기에 민족과 나라의 국경도 점점 사라져 갑니다. 분명한 것은 시대가 변하고, 풍속이 달라진다 해도 룻과 같은 모범적인 신앙은 빛을 발할 것입니다. 그래서 '민족을 초월한 사랑과 화해'로 굳은 장벽을 허물어 버릴 것입니다. 여러분도 변치 않는 '여호와 신앙'으로 가족, 친구, 이웃 민족에게까지 평화와 화해의 도구가 되시어, 아름다운 하나님의 나라의 견고한 소망을 심어주시기를 간절히 부탁드립니다.

## 평가와 결심

1. 엘리멜렉은 모압으로 이사 갔지만 항상 지키신 이는 누구입니까?
   (룻 1:3~6, 자기 백성을 돌보시는 이는 여호와 하나님이심)
2. 남편이 죽은 오르바와 룻의 신앙의 형편은 어떠했습니까?
   (룻 1:7~17, 오르바는 떠나갔으나 룻은 붙좇았음)
3. 나오미의 자부 룻의 모범은 과연 어떤 신앙이었습니까?
   (룻 1:18~22, 민족을 초월한 평화와 화해의 예수님 신앙으로 족보에 오름)

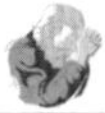

### 주간 경건의 시간 <12> · 날마다 말씀과 함께

| 요일 / 내용 | 주일/월(Mon) | 화(Tue) | 수(Wed) | 목(Thu) | 금(Fri) | 토(Sat) |
|---|---|---|---|---|---|---|
| 찬송 | 39동 / 85동 | 195 / 175 | 260 / 194 | 480 / 293 | 478 / 78 | 484 / 533 |
| 성경 | 룻1:-2:/엡 1: | 엡 2: | 엡 3: | 엡 4: | 엡 5: | 엡 6: |
| 적용 | 나오미, 룻/ 창세전에 | 세상 풍조 | 경륜의 비밀 | 목사와 교사 | 시 찬송 노래 | 성령의 검 |

* 도리의 명에 따라 노하기를 자제하는 사람은 용자라 칭하여도 가하다
< 플래토 B. C. 427~347, 그리스 철학자 >

3단원 화해 평화의 달

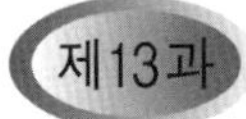


# 그는 우리의 화평이시다.

찬송 / 484, 483, 488 / 통 533, 532, 539
성경 / **에베소서 2:1-22**
요절 / **에베소서 2:14**
"그는 우리의 화평이신지라 둘로 하나를 만드사 원수 된 것 곧 중간에 막힌 담을 자기 육체로 허시고"
목표 / 그리스도의 피로 막힌담 허신 화평의 은혜를 간구하며 살아간다.

## 시작하는 말

여러분! 세상의 기적 중의 기적은 예수 그리스도의 피로 하나님과의 화평을 누리게 된 '우리 자신'입니다. 세상에서 아무리 강한 세제洗劑라도 우리 죄악의 핏자국을 지울 수 없습니다. 십자가의 대속의 피를 보시고 하나님께서 우리를 자녀 삼아 주시고, 하나님의 자녀 된 상속권을 주신 것입니다. 사탄 마귀는 십자가의 대속을 방해하려고 온갖 수단을 강구했지만, 그리스도께서 화목과 평화의 제물이 되시므로 실패하고 맙니다.

## 오늘의 말씀

### 1. 과거는 허물과 죄로 죽었던 우리였습니다(엡 2:1~3).

1절을 함께 읽습니다. "그는 허물과 죄로 죽었던 너희를 살리셨도다." 우리 인생은 살았다 하나 영적으로는 죽었던 자였습니다. 죽은 몸은 감각이 없는 것처럼 영적 진리에 무감각한 상태요 불순종했으며, 2-3절 사탄 마귀의 거짓을 따르며 타락한 육체의 지배를 받았고 세상에 속했었습니다. 요 8:23 세상 풍조를 따르고 공중의 권세 잡은 자를 따랐으니 본질적으로 진노의 자식입니다. 엡 2:3 육체의 욕심을 따라 육체와 마음의 원하는 것을 행했습니다. 하나님이 인정하시는 영적 선은 행하지 않았습니다. 눅 6:33, 11:13 따라서 본질상 하나님의 진노를 받도록 되어 진 운명의 존재였습니다. 요 3:18

· 함께 읽어요 : 에베소서 2장 3절
"전에는 우리도 다 그 가운데서 우리 육체의 욕심을 따라 지내며 육체와 마음의 원하는 것을 하여 다른 이들과 같이 본질상 진노의 자녀이었더니"

## 2. 하나님은 십자가의 사랑과 은혜로 생명까지 주셨습니다(엡 2:4~7).

진노의 자녀임에도 불구하고 ① 하나님께서는 우리를 사랑하셨습니다. 그의 성품이 사랑이셔서 은혜와 자비와 긍휼의 풍성함으로 십자가에서 생명까지 내어 주셨습니다. 롬 5:8, 요 3:15 ② 그래서 우리를 살려주셨습니다. 5절 부활 경험 속에서 주님과 연합되었고, 새 생명의 경험 속에서 유대인과 이방인이 연합되었습니다. ③ 우리를 일으키사 예수 안에서 하늘 보좌에 함께 앉혀 주셨습니다. 6절 그리스도가 머리시고 우리는 그의 몸이니 그리스도와 함께 일으키심을 받았고, 영적으로는 하늘에 있는 것입니다. ④ 이렇게 한 것은 예수 안에서 베푸신 하나님의 은혜의 풍성함과 우리에게 생명을 주신 자비를 후세대에 나타내려 하심입니다.

♬ "예수를 나의 구주삼고 성령과 피로써 거듭나니 이 세상에서 내 영혼이 하늘의 영광 보리로다. / 이것이 나의 간증이요 이것이 나의 찬송일세, 나사는 동안 끊임없이 구주를 찬송하리로다." ♬ 288장, 통 204장

마음에서 샘솟는 기쁨이 콧노래로 흘러나오는 것입니다. 이보다 더

큰 사랑이 어디 있으며, 이보다 더한 기적이 어디 있겠습니까? 그럼으로 할렐루야! 주 하나님의 오묘하신 구원의 경륜을 그 누구인들 깨달을 수 있겠습니까? 죄 많은 세상이지만 하늘 보좌 향해 저 높은 곳을 향하여 날마다 찬송하며 나아가는 것입니다. 그러므로 날마다 매시간 순간순간마다 '찬송 부르며, 기도와 말씀을 읽고 묵상하면서 하늘나라 일꾼으로 자라가도록 날마다 힘쓰고 노력해야 하는 것'입니다.

· 함께 읽어요 : 에베소서 2장 7절
"이는 그리스도 예수 안에서 우리에게 자비하심으로써 그 은혜의 지극히 풍성함을 오는 여러 세대에 나타내려 하심이라."

### 3. 우리는 하나님의 선물인 작품이요 명품입니다(엡 2:8~22).

우리에게 주신 '구원'은 하나님의 순수한 선물로서 우리가 기꺼이 받아들이도록 우리에게 믿음을 주셨습니다. 즉, '구원'은 하나님께서 이루신 것입니다. 여러분! 우리는 선한 일을 위하여 지으심을 받은 '하나님의 작품' 입니다. 10절 중증 장애를 입은 자녀를 부모님의 애틋한 사랑으로 키우듯이 말입니다. 내가 울 때 함께 우셨고, 내가 아파할 때 함께 품안에 안고 아파했습니다. 내가 죄악의 폐병으로 피를 토하며 죽어갈 때 주님은 가슴에 창을 받으시고 붉은 피를 쏟아 구속해 주셨습니다. 어떠한 경우라도 하나님의 뜻은 영원히 변하지 않습니다. 하나님의 거대한 구원은 측량할 수 없습니다. 그 크신 하나님의 사랑을 영원히 송축하며, 찬송을 부릅시다.

· 함께 찬송해요 : ♬ 찬송가 304장 1절 ♬
"1절 ♫ '그 크신 하나님의 사랑 말로다 형용 못하네./ 저 높고 높은 별을 넘어 이 낮고 낮은 땅위에/ 죄 범한 영혼 구하려 그 아들 보-내사 화목제물 삼으시고 죄 용서하셨네./ 하나님 크신 사랑은 측량 다 못-하네. 영원히 변치 않는 사랑 성도여 찬양하세. ♫ "

## 정리하는 말

오늘 말씀은 평생에 듣던 말씀인데 눈시울이 뜨겁고 감격스럽습니다. 하나님의 사랑과 자비하심이 이렇게 큰 줄 이전에 몰랐습니다. "예수로 나의 구주 삼고 성령과 피로써 거듭나니… 하늘의 영광 누리로다." 노예 선장이었던 존 뉴턴 목사가 지은 "나 같은 죄인 살리신 주 은혜 놀라워 잃었던 생명 찾았고 생명을 얻었네." 이 찬송이 이제야 이해가 됩니다. 우리의 화평이시고 생명이신 주님 안에서 늘 평강을 누리시기 바랍니다.

## 평가와 결심

1. 거듭나기 이전 우리의 모습은 어떤 형편이었습니까?
   (엡 2:1~3, 허물과 죄로 죽었던 우리였음)
2. 하나님은 우리를 어떻게 사랑하셨습니까?
   (엡 2:4~7, 하나님은 십자가의 사랑과 은혜로 생명까지 주셨음)
3. 하나님께서 주신 우리는 어떤 존재입니까?
   (엡 2:8~22, 선물로 주신 하나님의 작품이요 명품임)

### 주간 경건의 시간 <13> · 날마다 말씀과 함께

| 요일 / 내용 | 주일/월(Mon) | 화(Tue) | 수(Wed) | 목(Thu) | 금(Fri) | 토(Sat) |
|---|---|---|---|---|---|---|
| 찬송 | 146동 / 89동 | 179 / 167 | 200 / 235 | 252 / 184 | 180 / 168 | 336 / 383 |
| 성경 | 욥 40: / 41: | 욥 42: | 골 1: | 골 2: | 골 3: | 골 4: |
| 적용 | 욥의 대답/ 온 천하 내 것 | 욥의 회복 | 만물보다 먼저 | 신성의 충만 | 시 찬송 노래 | 전도할 문 |

* 무서움을 아는 자가 참다운 용사이다.
< 웰링턴, 1769-1852, 영국 장군 >

# 영광의 기업을 받자!

찬송 / 42, 67, 42 / 통일 130, 31, 11
성경 / **잠언 3:1-35**
요절 / **잠언 3:35**
"지혜로운 자는 영광을 기업으로 받거니와 미련한 자의 영달함은 수치가 되느니라."
목표 / 새벽마다 영광을 기업을 구하며 은혜로 살도록 한다.

## 시작하는 말

사람마다 좋은 기업을 갖기를 원합니다. 세상의 기업은 잠시뿐, 결국은 썩어질 것입니다. 그러나 하나님께서 자녀들에게 주시는 기업은 영원하며 썩어지지 아니할 것입니다. 우리가 이러한 '영광의 기업'을 받기 위해서 새벽마다 하나님께 간절히 기도해야 합니다. 새벽에 기도의 날개를 펼치고 하나님을 만나 간절히 요청하면 하나님께서 '영광의 기업'을 주사 취할 수 있을 것입니다. 오늘 말씀을 읽고 기도하며 공부하면서 이러한 은혜를 사모하기 바랍니다. 그래서 여러분의 개인과 가족이 영광의 기업을 받으시고 복된 주인공이 되시기를 간절히 기원합니다.

## 오늘의 말씀

### 1. 영광의 기업은 축복의 통로만 알면 얻기 쉽습니다(잠 3:1~10).

인간의 복에 대한 애착과 집념은 다른 어떤 것들보다 강합니다. 그것은 예로부터 지금까지 모든 종교 및 문학과 예술 등의 주제가 되었습니다. 지혜와 학문의 궁극적인 목표도 복이라는 주제에 초점이 맞춰져 있습니다. 따라서 축복의 통로를 안다는 것은 복을 얻을 수 있는 가장 확실한 루트를 발견하는 것이므로 매우 중요한 일입니다. 본문에서 제시하는 열쇠는 이것입니다. ① 주의 법을 지키는 것이 축복의 통로입니다. 1~2절 하나님의 복은 주의 법과 명령을 지키는 당신의 자녀들에게 주십니다. ② 인자와 진리를 떠나지 않게 하는 것이 축복의 통로입니다. 3~4절 하나님을 사랑하고 이웃을 사랑하는 것과 하나님과 사람 앞에서 진실을 행하는 것입니다. ③ 범사에 그분을 인정하는 것이 축복의 통로입니다. 6~10절 범사에 하나님을 인정하면 삶의 길을 지도하시고 축복하십니다.

· 함께 읽어요 : 잠언 3장 5~6절

"5 너는 마음을 다하여 여호와를 신뢰하고 네 명철을 의지하지 말라 6 너는 범사에 그를 인정하라 그리하면 네 길을 지도하시리라."

## 2. 영광의 기업은 지혜와 명철한 자에게 주십니다(잠 3:11~26).

흔히들 사람마다 많은 힘을 얻기 원합니다. 힘이 있으면 강한 자가 되기 때문입니다. 그러나 지혜는 힘보다 더 강력합니다. 힘은 지혜를 강압적으로 움직이거나 영향을 줄 수 없지만, 지혜는 힘을 자기 자신이 원하는 방향으로 얼마든지 사용할 수 있기 때문입니다. 지혜와 명철을 가진 자는 세상의 힘과 무력을 가진 자보다 훨씬 더 위대한 일을 할 수 있습니다. 본문은 지혜 있고 명철한 자에 관해 언급하고 있습니다.

① 주의 징계를 경輕; 가벼울 경히 여기지 않습니다. 11~12절 지혜 있고 명철한 자는 주의 징계를 슬기롭게 감당합니다. 주의 징계는 아비가 사랑하고 기뻐하는 자녀들에게 하는 것과 같습니다.

② 지혜와 명철을 귀히 여깁니다. 13~15절 지혜가 있고 명철한 자는 지

혜의 가치, 명철의 가치를 분명히 알기 때문입니다.

③ 여호와를 의지합니다. 16~26절. 주를 의지하고 세상의 지식과 인생을 의지하지 않는 사람이 지혜가 있고 명철한 사람입니다.

· 함께 읽어요 : 잠언 3장 26절
"대저 여호와는 네가 의지할 이시니라 네 발을 지켜 걸리지 않게 하시리라."

## 3. 지혜로운 자는 선을 베풀어 영광의 기업을 받게 됩니다(잠 3:27~35).

지혜로운 사람은 선을 베풀 수 있을 때 도와주는 실천의 사람입니다. 이제 본문 27~28절을 함께 읽습니다.

"[27]네 손이 선을 베풀 힘이 있거든 마땅히 받을 자에게 베풀기를 아끼지 말며, [28]네게 있거든 이웃에게 이르기를 갔다가 다시 오라 내일 주겠노라 하지 말며"라고 했습니다. 그렇습니다. 어려움에 처한 사람을 모른 채 하지 맙시다. 우리 자신이 어려움을 당할 때를 생각하여 더욱 적극적으로 베풀고 도와주시기 바랍니다.

'사촌이 논을 사면 배가 아프다'는 못된 속담도 있습니다. 이웃이 곁에서 평안히 살거든 시기하거나 그를 해하려고 꾀하지 말아야 합니다. 오히려 더욱 응원하고 그들의 행복을 빌어 주어야 합니다.

① 이웃이 악을 행치 아니했으면 까닭 없이 다투지 말아야 합니다.
② 포학한 자를 부러워하지 말아야 합니다. 그 포악함을 부러워하면 심각한 결과를 초래합니다. 같은 악을 자행하게 됩니다.
③ 악인의 집에는 저주가 있고, 의인의 집에는 복이 있는 법입니다.
④ 진실로 겸손한 자에게 복을 주실 것입니다.

· 함께 읽어요 : 잠언 3장 33절
"악인의 집에는 여호와의 저주가 있거니와 의인의 집에는 복이 있느니라.

## 정리하는 말

사랑하는 성도 여러분! 위대하신 하나님은 당신의 자녀들에게 영광의 기업을 주시기를 원하십니다. 지혜와 명철을 주시는 하나님께 모든 것을 맡기십시오. 그분은 지혜와 명철을 소유한 자에게 영광의 기업을 주시고, 풍성하게 채워주십니다. 만유의 주 하나님께 마음 문을 열고 기도하며, 찬송하면서 하나님이 허락하신 축복 속에서 사시기를 간절히 소원합니다.

## 평가와 결심

1. 영광의 기업을 받는 방법은 무엇입니까?
   (잠 3:1~10, 축복의 통로를 알아야 함)
2. 영광의 기업은 누구에게 주십니까?
   (잠 3:11~26, 지혜와 명철한 자에게 주심)
3. 누가 영광의 기업을 받습니까?
   (잠 3:27~35, 지혜로운 자가 받음)

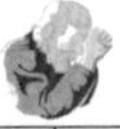

### 주간 경건의 시간 <14> · 날마다 말씀과 함께

| 요일 / 내용 | 주일/월(Mon) | 화(Tue) | 수(Wed) | 목(Thu) | 금(Fri) | 토(Sat) |
|---|---|---|---|---|---|---|
| 찬송 | 37동 / 88동 | 259 / 502 | 535 / 325 | 537 / 329 | 545 / 344 | 536 / 326 |
| 성경 | 잠언 1: / 2: | 잠언 3: | 잠언 4: | 잠언 5: | 잠언 6: | 잠언 7: |
| 적용 | 지식의 근본/ 지혜의 유익 | 재물로 공경하라 | 지혜와 명철 | 샘으로 복되게하라 | 좀더 자자 좀더 졸자 | 음녀의 길 |

* 이 땅에서 아내보다 더 훌륭한 사람은 오직 어머니뿐이다. <레오폴드 제퍼, b.1784, 독일 시인>

4단원 풍성한 은혜의 달

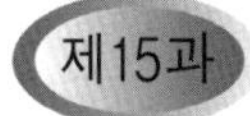


# 간절히 찾으면 만나리라!

찬송 / 197, 242, 138 / 통 178, 233, 52
성경 / 잠언 8:1-36
요절 / 잠언 8:35
"대저 나를 얻는 자는 생명을 얻고 여호와께 은총을 얻을 것임이니라."
목표 / 여호와의 은총을 간절히 사모하면 만나는 삶의 태도를 가진다.

## 시작하는 말

인생은 무엇에 관심을 가지고 투자하느냐에 따라 그 결과는 천차만별인 것입니다. 지혜자는 잠언 4장 23절에서 "모든 지킬 만한 것 중에 더욱 네 마음을 지키라 생명의 근원이 이에서 남이니라"라고 했습니다. 지혜를 사랑하면 하나님이 우리를 지켜주시는 것입니다. 여호와의 은총과 은혜는 간절히 찾으면 만나지는 것입니다. 풍성한 은혜를 덧입기 위해서 여러분은 하루에 얼마나 시간을 투자하십니까? 하나님은 "간절히 찾는 자가 나를 만날 것이라"잠 8:17절 했습니다. 여러분의 가정에도 직장에도 하나님의 풍성한 은혜를 간절히 찾아 만나기를 축복합니다.

## 오늘의 말씀

### 1. 지혜를 간절히 찾고 사랑하시기를 바랍니다(잠 8:1~21).

인생에서 사랑의 강도強度나 사랑의 분량은 그 대상에 따라서 차이가 나기 마련입니다. 어떤 일을 위해서는 죽음도 불사하는가하면, 전혀 그렇지 않은 경우도 있습니다. 귀한 것일수록 중요한 사람일수록 사랑의 강도는 높고 사랑의 분량이 많다는 것은, 아마도 가장 자연스러운 일일 것입니다. 예수를 뜨겁게 사랑한다는 것은 그의 인생 가운데서 예수가 차지하고 있는 비중이 어느 정도인가를 반영하는 것입니다.

본문은 지혜를 사랑하도록 권고합니다. 그 이유는 지혜를 사랑하는 자들이 하나님의 사랑을 입으며, 지혜를 간절히 찾는 자가 하나님을 만나게 될 것이기 때문입니다. 하나님께로 나셔서 우리에게 지혜가 되신 주 예수 그리스도를 사랑하되 참 마음으로 사랑하시기를 바랍니다.

· 함께 읽어요 : 잠언 8장 17절

"나를 사랑하는 자들이 나의 사랑을 입으며 나를 간절히 찾는 자가 나를 만날 것이니라."

## 2. 지혜는 태초부터 세워져 만물이 조성되어졌습니다(잠 8:22~29).

우리는 하나님의 지혜의 광대하심과 오묘하심, 그 깊이, 넓이, 그리고 영원하심을 그의 창조 역사 가운데서 발견할 수 있습니다. 우리 눈으로 보이는 이 모든 자연 만물이 하나님의 지혜로 된 것입니다. 이러한 사실을 우리가 깨닫게 된 것은 하나님이 우리에게 허락하신 일반 은총의 덕택입니다. 창조 역사 가운데 계시된 하나님의 지혜를 고백하고 경험 할 수 있는 것은 그의 일반 은총을 믿는 성도들에 대한 하나님의 특별한 사랑을 주셨기 때문입니다.

① 하나님의 지혜의 영원성입니다. 태초부터 하나님과 함께 있었습니다. 지혜는 모든 만물의 근원이며 영원합니다. 8:22~26절

② 하나님의 지혜의 활동성입니다. 하나님의 지혜의 활동은?

a) 하늘을 창조하신 역사에서 나타납니다. b) 바다를 지으신 역사에도 나타납니다. 8:29절 c) 하나님의 지혜는 땅을 지으실 때도 나타납

니다.

③ 영원한 하나님의 지혜는 예수 그리스도이십니다. 하나님의 지혜는 인간들을 향해서도 완벽하게 펼쳐졌습니다. 사람들이 이 땅에 살아갈 때 가장 기뻐할 수 있는 이유는 바로 그러한 하나님의 지혜는 하나님을 만족하게 하고 사람들을 만족케 했다는 사실입니다. 모든 피조물들을 매개로 하여 하나님과 사람들을 함께 즐거워하게 하는 것이 하나님의 지혜입니다. 그리스도를 구주로 영접함으로 이러한 놀라운 지혜가 바로 우리의 것이 될 수 있는 것입니다. 엡 1:17절

· 함께 읽어요 : 에베소서 1장 17절
"우리 주 예수 그리스도의 하나님, 영광의 아버지께서 지혜와 계시의 영을 너희에게 주사 하나님을 알게 하시고"

### 3. 하나님의 지혜로 인하여 축복이 옵니다(잠 8:30~36).

지혜를 지켜 행하는 자가 받게 될 하늘의 축복이 있습니다. 또한 그것을 거역하는 자가 당하게 될 형벌에 대하여 설명함으로써 우리가 취해야 할 삶의 방식을 지혜롭게 모색하도록 인도하고 있습니다.

① 지혜의 음성을 들을 것을 권고합니다. 잠 28:7

a. 도道를 듣고 지키는 자가 되라고 합니다.

b. 간절히 사모하는 자가 되라고 하십니다.

② 지혜를 지키는 자에게 축복이 임하고,

a. 생명을 얻습니다. b. 은총을 얻습니다.

③ 지혜를 버린 자에게 벌이 있습니다.

a. 자기 영혼을 상하게 됩니다. b. 죽음을 당하게 됩니다.

· 함께 읽어요 : 에베소서 1장 14절
"이는 우리 기업의 보증이 되사 그 얻으신 것을 속량하시고 그의 영광을 찬송하게 하려 하심이라."

## 정리하는 말

사랑하는 성도 여러분! 우리가 하나님의 말씀을 읽고 묵상하는 것은 말씀을 통해서 하나님의 지혜를 얻고 은혜를 체험하기 위해서입니다. 하나님의 지혜가 우리에게 생명을 주고, 생명을 통해 열매가 주렁주렁 열려 마음을 부드럽고 풍요하게 합니다. 여러분들의 마음에 이런 지혜와 주님의 은혜가 임하시기를 간절히 소원합니다.

## 평가와 결심

1. 지혜를 사랑하고 찾아야 할 이유가 무엇입니까?
   (잠 8:13~17, 가장 소중한 지혜를 만날 것이기 때문임)
2. 왜 지혜를 만나야 할 것입니까?
   (잠 8:22~29, 지혜의 영원성, 활동, 예수 그리스도이시기 때문)
3. 지혜로 인하여 올 축복 때문에 해야 할 일이 무엇입니까?
   (잠 8:30~36, ①지혜의 음성을 듣고 ②지혜를 지켜야 함)

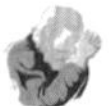

### 주간 경건의 시간 <15> · 날마다 말씀과 함께

| 요일 / 내용 | 주일/월(Mon) | 화(Tue) | 수(Wed) | 목(Thu) | 금(Fri) | 토(Sat) |
|---|---|---|---|---|---|---|
| 찬송 | 145동 / 146동 | 329 / 267 | 481 / 362 | 449 / 377 | 450 / 376 | 373 / 503 |
| 성경 | 잠언 8: / 9: | 잠언 10: | 잠언 11: | 잠언 12: | 잠언 13: | 잠언 14: |
| 적용 | 생명 은총 / 지혜의 근본 | 부함 근심 | 의인 환란구원 | 의인의 생각 | 선한 지혜 | 평온한 마음 |

* 동정은 산 자를 위한 것이며, 시기는 죽은 자를 위한 행동이다.

< 마크 트웨인, 1835-1910, 미국 해학가 >

4단원 풍성한 은혜의 달

# 마음의 경영을 이루리라!

찬송 / 430, 436, 438 / 통 456, 493, 495
성경 / 잠언 16:1-33
요절 / 잠언 16:3
"너의 행사를 여호와께 맡기라 그리하면 네가 경영하는 것이 이루어지리라."
목표 / 마음의 경영과 말의 응답이 일치하는 삶의 태도로 살아간다.

## 시작하는 말

본문은 '인간'과 '하나님'에 대해 확고한 지식을 우리에게 전해 주고 있습니다. 인간은 스스로 생각하고 의지를 세울 수는 있으나 그것을 이루고 성취하시는 분은 하나님이시라는 사실입니다. 하나님은 인간의 모든 사정을 낱낱이 알고 계시며 그분의 뜻대로 모든 길을 추진해 가십니다. 우리의 모든 행사는 하나님의 손에 달려있습니다. 그러므로 생사화복을 주장하시는 하나님께 나의 모든 행사를 맡기는 것이 지혜로운 처신임을 알아야 합니다. 이러한 사실에 대해 살펴보겠습니다.

## 오늘의 말씀

### 1. 인간이 계획하나 그 일의 성취는 하나님께 있습니다(잠 16:1).

마음의 경영은 사람 각자 자신에게 있습니다. 여기서 '마음의 경영'이란 하나님께서 인간에게 주신 '자유 의지'를 가리킵니다. 하나님은 인간을 지으실 때 그 스스로 사고하고 결정할 수 있는 '자유 의지'를 주셨습니다. 인간은 누구의 도움이 없이도 사고할 수 있습니다.

그래서 자기가 좋아하는 대로 계획하고 설계할 수 있습니다. 그러나 일의 결국은 인간에게 있는 것이 아닙니다. '하나님께 있다'는 말씀입니다. 모든 일의 배후에는 하나님께서 역사하신다는 사실을 명백히 밝혔습니다. 사실 인간은 나약합니다. 머릿속으로 멋진 일을 구상한다고 하여도 하나님의 절대적인 도우심이 없이는 실현이 불가능합니다. 그러므로 우리가 철저하게 계획을 세웠다 할지라도 우리는 먼저 하나님께 기도하며 낱낱이 구체적으로 보고해야 합니다.

· 함께 읽어요 : 잠언 16장 1절
"마음의 경영은 사람에게 있어도 말의 응답은 여호와께로부터 나오느니라."

### 2. 하나님의 공의 앞에 인간은 바르게 판단해야 합니다(잠 16:2).

인간은 아무리 정당하다고 하여도 자기 주관적인 편견 속에 살아가는 것입니다. 그래서 그의 판단은 편파적인 경우가 허다합니다. 자신의 허물과 잘못은 덮어두고 오직 남에게 드러내고 싶은 점만을 강조합니다. 이것은 매우 무서운 아집과 독선입니다.

객관적인 이성은 힘을 잃고 주관적인 감정만이 영향을 미칩니다. 지나치게 감정적인 사람은 사람을 판단할 수가 없습니다. 남을 판단하는 그 자체가 바로 자신을 판단하는 것이기 때문입니다. 그럼에도 부족하고 미련한 인간은 남을 판단하기를 즐깁니다. 자신의 판단이 옳음을 자랑하고 널리 알리기를 원합니다. 그리고 그것을 고집합니다.

하나님은 우리들의 심령을 감찰하고 계십니다. 그래서 우리의 모든 상황을 알고 계십니다. 우리는 사람의 눈은 속일 수 있을지라도 하나님의 공의로우신 눈은 속일 수 없습니다. 하나님의 공의는 결국 그의 심판에서 나타납니다. 인간의 판단은 구부러지거나 편파적일 수 있으나 하나님의 판단하심은 공의로워서 공정합니다.

· 함께 읽어요 : 잠언 16장 2절
"사람의 행위가 자기 보기에는 모두 깨끗하여도 여호와는 심령을 감찰하시느니라."

### 3. 여호와께 의탁하며 완벽한 통치를 부탁하십시오(잠 16:3~4).

여호와께 의탁하는 삶은 어려운 것 같지만 쉽습니다. 모든 것이 나의 소유라고 생각하기 때문에 모든 것을 내 맘대로 주관하고 싶어 하는 것입니다. 그러나 생각해 보면 나의 것이라고는 하나도 없습니다. 어쩌면 우리들도 부정모혈父精母血을 받아 혈혈단신孑孑單身으로 태어나 자라온 것은 아닙니까? 빈 손 쥐고 태어난 것입니다.

성경은 "너의 행사를 주께 맡기라"고 합니다. 이 말씀은 우리의 짐을 대신 져 주시겠다는 약속의 말씀입니다. 이 말씀에 따라 우리는 우리의 모든 일을 하나님께 맡겨야 합니다. 일이 잘 성사될까 혹은 이 일에 잘못되면 어떻게 할까라는 걱정 근심을 버려야 합니다. 이럴 때 우리의 심연은 평안으로 인도되며 하나님께서 모든 일을 관리해 주실 것입니다.

하나님께시는 이 세상 모든 천지 만물을 창조하셨습니다. 그리고 모든 피조물에게 존재의 의미와 가치를 부여해 주셨고, 그 처할 위치까지도 선정해 주셨습니다. 하나님께서 모든 만물의 통치자이시기 때문입니다. 하나님은 알파(처음)와 오메가(나중)이십니다. 모든 일의 원인이시며 결과이십니다. 세상의 창조와 공의로운 종말의 심판까지 섭리하시고 역사하시는 분이십니다. 하나님은 모든 피조물을 통해 자신의 선한 목적을 이루시고 영원한 찬송을 받으실 것입니다.

· 함께 읽어요 : 잠언 16장 4절
"여호와께서 온갖 것을 그 쓰임에 적당하게 지으셨나니 악인도 악한 날에 적당하게 하셨느니라."

## 정리하는 말

오늘날과 같이 문명이 발달 된 것이 문제가 아닙니다. 거리가 단축되고 시간이 남아돌아가는 데도 인간들은 향락할 시간이 적다고 불평을 합니다. 이스라엘의 전철을 우리가 밟는 것이 아닌가 걱정됩니다. 과거의 불신실함을 떠나 하나님의 약속, 그리고 예언을 소중하게 여겨야 합니다. 여호와의 영광을 위하여 언약의 줄로 매이시기를 바랍니다.

## 평가와 결심

1. 인간이 계획하지만 이루시는 분은 누구이십니까?
   (잠 16:1, 일의 성취는 하나님께 있음)
2. 인간의 판단과 하나님의 심판의 차이점은 어떤 것입니까?
   (잠 16:2, 인간의 판단은 공평하지 못하며, 하나님의 심판이 있음)
3. 인간의 지혜로운 처신은 어떻게 하는 것입니까?
   (잠 16:3~4, 여호와 하나님께 의탁하며 살아가는 것임)

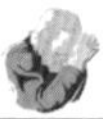

### 주간 경건의 시간 <16> · 날마다 말씀과 함께

| 요일 / 내용 | 주일/월(Mon) | 화(Tue) | 수(Wed) | 목(Thu) | 금(Fri) | 토(Sat) |
|---|---|---|---|---|---|---|
| 찬송 | 39동/ 85동 | 292 / 415 | 298 / 35 | 325 / 359 | 324 / 360 | 433 / 490 |
| 성경 | 잠언 15: / 16: | 잠언 17: | 잠언 18: | 잠언 19: | 잠언 20: | 잠언 21: |
| 적용 | 마음의 즐거움/ 마음의 경영 | 심령의 근심 | 의인 환란구원 | 의인의 생각 | 선한 지혜 | 평온한 마음 |

* 잘 사는 것은 오래 산 것이요. 허송세월한 것은 산 것이 아니라 시간을 잃은 것이다.
< 토머스 풀러, 1608~1661, 영국 신학자 >

4단원 풍성한 은혜의 달

# 주께서 갚아 주시리라!

찬송 / 484, 483, 488 / 통 533, 532, 539
성경 / **잠언 25:8-28**
요절 / **잠언 25:22**
"그리하는 것은 핀 숯을 그의 머리에 놓는 것과 일반이요 여호와께서 네게 갚아주시리라."
목표 / 먹이고 마시게 하여 은총의 주께서 갚아주시는 삶을 살게 한다.

## 시작하는 말

여러분! 인간이 아무리 잘 고친다고 하여도 인간을 만드신 창조주 하나님보다 더 잘 고칠 수는 없습니다. 갚아준다고 해도 하나님의 갚아주심보다 더 잘해 줄 수는 없습니다. 결론적으로 하나님의 갚아주시는 방법은 인간의 방법과는 아주 다릅니다. 원수를 갚는다는 것은 원수를 사랑한다는 말로 이해해야 옳을 것입니다. 본문에서 제시하고 있는 "주께서 갚아주신다"는 근본적인 의미를 이해하면 '하나님의 마음'을 압니다.

## 오늘의 말씀

### 1. 경우에 합당한 말을 하는 지혜가 필요합니다(잠 25:8~16).

자신의 가난함이나 무식한 것 때문에 늘 기가 죽어지내는 이들이 많습니다. 높은 지위에 있는 자가 이들을 대할 때 그들의 소중함을 느낄 수 있도록 존중한다면 얼마나 용기를 얻을 수 있겠습니까? 성도들은 형제를 그리스도 안에서 세우는 일에 힘써야 합니다. 말이란 독백이 아닙니다. 다른 사람과의 관계에서 이루어지는 것입니다. 그러므로,

① 섣부른 판단에 의거한 말을 삼가야 합니다. 8절 자신이 옳다고 생각해도 숙고하여 말하고 처리할 것을 권고하고 있습니다.

② 남의 비밀을 들추지 말아야 합니다. 9절

③ 시기에 적절한 말은 위력이 있습니다. 11-15절

대부분 성공한 사람들은 대인 관계에서 원만한 사람들이라는 통계가 나왔습니다. 함부로 남의 약점을 지적하지 않도록 해야 합니다.

· 함께 읽어요 : 잠언 25장 9절, 11절

"9 너는 이웃과 다투거든 변론만 하고 남의 은밀한 일은 누설하지 말라.
11 경우에 합당한 말은 아로새긴 은 쟁반에 금 사과니라."

## 2. 선으로 악을 이기는 것이 최선의 방법입니다(잠 25:17~22).

본문은 이웃과의 관계에서 분쟁을 일으킬 만한 것이 무엇인지 보여주며, 원수와의 관계에서도 자비를 베풀 것을 말합니다.

18절에 "자기의 이웃을 쳐서 거짓 증거 하는 사람은 방망이요 칼이요 뾰족한 화살이니라"고 했습니다. 즉 방망이 '맙페츠'<מַפֵּץ>는 쇠, 또는 무거운 나무로 만들어진 전투용 곤봉을 뜻하고, 칼과 살 역시 살상용 무기인데 방망이는 부수는 기구이고, 칼은 상처를 내어 고통을 주며, 화살은 심장을 찔러 관통하게 하는 것들입니다. 이들은 거짓 증거가 갖는 효과이니, 그의 명예를 더럽히고 소유물을 빼앗으며, 생명을 빼앗는 방편임을 암시합니다. Taylor, 신성서주해

① 원수 갚는 것은 하나님께 있습니다. 롬 12:19 ② 원수는 오히려 사랑해야 할 대상입니다. 눅 6:27-28 원수 갚는 것은 하나님께 맡길 뿐만 아니라,

한걸음 더 나아가 원수를 사랑하고, 선대하며, 축복하라는 것입니다. 원수를 이기는 가장 좋은 방법은 그들을 사랑하는 것뿐입니다. 21-22절

· 함께 읽어요 : 잠언 25장 21~22절
"[21] 네 원수가 배고파하거든 음식을 먹이고 목말라하거든 물을 마시게 하라 [22] 그리하는 것은 핀 숯을 그의 머리에 놓는 것과 일반이요 여호와께서 네게 갚아 주시리라."

### 3. 원수를 사랑함으로 하나님의 뜻을 이루게 됩니다(잠 25:21~28).

세상에 살면서 내게 잘하는 사람한테 잘 해 주기는 쉽습니다. 나를 사랑하는 자를 사랑하기란 어렵지 않습니다. 예수님은 세리도 이와 같이 한다고 했습니다. 세상의 온갖 못된 사람들도 자식들한테는 잘 하려고 노력합니다.

그러나 나를 괴롭히고 훼방하는 원수를 용서하고 사랑한다는 것은 쉬운 일이 아닙니다. 그럼에도 주님께서는 원수를 사랑하라고 하셨습니다. 악한 자를 대적하지 않고 사랑하는 자에게 하나님께서 상을 베풀어 주실 것을 약속하고 있습니다. 지금 이 시대는 평화를 이루어 인류의 진정한 행복이 무엇인지는 밝힐 때입니다. 인류 사회가 평화를 정착시키려면 투쟁과 보복이 없는 사회가 이루어져야 합니다. 미움이 폭력을 불러들이고 작은 폭력이 큰 폭력을 불러오므로 사회의 혼란을 진정시키기 위해 사랑은 필수입니다.

원수를 사랑하는 자에게 상을 주신다는 주님의 말씀은 곧 "화평케 하는 자는 복이 있나니 저희가 하나님의 아들이라 일컬음을 받을 것임이라"는 산상수훈의 말씀입니다. 평화는 오직 원수를 사랑하는 정신에서 이루어질 수 있는 것입니다. 용서하는 사회에서만 만들어질 수 있는 것입니다. 용서 없이 평화도 없음을 명심하시고 사랑의 전령사가 되시기 바랍니다.

· 함께 읽어요 : 로마서 13장 10절
"사랑은 이웃에게 악을 행하지 아니하나니 그러므로 사랑은 율법의 완성이니라."

## 정리하는 말

오늘날 인류는 율법은 있어도 사랑이 없어서 수많은 사람이 죽어가는 것입니다. 양식이 없어 굶어죽고, 병들어 앓다가 죽고, 폭력에 시달리며, 정의와 자유를 부르짖다가 죽어갑니다. 사랑과 용서가 없는 세상! 풍요한 물질이 있어도 행복이란 느낄 수 없는 것입니다. 주 예수님의 십자가 보혈 · 대속의 은혜로 사랑의 나라 건설하고 살아가시기를 바랍니다.

## 평가와 결심

1. 대인관계에서 지켜져야 할 첫 번째 교훈이 무엇입니까?
   (잠 25:9~12, 인자하고 부드러운 말과 경우에 합당한 말을 해야 함)
2. 악을 이기는 근본적인 방법은 무엇입니까?
   (잠 25:13~22, 계명을 지키며 이웃을 사랑하되 원수까지 사랑)
3. 하나님의 뜻을 이루는 방법은 무엇입니까?
   (잠 25:21~28, 원수를 사랑하고 화해와 평화를 이루는 것임 )

### 주간 경건의 시간 <17> · 날마다 말씀과 함께

| 요일 / 내용 | 주일/월(Mon) | 화(Tue) | 수(Wed) | 목(Thu) | 금(Fri) | 토(Sat) |
|---|---|---|---|---|---|---|
| 찬송 | 37동 / 89동 | 219 / 279 | 261 / 195 | 292 / 415 | 320 / 350 | 374 / 423 |
| 성경 | 잠언 22: / 23: | 잠언 24: | 잠언 25: | 잠언 26: | 잠언 27: | 잠언 28: |
| 적용 | 금보다 은총/ 술과 고기 | 지혜로 건축 | 좋은 기별 | 말쟁이 다툼 | 면책 숨은 사랑 | 가증한 기도 |

* 사랑은 너무 어려 양심이 무엇인지 모른다. 그러나 양심이 사랑에서 태어나는 것을 누가 모르는가? < 윌리엄 셰익스피어, 1564-1616, 영국 시인, 극작가 >

4단원 풍성한 은혜의 달

# 현숙하고 지혜로운 여인

찬송 / 575, 579, 566 / 통일 302, 304, 301
성경 / **잠언 31:10-31**
요절 / **잠언 31:10**
"누가 현숙한 여인을 찾아 얻겠느냐 그의 값은 진주보다 더 하니라."
목표 / 현숙한 여인을 통한 가정생활이 주의 은혜임을 알도록 한다.

## 시작하는 말

분문은 세상의 모든 남자들이 결혼 상대자로 선택할 이상적 여성상에 대하여 구체적으로 제시해 주고 있습니다. 그것은 '현숙한 여인'으로서 그에 대한 본문의 기록은 22개의 구절로 되어 있으며, 각 절의 첫 글자를 외우기 쉽도록 히브리어 알파벳의 순서로 배열되어 있습니다. 이런 시를 두문 시頭文詩라고 합니다.1) 현숙한 여인이 갖고 있는 부덕婦德이 가정에 얼마나 큰 힘과 영향을 미치고 있는가를 잘 보여주고 있습니다.

## 오늘의 말씀

### 1. 현숙한 여인은 하나님의 고귀한 가치를 추구합니다(잠 31:10~19).

현숙한 여인이란 지혜로운 여인을 의미합니다. 이 지혜로움은 '하나님을 경외함'30절에서 옵니다. 그래서 현숙한 여인은 항상 지혜를 구하며 고귀한 가치에 근거한 가정을 이루기 위해 헌신의 방법을 터득해야 합

1) 두문 법頭文法이란 히브리어 시를 창작할 때 각 절의 시작을 히브리어 알파벳 첫 글자 순서로 배치해서 창작하는 방법을 두문 법이라 하고 이런 법칙 하에 만들어진 시詩를 두문 시頭文詩라고 한다.

니다. 현숙하고 지혜로운 여인은 보통 사람들과 언행 심사가 다릅니다.

① 한 남편을 잘 내조 內助하는 여자입니다. 11-12, 23절 남편을 존중하고 남편의 신임을 얻으며, 가정의 산업을 관할하도록 위임 받으며, 남편의 유익을 위해 헌신적인 봉사, 지역 사회에서 명예를 갖도록 '내조를 잘 하는 여자'라는 뜻입니다. 즉 부부관계의 기초는 애정과 신뢰이며, 상호 간의 헌신적인 봉사와 존경하는 마음으로 연합되어야 합니다.

② 노동의 즐거움과 가치를 아는 여자입니다. 13-15, 19, 24절 현숙한 여인은 근면하여 매사에 생산적이며, 가족들의 옷을 챙겨 입혀주고 건강을 지키도록 하며, 아낌없는 뒷바라지로 품위를 유지하도록 해 줍니다.

· 함께 읽어요 : 잠언 31장 12절

"12 그런 자는 살아 있는 동안에 그의 남편에게 선을 행하고 악을 행하지 아니하느니라"

## 2. 가정과 이웃을 사랑과 자비로 보살피는 여인입니다(잠 31:20~27).

① 근로의 대가를 잘 분배할 줄 아는 여자입니다. 현숙한 여인은 가족들의 근로로 얻은 복 福을 모두가 함께 누리고 살도록 할 뿐만 아니라, 가난한 이웃의 궁핍과 고통을 외면하지 않고 따뜻한 도움을 아끼지 않습니다. 20-22절 이웃이 없이는 더 큰 비전과 성공의 동력을 찾을 수 없습니다. 이웃을 사랑하고 돌보는 것이 삶의 목적이요, 보람이며 행복입니다.

② 지혜와 인애의 법을 가족들에게 가르치는 여자입니다. 27절 현숙한 여인은 지혜의 말과 사랑의 언어로 집안 사람들을 훈육 함으로써 27절 건전한 인생관을 갖게 하여 그들의 삶을 의롭게 하고 근면하게 합니다. 가정은 물질적, 정신적, 영적으로도 건전해야 행복할 수 있기 때문입니다.

그러나 현대의 핸섬하고, 세련되고 품위가 있다는 여인상은 본문과 비교하면 허약하고 게으름뱅이요, 화장과 미용에만 신경쓰며 외모에 치중합니다. 이런 것은 시대나 직장에 따라서 개인적인 차별이 있을 수 있으나, 우리는 인격적, 내면적인 가치를 간과해서는 안 될 것입니다.

· 함께 읽어요 : 잠언 31장 27~28절

"[27] 자기의 집안일을 보살피고 게을리 얻은 양식을 먹지 아니하나니 [28] 그의 자식들은 일어나 감사하며 그의 남편은 칭찬하기를"

### 3. 하나님의 뜻대로 행함으로 보상 받는 여인입니다(잠 31:28~31).

28절을 함께 읽겠습니다. "그의 자식들은 일어나 감사하며 그의 남편은 칭찬하기를"이라고 말합니다. 현숙하고 지혜로운 여인은 자녀들에게 감사를 받으며 남편에게 칭찬을 듣고 이런 결실이 있을 것입니다.

① 남편으로부터 칭찬을 받습니다. 28, 29절 칭찬이야 말로 그녀의 모든 노고를 보상해 주는 가장 값진 위로가 될 것입니다.

② 자녀들로부터 사례를 받습니다. 28절 자녀들로부터 사례 謝禮 를 받는 어머니의 마음은 기쁨으로 가득 찹니다. 자녀들의 사례는 보람이며, 위안이며, 자랑입니다.

③ 고매한 품위를 갖게 됩니다. 30절 육체의 아름다움은 세월이 갈수록 퇴색해 가지만 하나님을 경외하는 신앙이 그녀를 고매한 품위를 지니도록 하는 것은 하나님이 주시는 영적인 은혜임에 틀림없습니다.

④ 지역 사회에서 칭찬을 받습니다. 31절 현숙한 여인은 그녀의 수고에 대한 결과가 확실하고, 그녀의 덕행은 지역 사회의 빛이 되어 칭송으로 나타난다는 말씀이니 어찌 복된 여인이라 아니할 수 있겠습니까?

본문에서 느끼는 점은 현대에서 인정받는 여인상과 다르다는 것입니다. 30절을 함께 읽겠습니다. "고운 것도 거짓되고 아름다운 것도 헛되나 오직 여호와를 경외하는 여자는 칭찬을 받을 것이라"고 했으니 신앙의 여인은 세상의 모든 것들을 초월해야 한다는 사실을 알아야 할 것입니다.

· 함께 읽어요 : 잠언 31장 29절, 31절

"[29] 덕행 있는 여자가 많으나 그대는 모든 여자보다 뛰어나다 하느니라."

"[31] 그 손의 열매가 그에게로 돌아갈 것이요 그 행한 일로 말미암아 성문에서 칭찬을 받으리라."

## 정리하는 말

여러분! 수없이 파괴되어가고 있는 한국의 가정들을 보면서 가정에서도 하나님의 말씀으로 지켜가야 할 '현숙한 여인'이 꼭 필요함을 실감합니다. '현숙한 여인'이 저절로 생깁니까? '오직 여호와를 경외하는 여자'로서, 부부간에 사랑과 복종, 존경하며 자녀를 주의 교훈과 훈계로 양육하며, 엡 5:22-33 간절히 기도하고, 노력해야 현숙한 여인이 되는 것입니다. 이런 현숙하고 지혜로운 여인이 많아져서 가정과 사회를 밝힐 수 있기를 바랍니다.

## 평가와 결심

1. '지혜롭고 현숙한 여인'은 첫째, 어떠해야 합니까?
   (잠 31:10-19, 하나님 경외와 남편 내조 및 노동의 가치를 알아야 함)
2. '지혜롭고 현숙한 여인'은 둘째, 어떠해야 합니까?
   (잠 31:20-27, 가정과 이웃을 사랑과 자비로 잘 보살펴야 함)
3. '지혜롭고 현숙한 여인'의 보상은 어디에서 옵니까?
   (잠 31:28~31, 남편의 칭찬, 자녀들 사례, 고매한 품위, 지역사회 칭찬에서 옴)

### 주간 경건의 시간 <18> · 날마다 말씀과 함께

| 요일 / 내용 | 주일/월(Mon) | 화(Tue) | 수(Wed) | 목(Thu) | 금(Fri) | 토(Sat) |
|---|---|---|---|---|---|---|
| 찬송 | 29동 / 145동 | 198 / 284 | 236 / 223 | 565 / 300 | 369 / 487 | 388 / 441 |
| 성경 | 잠 29: / 30: | 잠 31: | 빌 1: | 빌 2: | 빌 3: | 빌 4: |
| 적용 | 묵시/ 필요한 양식 | 현숙한 여인 | 그리스도의 심장 | 기뻐하고 기뻐하라 | 하늘 시민권 | 향기로운 제물 |

* 한 여성의 의지를 힘이나 기술에 의해 뒤바꾸려고 생각하는 사람은 바보이다.
<사무엘 듀크, 1657~ ?, 영국 박애주의자>

# 평강이 넘치는 가정

찬송 / 417, 436, 490 / 통 476, 493, 542
성경 / **빌립보서 4:1-23**
요절 / **빌립보서 4:7**
"그리하면 모든 지각에 뛰어난 하나님의 평강이 그리스도 예수 안에서 너희 마음과 생각을 지키시리라."
목표 / 가정마다 주님의 평강이 넘치는 은혜를 받도록 한다.

## 시작하는 말

오늘날의 심각한 문제는 가정이나 교회나 직장에도 '평강'이 없다는 것입니다. 서로의 관계가 이해득실利害得失만 따져 살아가는 각박한 사회가 되어졌기 때문입니다. 서로 경쟁관계만 존재하니 평강이 있을 수 없습니다. 하나님께서 베푸시는 은총과 축복이 있어야 하나님의 사랑과 돌보심 안에서 확증과 확신과 안전을 얻을 수 있는 것입니다. 오직 예수 그리스도만이 진정한 평강을 주시는 분임을 고백하시기 바랍니다. 갈 1:3절

## 오늘의 말씀

### 1. 하나님의 평강에 이르는 단계들이 있습니다(빌 4:1~9).

본문 4장 1~9절 전체의 요점은 '하나님의 평강' 7절 과 평강의 '하나님의 임재하심' 9절 입니다. 믿는 자가 자신의 마음과 삶 속에서 '하나님의

평강'을 얻기 위해서 취해야만 하는 여섯 가지 단계가 있습니다.

① 첫째 단계는 '주 안에 굳게 서는 것'입니다. 1절

② 두 번째 단계는 '같은 마음을 품는 것'입니다. 2-3절

③ 세 번째 단계는 '주 안에서 항상 기뻐하는 것'입니다. 4절

④ 네 번째 단계는 '관용'寬容 입니다. 5절

⑤ 다섯 번째 단계는 평강平康은 '기도'를 통해서 옵니다. 6-7절

⑥ 여섯 번째 단계는 평강은 '긍정적肯定的사고'를 통해서 옵니다. 8-9절

여러분! 주 안에 살아간다는 것은 주님의 생각과 마음에 따라 행동하는 것을 의미합니다. 주님께서는 생명까지 다 주신 분이십니다. 빼앗기지 않으려면 싸워야 합니다. 하지만 주어버리면 그 순간 분쟁은 끝이 나고, 감사와 기쁨과 평안과 평강이 깃드는 줄 믿으시기 바랍니다.

· 함께 읽어요 : 빌립보서 4장 6~7절

"[6] 아무 것도 염려하지 말고 다만 모든 일에 기도와 간구로, 너희 구할 것을 감사함으로 하나님께 아뢰라. [7] 그리하면 모든 지각에 뛰어난 하나님의 평강이 그리스도 예수 안에서 너희 마음과 생각을 지키시리라."

## 2. 훌륭한 그리스도인은 좋은 관계를 유지해야 합니다(빌 4:8~19).

7절이나 8절에 나오는 '생각하다'로기제스데; λογίζεσθε라는 말은 '고려하다', '숙고하다', '추론하고 깊이 음미하다'라는 의미입니다. 우리 생각이 구체적인 행동을 만들어 낼 때까지 그것들에 '집중하다'라는 뜻입니다.

인간이란 무서운 존재입니다. 우리는 생각하는 대로 됩니다. 우리의 생각이 우리의 행동을 만들어 냅니다. 우리는 생각하는 대로 행동합니다. 본문 10절 이하에서 청지기 정신, 특히 사역자나 선교 협력, 즉 세상에 복음을 전파하는 데 필요한 선교비 지원 문제를 다루고 있습니다.

하나님의 사역자들을 후원하기 위한 도움은 이렇습니다. ①주는 일이

재개되었으며 왕성해졌습니다.10절 ②주는 일은 필수적이지는 않지만 필요한 것입니다.11-14절 ③주는 일은 특별한 것이었습니다.15-16절 ④주는 일에 헌신적이었으며 하나님께 보상을 받았습니다.17-19절

빌립보 교회야 말로 '주는 일'을 재개하였을 때 기쁨이 넘치고, 그 일이 왕성해지자 관계가 좋아져서 평강이 넘치는 교회가 되어졌습니다.

· 함께 읽어요 : 빌립보서 4장 19절
"나의 하나님이 그리스도 예수 안에서 영광 가운데 그 풍성한 대로 너희 모든 쓸 것을 채우시리라."

### 3. 그리스도인들에게 감사 찬양과 교제가 있었습니다(빌 4:20~23).

바울은 빌립보 교회 성도들을 "나의 사랑하고 사모하는 형제들, 나의 기쁨이요 면류관인 사랑하는 자들이라"고 부릅니다.

진정한 성도들이란 어렵거나 힘들어도 주의 구원의 은혜의 복음만을 생각하면 감사와 찬양이 흘러넘치는 것입니다. 이것이 성도의 본분이요, 자세입니다. 다음은 감사 찬양의 소재입니다.

① 참 하나님과 우리의 아버지여! 찬양을 받으소서.20절

베드로 사도는 "그러나 너희는 택하신 족속이요 왕 같은 제사장들이요 거룩한 나라요 그의 소유가 된 백성이니 이는 너희를 어두운데서 불러내어 그의 기이한 빛에 들어가게 하신 이의 아름다운 덕德을 선포하게 하려 하심이라"벧전 2:9절고 했습니다.

② 믿는 자들은 모든 성도들과 진정으로 문안 인사가 계속 되고,21-22절 주 안에서 교제가 지속 되며 늘 축복해야 합니다. 성도의 교제 없이 홀로 성장하는 신앙은 견고하지 못합니다. 이 교제에 힘쓰시기 바랍니다.

· 함께 읽어요 : 빌립보서 4장 23절
"주 예수 그리스도의 은혜가 너희 심령에 있을지어다."

## 정리하는 말

사랑하는 성도 여러분! 빌립보 교회는 기쁨이 넘치는 교회였습니다. 주 안에서 항상 기뻐하는 사람은 타락하지 않습니다. 믿는 자들은 주님께서 주신 은혜와 평강으로 인해 기뻐하고 즐거워하며 살아갑니다. 강 같은 평화가 넘치는 심령! 평강이 넘치는 가정! 평안한 교회! 서로 믿고 봉사하는 사회! 성도의 교제와 기쁨으로 살아가기를 바랍니다.

## 평가와 결심

1. 하나님의 평강이 임하는 방법은 무엇입니까?
   (빌 4:6~7, 염려하지 말고, 기도와 간구, 감사함으로 하나님께 아룀)
2. 그리스도 안에서 좋은 관계 속에서 보여준 일들이 무엇입니까?
   (빌 4:8~19, 청지기 정신, 사역 협력, 선교비 지원)
3. 빌립보 교회가 기쁨의 샘이 마르지 아니한 이유는 무엇입니까?
   (빌 4:20~23, 참 하나님 아버지를 찬양, 성도의 인사와 교제가 계속됨)

### 주간 경건의 시간 <19> · 날마다 말씀과 함께

| 요일 / 내용 | 주일/월(Mon) | 화(Tue) | 수(Wed) | 목(Thu) | 금(Fri) | 토(Sat) |
|---|---|---|---|---|---|---|
| 찬송 | 89동 / 88동 | 430 / 456 | 429 / 489 | 535 / 325 | 432 / 462 | 433 / 490 |
| 성경 | 창 1: / 창 2: | 창 3: | 창 4: | 창 5: | 창 6: | 창 7: |
| 적용 | 좋았더라 / 돕는 배필 | 여자의 후손 | 아벨과 그 제물 | 안위하리라 | 은혜를 입었더라 | 심음과 거둠 계속 |

* 일하지 않는 사람은 먹지 말아야 한다. 열심히 일하는 것이 인간의 의무이다.

< 헨리 포드, 1847-1931, 미국 발명가 >

# 예배하는 노아의 가정

찬송 / 569, 565, 566 / 통 442, 300, 301
성경 / **창세기 8:15-9:17**
요절 / **창세기 9:16**
"무지개가 구름 사이에 있으리니 내가 보고 나 하나님과 모든 육체를 가진 땅의 모든 생물 사이의 영원한 언약을 기억하리라"
목표 / 언약을 붙들고 예배하는 가정으로 살아가는 태도를 가진다.

## 시작하는 말

노아는 의인이요 당대에 완전한 자였고 하나님과 동행했습니다. 예배는 하나님과의 만남이며 그분과 교제하는 것입니다. 그러나 사람의 죄악이 세상에 가득함과 생각하는 모든 계획이 악할 뿐임을 보시고, 창조한 사람을 지면에서 쓸어버리시는 날에도, 여호와께 은혜를 입은 노아의 가정을 구원하셨습니다. 구원받은 노아의 가정처럼 예배禮拜가 회복되어 "땅이 있을 동안에는 심음과 거둠과 추위와 더위와 여름과 겨울과 낮과 밤이 쉬지 아니하리라"창 8:22는 약속대로 살아가시기 바랍니다.

## 오늘의 말씀

### 1. 하나님과 동행한 노아가 방주에서 나옵니다(창 8:15~22).

믿음의 사람들이 가지고 있는 공통적인 특성은 그들이 무엇을 하든지 하나님의 뜻을 좇아서 행한다는 것입니다. 그리고 주를 의뢰한다는 것입니다. 본문은 타락한 세대에서 유일하게 의로움을 인정받았던 믿음의 사람 노아는 영웅주의가 판을 치는 이 시대의 모든 사람들에게 가정 신앙의 중요한 가치를 교훈해 주고 있습니다.

① 주께서 나오도록 명하십니다. 노아가 들어갈 때에도 주의 명령을 좇았고, 나올 때도 마찬가지였습니다. 땅이 말라서 여건이 조성되었으나 주의 명령을 기다렸습니다. 범사에 주의 뜻을 좇아 행했던 것입니다.

② 생육하고 번성하도록 축복하셨습니다. 하나님은 축복하시고, 구원하시기를 기뻐하시는 분이십니다. 교회와 가정마다 힘써서 영혼들을 주님께로 인도해야 합니다.

노아는 방주에서 나와 먼저 여호와께 제단을 쌓았고, 정결한 짐승과 정결한 새 중에서 취하여 번제로 제단에 드렸습니다. 하나님은 그 향기를 받으시고 사람으로 말미암아 땅을 저주하지 아니하겠다고 하셨습니다.

· 함께 읽어요 : 창세기 8장 22절
"땅이 있을 동안에는 심음과 거둠과 추위와 더위와 여름과 겨울과 낮과 밤이 쉬지 아니하리라."

### 2. 하나님께서 생명의 존엄성을 선언하십니다(창 9:1~7).

본문은 홍수 후에 하나님이 노아와 그 아들들을 축복하신 내용인데, 그 중에서 생명의 절대적 존엄성을 말씀하십니다.

① 육식을 허용 하십니다. 창 9:3절 하나님은 인간이 자연을 지배할 수 있는 권리를 주시는 중에 동물을 인간의 식물食物로 주셨습니다. 불교에서 고기를 먹지 말라는 금기나 식이요법으로서의 채식주의 등이 성경적이라기보다는 인간의 사상인 것을 알아야 합니다. 성도는 모든 음식을 하나님이 주신 것으로 알고 감사히 먹어야 합니다.

② 피 째 먹는 것은 금하셨습니다. 9:4절 피는 생명으로 간주되기 때문이

고, 생명은 하나님의 소유이며 9:5절 존엄한 것입니다. 9:6절

인간의 생명을 존귀하게 여겨야 하는 것은 하나님의 형상대로 지으심을 받았기 때문입니다. 그러므로 인간의 생명을 경시하고, 고문과 폭력을 가하고, 살인을 저지르는 것은 거룩한 하나님의 형상을 파괴하는 것입니다. 거기에는 반드시 보응이 따른다고 했습니다. 5-6절; 출 21:12-14

· 함께 읽어요 : 창세기 9장 4~5절
"[4] 그러나 고기를 그 생명 되는 피 째 먹지 말 것이니라. [5] 내가 반드시 너희의 피 곧 너희의 생명의 피를 찾으리니 짐승이면 그 짐승에게서, 사람이나 사람의 형제면 그에게서 그의 생명을 찾으리라."

## 3. 하나님께서 노아와 무지개 언약을 세우셨습니다(창 9:8~17).

하나님께서는 노아에게 다시는 물로 세상을 멸망시키지 않으시겠다는 언약을 하셨습니다. 이것은 인간을 사랑하시는 긍휼의 은총에서 비롯된 하나님의 언약입니다.

① 언약의 범위는 노아에게만 아니라, 노아 이후 모든 후손에게까지 미치는 것이었습니다. 9, 10절

② 언약의 목적은 다시는 인류를 홍수로 심판하지 않으실 것을 보여주시기 위함입니다. 이것은 완전한 멸망 가운데서도 생명이 보존되고, 그로 말미암아 모든 생명이 새롭게 피어나는 언약이었습니다. 11, 15절

③ 언약을 이루시는 언약의 신실하심입니다. 15, 16절 하나님은 이 언약을 "내가 … 기억하리라"고 반복하여 말씀하십니다. 이것은 하나님이 자신의 언약을 신실하게 지키시는 분이심을 보여주는 것입니다. 신 7:9, 시 36:5

· 함께 읽어요 : 신명기 7장 9절
"그런즉 너는 알라 오직 네 하나님 여호와는 하나님이시요 신실하신 하나님이시라 그를 사랑하고 그의 계명을 지키는 자에게는 천 대까지 그의 언약을 이행하시며 인애를 베푸시되"

## 정리하는 말

하나님께서는 홍수 후에 노아와 그와 함께 방주에 있는 모든 들짐승과 가축을 기억하사 바람을 땅 위에 불게 하사 땅을 마르게 하셨습니다.

노아와 가족들, 그리고 모든 짐승들을 방주에서 나오게 하셨을 때 노아는 먼저 제단을 쌓고 제물을 취하여 제사를 드렸습니다. 하나님께서 그 향기를 받으시고 노아와 무지개 언약을 세우신 것입니다. 할렐루야!

## 평가와 결심

1. 노아가 홍수에서 물이 걷힌 후 어떻게 방주에서 나오게 됩니까?
   (창 8:15~22, 하나님이 노아에게 말씀하시는 대로 순종하여 나옴)
2. 홍수 후에 노아에게 무엇을 선언하십니까?
   (창 9:1~7, 축복의 말씀 중에 '생명의 존엄성'을 선언하심)
3. 홍수 후 주신 무지개 언약의 목적은 무엇입니까?
   (창 9:8~17, 인간을 인하여 다시는 물로 심판하지 않겠다는 약속)

### 주간 경건의 시간 <20> · 날마다 말씀과 함께

| 요일 / 내용 | 주일/월(Mon) | 화(Tue) | 수(Wed) | 목(Thu) | 금(Fri) | 토(Sat) |
|---|---|---|---|---|---|---|
| 찬송 | 39동/ 85동 | 43 / 57 | 456 / 509 | 534 / 324 | 569 / 442 | 593 / 312 |
| 성경 | 창 8: / 9: | 창 10: | 창 11: | 창 12: | 창 13: | 창 14: |
| 적용 | 홍수 그침/ 무지개 언약 | 셈 함 야벳 | 바벨탑 | 아브람 소명 | 롯과 헤어짐 | 조카 롯 구함 |

* 사랑의 끈으로 자유로이 구성되어 있는 사회의 모형, 그것이 바로 천국이다.

< 조지 워싱턴, 1732-1799, 미국 초대 대통령 >

5단원 은혜로운 가정의 달

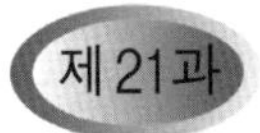


# 웃음을 회복한 가정

찬송 / 411, 408, 410 / 통 473, 466, 468
성경 / **창세기 21:1-20**
요절 / **창세기 21:3**
"아브라함이 그에게 태어난 아들 곧 사라가 자기에게 낳은 아들을 이름 하여 이삭이라 하였고"
목표 / 하나님께서 주신 가정 기쁨과 웃음으로 살아가도록 한다.

## 시작하는 말

여호와께서 마므레 상수리 수풀 근처에서 나타나셔서 사라에게 '아들이 있으리라'고 하셨습니다. 창 18:1절 이하 그 때 사라는 그 뒤 장막 문에서 듣고는 "내가 노쇠하였고 내 주인도 늙었으니 내게 무슨 즐거움이 있으리요" 하면서 속으로 웃었습니다. 그럼에도 불구하고 하나님은 '웃음을 그 가정에 주신 분이십니다'. 아브라함 가정에 주셨습니다. 여러분 가정에 하나님을 모시고, '웃음'을 회복하는 가정되기를 소원합니다.

## 오늘의 말씀

### 1. 아브라함 가정에 웃음을 주셨습니다(창 17:19; 18:10-15; 21:1-3).

하나님은 언약을 주시고 꼭 지키시는 분이십니다. 사래가 아들을 낳지 못하자 졸라서 여종 하갈을 통해 아브람이 86세에 이스마엘을 낳았습니다. 그리고 16장 16절과 17절 1절 사이의 13년 동안 성경은 침묵합니다. 아브람이 99세 때 하나님께서 나타나셔서 아브람을 아브라함'많은 무리의 아버지'으로 개명改名해 주시고, '할례 언약'을 맺습니다. 사래를 사라'여 주인' 로 개명해 주십니다. 아브라함에게 "네 아내 사라가 네게 아들을 낳으리니 너는 그 이름을 이삭이라 하라 내가 그와 언약을 세우리니 그의 후손에게 영원한 언약이 되리라"고 하십니다. 창 17:19 사라도 아브라함도 불가능하다고 웃었으나, 하나님은 진짜 웃음으로 바꿔 주셨습니다.

그 '웃음'은 바로 이삭("이츠하크 יִצְחָק 또는 이스하크 יִשְׂחָק; 그가 웃었다.")이라고 아들 이름까지 그렇게 지어주신 것입니다.

· 함께 읽어요 : 창세기 21장 3절
"아브라함이 그에게 태어난 아들 곧 사라가 자기에게 낳은 아들을 이름 하여 이삭이라 하였고"

## 2. 하나님께서 자신의 말씀과 능력을 보여주셨습니다(창 21:1~2).

하나님께서 아브라함에게 아들을 주시겠다는 약속을 주신 지 25년 만에 약속의 아들이 태어난 것입니다. 사라는 조르다 못해 여종 하갈을 통해 아들이라고 이스마엘을 낳아 품에 안아 보지만 그의 아들은 아니었습니다. 가정의 불화와 갈등의 불씨만 남겼고, 결국은 그들을 광야로 떠나보내야만 했습니다.

여호와께서 말씀하신 대로 사라의 태를 열어 그를 통해 아브라함에게 아들을 주신 것입니다. 하나님께서는 아브라함과 사라에게 아들을 약속하셨고, 이제 능력으로 이삭이 아브라함의 '노년'에 하나님이 지정하신 때에 태어났다는 사실입니다. 아브라함과 사라는 둘 다 너무 늙어서 아이를 낳을 수 없었습니다. 그들은 이미 아이를 낳을 수 있는 나이를 훨씬 넘긴 사람들이었습니다. 그러나 하나님께서는 이적적인 방법으로 생명을 잉태할 수 있도록 역사하셨습니다.

이삭을 태어나게 하신 것은 전적으로 하나님의 능력과 계획 가운데 이루어졌습니다. 이 사실을 통해서 믿음 안에서 ①더 많은 인내와 고난을 배울 수 있도록, ②더 강하고 결단력 있는 사람이 되도록, ③하나님을 더욱 신뢰하고 바라보도록, ④하나님과 더욱 많은 교제를 갖고 기도할 수 있도록 하신 것입니다.

여러분! 어렵고 힘들 때 기도하시지요? 응답이 더딜지라도 오래 기다리는 믿음을 소유해야 응답을 받을 수 있는 것임을 깨닫기 바랍니다. 왜 이리도 응답해 주시지 않을까하고 안달해 하지 마시고 '기다림의 신앙'을 소유하시기 바랍니다.

· 함께 읽어요 : 히브리서 11장 6절
"믿음이 없이는 하나님을 기쁘시게 하지 못하나니 하나님께 나아가는 자는 반드시 그가 계신 것과 또한 그가 자기를 찾는 자들에게 상주시는 이심을 믿어야 할지니라."

### 3. 하나님이 웃게 하시고 가정에 웃음을 주셨습니다(창 21:4~7).

얼굴은 마음의 창입니다. 우리의 생각과 마음이 얼굴에 나나납니다. 그러므로 웃으면 복이 온다는 말은 참입니다. 요즘 웃음 건강법도 인기입니다. 하나님이 아브라함으로 웃게 하시고, 또한 그의 가정에 웃음을 주셨습니다. 25년의 길고 긴 기다림의 끝이 지나서야 하나님은 웃음을 주시는 분이십니다. 하나님께서 아들을 주시겠다고 알려 줄 그 때에 아브라함은 엎드려 절하며 기뻐 웃었습니다. 창 17:17 지금은 그 기쁨이 이루어져 흡족하게 웃게 되었습니다. 우리도 항상 하나님의 뜻에 따라 순종하면 웃음이 회복되고 기쁨이 넘치게 될 것입니다. 이런 축복의 가정이 되시기 바랍니다.

· 함께 읽어요 : 창세기 21장 6절
"사라가 이르되 하나님이 나를 웃게 하시니 듣는 자가 다 나와 함께 웃으리로다."

## 정리하는 말

현대를 일컬어 '해학諧謔을 잃어버린 시대'라고 비판합니다. 요즘 '농담속에 독이 들었다'고 농담조차 피합니다. 시장판에도 정치판에도 매 한가지입니다. 사랑하는 성도 여러분! 여러분과 여러분들의 가정에 웃음이 회복되기를 바랍니다. 이 예배를 통해 영성이 회복되고, 하나님을 신뢰하며 인내 하는 가정! 웃음이 회복된 가정되기를 간절히 기원합니다.

## 평가와 결심

1. 아브라함 가정에 어떻게 웃음을 주셨습니까?
   (창 21:1, 사라를 돌보셨고, 말씀하신 대로 사라에게 행하심으로)
2. 아브라함 노년에 행하신 기적적인 일이 무엇입니까?
   (창 21:2~4, 말씀과 능력으로 이삭을 낳게 하여 웃음주심)
3. 아브라함의 가정, 사라의 가정의 기쁨이 무엇입니까?
   (창 21:5~7, 하나님이 웃게 하시고 그 가정에 이삭웃음을 주심)

### 주간 경건의 시간 <21> · 날마다 말씀과 함께

| 요일 / 내용 | 주일/월(Mon) | 화(Tue) | 수(Wed) | 목(Thu) | 금(Fri) | 토(Sat) |
|---|---|---|---|---|---|---|
| 찬송 | 104동 / 29동 | 95 / 82 | 31 / 48 | 204 / 379 | 280 / 338 | 212 / 347 |
| 성경 | 창 15: / 16: | 창 17: | 창 18: | 창 19: | 창 20: | 창 21: |
| 적용 | 여호와 믿으니/ 이스마엘 | 이삭 탄생 예언 | 소돔을 위한 기도 | 소돔 죄악 | 아비멜렉 | 사라 이삭 낳음 |

* 용감한 정복자들이여! 그대들은 자신의 애정과, 세상정욕의 막강한 군대와의 싸움에서 이긴 자들이다. < 윌리엄 셰익스피어, 1564~1616, 영국 시인 극작가>

5단원 가정 행복의 달

# 축복이 임한 가정

찬송 / 592, 591, 588 / 통 311, 310, 307
성경 / **창세기 27:1-29**
요절 / **창세기 27:10**
"네가 그것을 네 아버지께 가져다 드려서 그가 죽기 전에 네게 축복하기 위하여 잡수시게 하라."
목표 / 하나님의 복을 제 때에, 받을 자가 받게 해야 함을 알게 한다.

## 시작하는 말

오늘날 한국교회는 '기복주의' 신앙에 빠져 목회자가 복을 빌어주는 대행자처럼 전락시켜가는 것은 심각한 문제입니다. 하나님의 복은 받을 자도 복을 비는 자도 정해져 있습니다. 본문에서 복의 근원인 아브라함의 직계 가정에서 이삭의 영적 치매현상으로 하나님의 정해진 뜻을 인간의 노력으로 바꿔치기 하는 경우가 등장하는데 이는 우리에게 경종을 울려줍니다. 복의 계승자는 당연 야곱이었음을 알아야 합니다.

## 오늘의 말씀

### 1. 죽기 전 복을 빌어줄 이삭에게 정신적 착각이 왔습니다(창 27:1~4).

오늘 본문의 주해에서 아주 심각한 오해들을 하고 있습니다. 창세기 25장에서 아브라함은 아주 현명하게 언약을 잇기 위해 택함 받은 이삭에게 그리고 여종 하갈에서 낳은 이스마엘까지 큰 민족의 조상이 되도록 축복했습니다. 후처 그두라의 소생인 서자들에게도 재산을 나눠주어 자기 생전에 그들로 하여금 자기 아들, 이삭을 떠나 동방 곧 동쪽 땅으로 가게 하여 살도록 현명한 조처를 취했습니다. 창 25:1-7

반면에 이삭은 나이가 많아 눈이 잘 보이지 않자 은밀하게 장자인 에서를 불러서 축복을 하려 했습니다. 그 이유는 육신의 연약함 때문에 하나님의 정하신 뜻을 무시한 것처럼 보입니다.[2] 인간의 연약성과 소욕들, 즉 우리가 원하는 것과 우리가 가장 좋다고 생각하는 것을 행하고자 하는 우리의 깊은 갈망들 때문입니다. 그래서 우리가 원하는 것과 하나님께서 말씀하시는 것 사이에 갈등이 생기게 될 때, 우리는 육신의 소욕들을 선택하기 쉽습니다. 이삭도 ①육신의 소욕에 굴복해, ②자기가 원하는 대로, ③비밀리에 은밀하게 행동했고, ④죽기 전에 조급해 했고, ⑤에서의 무책임한 행위를 간과했으며, 결국 하나님의 뜻을 회피하려 했습니다.

· 함께 읽어요 : 창세기 27장 4절

"내가 즐기는 별미를 만들어 내게로 가져와서 먹게 하여 내가 죽기 전에 내 마음껏 네게 축복하게 하라."

## 2. 리브가도 하나님의 때가 되기 전 그 뜻을 이루려 했습니다(창 25:5~17).

아주 우연히 리브가는 이삭과 에서의 대화를 엿듣게 되었습니다. 그 이야기 중에 이삭이 하나님의 뜻을 거부하고 있다는 것을 알았습니다. 늘 순종만 했던 리브가는 이삭의 잘못을 알고서 분명히 에서에게 축복하도록 한다면 하나님의 뜻은 어떻게 되는 거지? 이삭과 나는 하나님의 뜻을 성취하는데, 실패하게 될 것이다. 기다릴 수만은 없다. 그러나 이

2) 류폴드, H. C. Leupold, *Genesis*. Vol. 2. p.736. 창세기 주석에서 "이삭은 자기가 만일 에서에게 축복을 한다 해도 오래 전에 선언된 하나님의 말씀을 어기는 것은 아닐 것이라고 스스로 믿게 되었던 것이다.

생각은 하나님의 때가 되기 전에 하나님의 뜻을 성취하려는 어리석음입니다. ① 하나님의 뜻을 성취하기 위한 인간적인 계획을 말합니다. 8-10절 ② 그 계획을 합리화시키고 정당하다고 여깁니다. 11-13절 ③ 발생 가능한 모든 일에 대비합니다. 14-17절 그녀의 책략적인 계획은 그릇된 것이었습니다. 곧 ①하나님께서 이루실 것을 신뢰하지 못했습니다. ②하나님의 때가 되기 전에 하나님의 뜻을 이루려고 책략을 세웠습니다. ③야곱으로 하여금 그의 아버지에게 거짓말하고 속이도록 했습니다.

· 함께 읽어요 : 창세기 27장 19절
"야곱이 아버지에게 대답하되 나는 아버지의 맏아들, 에서로소이다. 아버지께서 내게 명하신 대로 내가 하였사오니 원하건대 일어나 앉아서 내가 사냥한 고기를 잡수시고 아버지 마음껏 내게 축복하소서."

### 3. 야곱은 하나님의 복을 그릇된 방법으로 얻으려고 했습니다(창 27:18~29).

야곱은 자신이 하나님께서 선택하신 약속의 후사라는 사실을 분명하게 전해 들었음에도 불구하고 에서가 연약해진 틈을 타서 '장자권'을 확보했습니다. 25:33절 하나님의 선택자라고 인식하고 그것을 소원한 것은 옳았습니다. 그러나 하나님의 지시와 도우심 없이 일들을 해결하려 한 것은 옳지 않습니다. 그가 어머니의 잘못된 방법을 따른 것은 그릇된 것이며, 그릇된 방법으로 속이면서 축복을 추구한 것이 야곱의 잘못이었습니다.

① 어머니의 그릇된 계획을 따르고, 18-19절 ② 하나님께서 도와주셨다고 거짓말을 하고, 20절 ③ 자신이 에서라고 속인 것도, 21-23절 잘못입니다.

· 함께 읽어요 : 창세기 27장 22~23절
"22 야곱이 그 아버지 이삭에게 가까이 가니 이삭이 만지며 이르되 음성은 야곱의 음성이나 손은 에서의 손이로다 하며 23 그의 손이 형 에서의 손과 같이 털이 있으므로 분별하지 못하고 축복하였더라."

## 정리하는 말

사랑하는 성도 여러분! 가정에 축복할 사람이 있다는 것은 행복합니다. 그러나 하나님의 뜻을 왜곡하여 기다리지 못하고 성급하게 인간 자신의 힘으로 축복하려 했고, 그 축복을 내 맘대로 급히 받으려했던 욕심은 인간의 본연의 모습입니다. 결과적으로 엄청난 대가를 치러야 했던 이삭의 가정을 통해 우리에게 주시는 경고와 교훈을 되새기기 바랍니다.

## 평가와 결심

1. 이삭의 말년에 축복의 모습과 상태는 어떠했습니까?
   (창 27:1~4, 노쇠와 연약함으로 판단력이 흐려 하나님의 뜻 거스르려 했음)
2. 이때 이삭의 반려자로서 리브가의 대처는 어떠했습니까?
   (창 27:5~17, 하나님의 때가 이르기 전에 그 뜻을 이루려 함)
3. 축복을 받으려는 야곱의 태도는 어떠했습니까?
   (창 27:18~29, 야곱도 기다리지 못하고 그릇된 방법으로 받으려함)

### 주간 경건의 시간 <22> · 날마다 말씀과 함께

| 요일 / 내용 | 주일/월(Mon) | 화(Tue) | 수(Wed) | 목(Thu) | 금(Fri) | 토(Sat) |
|---|---|---|---|---|---|---|
| 찬송 | 36동 / 87동 | 286 / 218 | 285 / 209 | 298 / 35 | 380 / 424 | 386 / 439 |
| 성경 | 창 22: / 23: | 창 24: | 창 25: | 창 26: | 창 27: | 창 28: |
| 적용 | 여호와 이레/ 막벨라 굴 | 리브가를 아내로 | 리브가의 쌍태 | 브엘세바 | 이삭의 축복 | 십분의 일 |

* 때때로 옳고 바른 것에 근거한 자부심보다 더 이득을 보는 것은 없다. < 존 밀턴, 1608~1674, 영국 성직자 >

# 민족과 나라의 부흥

찬송 / 315, 313, 329 / 통일 512, 352, 267
성경 / **창세기** 35:1-15
요절 / **창세기** 35:3
"우리가 일어나 벧엘로 올라가자 내 환난 날에 내게 응답하시며 내가 가는 길에서 나와 함께 하신 하나님께 내가 거기서 제단을 쌓으려 하노라 하매"
목표 / 민족과 나라를 위해 기도하고 사랑하는 삶의 태도를 기른다.

## 시작하는 말

오늘날 전 세계적으로 사람들의 마음은 강퍅해지고 세상의 삶에 급급하여 경건한 삶을 사는 사람들이 매우 적습니다. 물질과 황금 만능주의에 젖어 영적 무감각 속에 살아갑니다. 본문에서 야곱은 부자가 되어 고향 땅 가나안으로 돌아오다가 디나가 추행을 당하는 일을 겪었습니다. 디나의 오라버니 시므온과 레위가 세겜성을 급습하여 하몰과 세겜을 죽이는 엄청난 복수극을 자행합니다. 이렇게 되자 야곱은 신변의 위협을 받아 하나님의 집 '벧엘로 올라가자'라고 말합니다.

## 오늘의 말씀

### 1. 하나님이 야곱에게 벧엘로 올라가 제단을 쌓으라고 합니다(창 35:1).

오늘날 교회마다 침체의 늪에서 허우적대는 모습이 안타깝기만 합니다. 분명 부흥을 필요로 하는데, 위에서 아래까지 모두 타락의 물결에

휩쓸려가고 있습니다. 믿음을 가지고 있다는 사람들도 이기주의에 빠지면 인간인지 짐승인지 구별이 가지 않는 행동들을 자행하기도 합니다.

야곱은 두려워서 몸서리쳤습니다. 그의 딸 디나가 그 지역의 왕자에 의해 강간을 당하고, 그 보복으로 그의 아들들은 즉시 공격에 나서서 그 도시의 남자들을 죽이고, 그 도시를 약탈하여 모든 여자들과 아이들을 노예로 데려왔습니다. 시므온과 레위의 이런 행동으로 가족 전체가 가나안 족속들에게 보복의 위협에 처하게 됩니다.

○ 부흥의 첫 번째 특징은 하나님의 부르심입니다. 1절 이제 하나님께서 야곱을 부르시고 그와 그의 가정에 부흥의 계기를 마련해 주십니다.

· 함께 읽어요 : 창세기 35장 1절

"하나님이 야곱에게 이르시되 일어나 벧엘로 올라가서 거기 거주하며 네가 네 형 에서의 낯을 피하여 도망하던 때에 네게 나타났던 하나님께 거기서 제단을 쌓으라 하신지라."

## 2. 하나님께서 주신 메시지를 선포했습니다(창 35:2~4).

○ 부흥의 두 번째 특징은 하나님의 메시지가 있었습니다. 하나님께서 주신 메시지를 사람들 앞에 선포했습니다. 2~3절

①이방신상을 버리라. 2절 ②자신을 정결케 하라. 2절 ③의복을 바꾸라. 2절 ④하나님의 집인 벧엘<בֵּית־אֵל; 하나님의 집>로 올라가자. 3절 함께 '올라가자'고 권고합니다. ⑤하나님은 극한 환난에서도 구해 주실 권세가 있으십니다. 3절 벧엘에서 건져주신 하나님께서 현재 고난과 고통으로부터 그들을 구원해 주실 것입니다.

○ 부흥의 세 번째 특징은 회개입니다. 사람들은 분명히 자신들의 죄들에 대하여 가책을 느끼고 있었을 것이며, 하나님을 찾도록 자극받았을 것입니다.

그들이 자신들의 모든 우상들과 자신들의 귀고리들을 야곱에게 내주

었다는 점을 주목하십시오. 귀고리들은 세속적인 것이나 우상 숭배의 상징으로 간주되었던 것들이었습니다.

보십시오. 야곱은 그 세속적인 것들이나 우상 숭배의 상징들을 취하여 세겜 근처 상수리 나무 아래에 묻었습니다. 사람들은 그들의 옛 생활에서부터 돌아섰으며 그들의 생각과 마음을 하나님으로부터 떼어놓았던 모든 것들을 던져버렸습니다. 그들은 하나님의 집인 벧엘로 올라가서 자신들의 구원을 위하여 하나님께 기도할 준비가 되어 있었습니다.

· 함께 읽어요 : 창세기 35장 5절

"그들이 떠났으나 하나님이 그 사면 고을들로 크게 두려워하게 하셨으므로 야곱의 아들들을 추격하는 자가 없었더라."

### 3. 하나님께 순종하여 하나님의 임재와 구원을 경험합니다(창 35:5~8).

○ 부흥의 네 번째 특징은 하나님께 대한 순종과 하나님의 아주 특별한 임재, 그리고 구원입니다. 야곱과 그의 사람들은 하나님께 순종하기로, 자신들의 죄를 회개하고 하나님의 집인 벧엘로 가기로 결정했습니다.

① 하나님께서 백성들을 구원했습니다. 5-6절

② 야곱과 백성들이 벧엘에 도착하여, 제단을 쌓고 '엘 벧엘'

<אֵל בֵּית-אֵל> 하나님의 집의 하나님 이라 불렀습니다. 7절

"하나님의 집인 벧엘의 강력하신 하나님"께 구했을 것입니다. 이는 그가 약속의 땅으로 돌아온 지 10여년 만의 일로서, 우리가 알고 있는 한 그는 벧엘로 올라가서 거기서 경배하겠다고 한 자신의 서원을 그 이전에는 시행한 적이 없었습니다.

· 함께 읽어요 : 창세기 35장 7절

"그가 거기서 제단을 쌓고 그 곳을 '엘 벧엘'이라 불렀으니 이는 그의 형의 낯을 피할 때에 하나님이 거기서 그에게 나타나셨음이더라."

## 정리하는 말

사랑하는 성도 여러분! 전쟁이나 재난을 만났을 때에도 꼭 성전이 필요한 것입니다. 긴급 상황에서는 더 필요한 것입니다. 왜냐하면 나라를 위해 성도들이 모여, 기도하기 위해서 입니다. 예배와 기도와 찬송할 구별된 공간이 있어야 하는 것입니다. 하나님께서는 이 일을 위해 고레스 왕을 준비하시고사 44:28절 그를 통해 준비하도록 하고 집행하도록 하셨습니다.

## 평가와 결심

1. 벧엘 부흥의 첫 번째 특징은 무엇입니까?
   (창 35:1, 하나님의 부르심)
2. 벧엘 부흥의 두 번째와 세 번째 특징은 무엇입니까?
   (창 35:2~4, ① 하나님의 메시지 선포와 ② 백성이 죄를 회개함)
3. 벧엘 부흥의 네 번째 특징은 무엇입니까?
   (창 35:5~8, 하나님께 순종과 하나님의 임재 그리고 구원하심)

## 주간 경건의 시간 <23> · 날마다 말씀과 함께

| 요일 / 내용 | 주일/월(Mon) | 화(Tue) | 수(Wed) | 목(Thu) | 금(Fri) | 토(Sat) |
|---|---|---|---|---|---|---|
| 찬송 | 37동 / 36동 | 80 / 101 | 90 / 98 | 95 / 82 | 397 / 454 | 516 / 265 |
| 성경 | 창 29: / 30: | 창 31: | 창 32: | 창 33: | 창 34: | 창 35: |
| 적용 | 라헬 위하여/ 품삯 정하라 | 벧엘의 하나님 | 이스라엘 | 형님의 얼굴 | 디나가 추행 당함 | 벧엘로 올라가자 |

* 예배는 영과 진리로 하며 예배하는 데 지장되는 것은 모두 배제해야 한다.
<아더 p. 스텐리, 1815~1881, 영국, 성직자, 웨스트민스터 수석사제>

제24과

# 명철과 지혜의 통치자

찬송 / 516, 570, 569 / 통 265, 453, 442
성경 / **창세기 41:25-49**
요절 / **창세기 41:33**
"이제 바로께서는 명철하고 지혜 있는 사람을 택하여 애굽 땅을 다스리게 하시고"
목표 / 나라 위해 명철과 지혜 있는 믿음의 지도자가 필요함을 알자.

## 시작하는 말

나라의 지도자 한 사람이 얼마나 중요한지 모릅니다. 본문에 나오는 요셉은 하나님의 영에 감동된 사람이었습니다. 나라나 교계나 사회에 유능한 지도자도 필요하지만 그보다는 하나님의 영靈에 감동된 사람이 절실하게 필요합니다. 교회에 보사꾼이 들어오면 처음에는 잘 되는 것 같다가도, 하나님의 뜻과 어긋난 돈과 명예만을 추구하다가 엄청난 피해와 손해를 입게 됩니다. 따라서 명철한 믿음의 지도자가 필요합니다.

## 오늘의 말씀

1. 하나님께서 자신의 종에게 통찰력을 주십니다(창 41:25~32).

하나님께서는 자신의 종에게 이해력과 통찰력을 주십니다. 요셉은 애굽과 지상의 온 천지에 도래할 엄청난 재난을 꿰뚫어 볼 수 있는 능력을 받았습니다. 틀림없이, 요셉은 바로가 자신의 꿈 이야기를 하고 있을 동안 기도하면서, 하나님께 이해력과 통찰력을 간구했을 것입니다. 그 후 바로의 말이 끝나자 그는 하나님께서 주신 권위와 능력으로 말하기 시작했습니다.

첫째로 하나님께서 미래를 계시하셨습니다.25-27절 요셉의 한 마디는 곧 하나님께서 바로에게 앞으로 시행하실 일을 계시해 주셨습니다.25절

① 일곱 마리 실한 암소들과 일곱 개의 충실한 이삭들은 칠년 동안 풍년을 가리킴을 보여주는 것입니다. 26절

② 일곱 마리 파리한 암소들과 일곱 개의 파리한 이삭들은 칠년 동안의 기근이 올 것을 보여주는 것이었습니다. 27절

③ 하나님께서 경고로 바로에게 두 가지의 꿈을 주신 것입니다. 28-32절

· 함께 읽어요 : 창세기 41장 28절

"내가 바로에게 이르기를 하나님이 그가 하실 일을 바로에게 보이신다함이 이것이라."

### 2. 하나님께서 자신의 종에게 분별력과 지혜를 주셨습니다(창 41:33~36).

하나님께서는 주의 종에게 분별력과 지혜를 주시며 자신의 종을 통하여 말씀하실 권능이 있습니다. 하나님께서는 그의 종에게 앞으로 닥칠 어려움에 대한 대책을 바로에게 조언할 수 있는 능력을 주셨습니다.

첫째로, 능력 있는 행정가가 필요합니다.33절 요셉은 바로에게 능력 있는 행정가, 즉 분별력이 있고 현명한 사람을 찾아서, 애굽 땅의 통치를 맡기라고 제안했습니다.

둘째로, 위임받은 자들 아래서 업무분담이 필요합니다. 34-36절 요셉은 바로에게 다수의 위원이나 대표자 아래 전담반을 편성하도록 제안했습니다. 34절

· 함께 읽어요 : 창세기 41장 36절

"이와 같이 그 곡물을 이 땅에 저장하여 애굽 땅에 임할 일곱 해 흉년에 대비하시면 땅이 이 흉년으로 말미암아 망하지 아니 하리이다."

## 3. 하나님께서 자신의 종 요셉을 총리로 세우셨습니다(창 41:37~44).

하나님께서는 요셉을 높이셔서 그를 애굽의 총리로 세우셨습니다.

① 건전하고 현명한 조언을 하도록 하셨습니다. 37절 진정한 현자는 위기에 필요하며 진가를 발휘하는 법입니다. 하나님은 요셉에게 지혜를 주셔서 진정 현명한 조언을 하도록 하셨습니다. 나라가 기근 때문에 경제적인 공황을 당할 것이라는 생각이 꿈을 꾸게 했고, 요셉의 꿈 해석과 일치하는 것이었습니다.

② 사람들로 하여금 하나님을 인정하게 했습니다. 38절 불신자들조차 그의 꿈 해석은 초자연적인 힘에 의해서였다는 것을 인정했습니다. 하나님께서 주신 권위와 지혜가 그의 말에 담겨 있었고, 그의 조언은 아주 현명하고 합리적인 것이었습니다.

더욱이 그가 말했을 때, 하나님께서 주신 권위와 지혜가 그의 말에 담겨 있었습니다. 결과적으로 그들은 하나님의 영이 요셉과 함께함을 인정할 수밖에 없었습니다.

③ 하나님의 종을 세상의 지도자로 세우도록 했습니다. 39-43절 하나님께서는 그분의 종을 사람들을 통해서 세상의 지도자로 세우도록 하셨습니다. 요셉은 철저하게 겸손했고, 결백했습니다. 그는 하나님의 전적인 권위를 가진 지도자가 되었습니다.

· 함께 읽어요 : 창세기 41장 40절

"너는 내 집을 다스리라 내 백성이 다 네 명령에 복종하리니 내가 너보다 높은 것은 내 왕좌뿐이니라."

## 정리하는 말

성도 여러분! 하나님께서는 당신의 종 요셉을 애굽의 총리로 세우도록 하셨습니다. 하나님께서는 당신의 종을 30세밖에 되지 않는 데도 현명하고 능력 있게 하셔서 애굽의 총리로 세우셨습니다. 하나님은 칠 년 동안 특별한 섭리로 풍년이 들게 하셨고, 그로 하여금 자신의 지식을 의지하지 않고, 하나님이 주신 영감 된 계획들을 좇도록 인도하셨습니다. 여러분도 명철과 지혜의 통치자와 함께 행복을 누리시기 소원합니다.

## 평가와 결심

1. 하나님께서 주의 종인 요셉에게 주신 것이 무엇입니까?
   (창 41:38~39, 하나님의 영에 감동된 명철과 지혜를 주심)
2. 하나님께서 통치자로서 요셉에게 주신 것이 무엇입니까?
   (창 41:33~36, 종에게 분별력과 지혜로운 대책을 세우게 하심)
3. 애굽의 국난 극복을 위하여 요셉을 어떻게 사용 하셨습니까?
   (창 41:40~45, 애굽의 통치자와 총리로 세우심)

### 주간 경건의 시간 <24> · 날마다 말씀과 함께

| 요일 / 내용 | 주일/월(Mon) | 화(Tue) | 수(Wed) | 목(Thu) | 금(Fri) | 토(Sat) |
|---|---|---|---|---|---|---|
| 찬송 | 146동 / 144동 | 202 / 241 | 216 / 356 | 250 / 182 | 336 / 383 | 347 / 382 |
| 성경 | 창 36: / 37: | 창 38: | 창 39: | 창 40: | 창 41: | 창 42: |
| 적용 | 에서 자손/ 요셉과 형제들 | 유다와 다말 | 요셉과 보디발 아내 | 관원장 꿈 해석 | 바로의 꿈 해석 | 요셉 형들 애굽 행 |

* 약속은 빚이다. < 조나 게일, 1874-1938, 미국 작가>

# 용서와 화해의 정치

찬송 / 80, 219, 320 / 통 101, 279, 350
성경 / **창세기 45:1-28**
요절 / **창세기 45:5**
"당신들이 나를 이곳에 팔았다고 해서 근심하지 마소서 한탄하지 마소서 하나님이 생명을 구원하시려고 나를 당신들보다 먼저 보내셨나이다."
목표 / 용서와 화해의 정치로 일하는 태도를 가진다.

## 시작하는 말

여러분! 오늘날 우리는 가족도 친구도 나라의 각료도 분열 속에 살아가는 것이 현실입니다. 경쟁이 원칙이 된 사회는 무엇이든 남보다 앞서야 하니 자연적으로 배타적이고 상대를 밟아야 내가 산다고 생각합니다. 그러나 사람은, 서로가 의지하고 살아가도록 창조되었습니다. 지금은 분열과 갈등으로 점철된 사회를 용서와 화해 속에서 화합하는 중재자의 역할이 중요합니다. 주님도 용서와 화해를 위해 오셨음을 명심하십시오.

## 오늘의 말씀

### 1. 가족 간의 협력을 깨뜨리는 주범은 분열입니다(창 45:1~3).

여러분! 가정을 깨뜨리는 주범이 무엇입니까? 가족 간의 사랑과 화평을 깨뜨리는 것은 분열입니다. 바로 이것이 야곱의 가정의 모습이었습니다. 이런 상황 속에서 미움과 증오의 대상으로 형들에게 팔려서 애굽으로 온 요셉입니다. 그러나 형제들을 폭넓게 사랑하고 포용하는 모습이 정말 아름답습니다. 요셉은 십칠 세의 소년으로 베냐민을 제외하고는 아들 중에 가장 어린 나이였지만, 그가 보고자의 역할을 하고 있었다는 것은 요셉이 이 집안에서 장자의 위치에 있었음을 말해줍니다.

성경의 기록에도 르우벤의 족보를 기록하면서 역대상 5장 1~2절을 보면 "[1] 이스라엘의 장자 르우벤의 아들들은 이러하니라 (르우벤은 장자라도 그의 아버지의 침상을 더럽혔으므로 장자의 명분이 이스라엘의 아들 요셉의 자손에게로 돌아가서 족보에 장자의 명분대로 기록되지 못하였느니라. [2] 유다는 형제보다 뛰어나고 주권자가 유다에게서 났으나 장자의 명분은 요셉에게 있으니라)" 이렇게 기록하고 있습니다. 요셉의 꿈속에서 형들이 요셉에게 절하고 있었습니다. 37:7절 그뿐입니까? "해와 달과 별이 내게 절하더이다"라고 당당하게 꿈 이야기를 했습니다.

· 함께 읽어요 : 창세기 37장 5절, 7절
"[5] 요셉이 꿈을 꾸고 자기 형들에게 말하매 그들이 그를 더욱 미워하였더라."
"[7] 우리가 밭에서 곡식 단을 묶더니 내 단은 일어서고 당신들의 단은 내 단을 둘러서서 절하더이다."

## 2. 모든 분열을 치유하는 것은 용서와 화해입니다(창 45:4~8).

요셉은 그 형제들을 용서했습니다. 형제들은 요셉 앞에 두려워하며 서 있었습니다. 그들은 요셉을 시기와 질투와 증오심으로 대했었습니다. 그들이 기대할 수 있는 것이라고는 보복을 받는 것뿐이었습니다. 그러나 요셉의 모습을 보십시오. 요셉의 행동은 우리에게 해를 끼치고 잘못을 저지른 사람들에 대해 우리가 마땅히 취해야 할 태도가 무엇인가를 모범적으로 보여줍니다.

① 그들을 가까이 오게 합니다. 4절 ② 그들의 잘못을 지적합니다. 4절 곧 "그들이 애굽에 팔았던 '당신들의 아우'라는 사실"을 분명히 말하고 있습니다. ③ 형제들에게 그의 용서를 확신시켜 줍니다. 5절 그는 형들에게

근심하지 말고 자기를 판 것을 한탄하거나 두려워하지 말라고 했습니다. 요셉은 형들을 완전히 용서했습니다. 5절 ④ 모든 시련 속에서 하나님의 손길이 함께하셨습니다. 5절

a. 하나님께서는 기근으로부터 온 가족을 구원하시려고 요셉을 택하셨습니다. 5-7절 b. 하나님께서는 요셉을 높이시려고 그를 택하셨습니다. 8절

· 함께 읽어요 : 창세기 45장 8절

"그런즉 나를 이리로 보낸 이는 당신들이 아니요 하나님이시라 하나님이 나를 바로에게 아버지로 삼으시고 그 온 집의 주로 삼으시며 애굽 온 땅의 통치자로 삼으셨나이다."

### 3. 요셉은 모든 면에서 커다란 관심을 보이고 있습니다(창 45:9~28).

요셉은 그의 모든 가족과 가족들에 대해 고향 소식에 대해 큰 관심을 보이고 있습니다. 그러한 관심이 곧 사랑인 것입니다.

첫째로, 요셉은 그의 모든 가족에 대해 관심을 보이고 있습니다. 9-13절 ①아버지를 돌보기를 원했습니다. 9-10절 ②자신의 가족에 속한 모든 것을 돌보기를 원했습니다. 10절 ③기근 동안에 전 가족에게 식량을 공급하기 원했습니다. 11절 ④모든 사람이 자신이 살아있고, 자신의 현 모습을 알기를 원했습니다. 12-13절

둘째로, 요셉은 형제들에게 사랑을 보입니다. 45:14~15절

셋째로, 요셉이 형제들과 화해함으로써 훌륭한 간증을 보여줍니다. 16~20절 요셉은 가족의 필요를 채워줍니다. 21~23절 형제들에게 다투지 말고 과거의 죄에 대해 서로 비난하지 않도록 당부합니다. 24절

넷째로, 가족들이 재결합니다. 25~28절

· 함께 읽어요 : 창세기 45장 28절

"이스라엘이 이르되 족하도다 내 아들 요셉이 지금까지 살아 있으니 내가 죽기 전에 가서 그를 보리라 하니라."

## 정리하는 말

오늘날과 같이 다문화 시대에 용서와 화해의 정치가 더욱 요청됩니다. 타민족 문화를 인정해 주고, 서로 문화를 공유한다는 것이야 말로 정말 시대적인 요청이라 할 수 있습니다. 하나님의 말씀과 십자가의 복음으로 국경을 초월하여 용서와 화해의 정치가 이루지기를 축복합니다.

## 평가와 결심

1. 가족 간의 상호 협력을 깨뜨리는 주범이 무엇입니까?
   (창 45:1~3, 상호 비방과 분쟁으로 분열함)
2. 분열의 해결 방법과 치유함은 무엇으로 가능합니까?
   (창 45:4~8, 십자가 사랑의 온기로 용서와 화해하면 가능함)
3. 본문에서 요셉의 가장 돋보이는 점은 무엇입니까?
   (창 45:9~28, 아무런 책망이나 조건 없는 용서와 화해로 모두를 포용함)

### 주간 경건의 시간 <25> · 날마다 말씀과 함께

| 요일<br>내용 | 주일/월(Mon) | 화(Tue) | 수(Wed) | 목(Thu) | 금(Fri) | 토(Sat) |
|---|---|---|---|---|---|---|
| 찬송 | 117동 / 93동 | 472 / 530 | 471 / 528 | 384 / 434 | 401 / 457 | 417 / 476 |
| 성경 | 창 43: / 44: | 창 45: | 창 46: | 창 47: | 창 48: | 창 49: |
| 적용 | 유다의 변호/ 은잔 | 요셉 형제상봉 | 애굽으로 내려감 | 총리 요셉 정치수완 | 야곱의 축복 | 야곱의 유언 |

* 약속으로는 배가 부르지는 않다. < 찰스 햇돈 스펄전, 1834~1892, 영국 성직자 >

6단원 애국 충정의 달

# 위로로 하나가 됩니다.

찬송 / 370, 374, 610 / 통 455, 423, 289
성경 / **창세기 50:1-26**
요절 / **창세기 50:21**
"당신들은 두려워하지 마소서 내가 당신들과 당신들의 자녀를 기르리이다 하고 그들을 간곡한 말로 위로하였더라."
목표 / 성령의 위로로 하나가 되는 은혜를 누리며 살아가도록 한다.

## 시작하는 말

여러분! 창세기의 기사는 위로로 시작하여 위로로 끝을 맺는 것 같습니다. 범죄 한 사람들을 홍수로 멸하시고 무지개 언약으로 위로하시는 하나님께서 가족 간의 불화로 갈가리 찢겨졌던 야곱의 가정은 요셉의 위로로 하나 되게 하셨습니다. 본문에서 '험악한 세월'을 살았다고 한 야곱의 은혜로운 장례식에서 조금이나마 위로가 됩니다. 더욱이 국장國葬으로 차려졌다는 것은 언약 백성의 존귀함을 나타내 줍니다.

## 오늘의 말씀

### 1. 야곱이 자신의 장례에 대해 말한 대로 되어졌습니다(창 50:1~13).

본문은 성경에 나와 있는 장례 이야기 중에 가장 자세하게 기록된 것입니다. 요셉이 어떻게 그의 아버지의 가르침대로 장례를 치렀는지를 주목하십시오. ① 요셉이 그의 아버지의 죽음을 슬퍼했습니다. 1절 야곱이 죽자 요셉은 아비 얼굴에 구부려 울며 입을 맞추었습니다. 이는 그의 아버지에 대한 애정을 표현하는 것이었습니다. 요셉은 울면서 그에게 입을 맞추었습니다. 그의 아버지에 향한 그의 지극한 사랑이었습니다.

② 요셉이 풍습을 따라 장사 지냈습니다. 요셉은 성의를 다해 아버지를 장사 지냈습니다. a. 아버지의 시신을 향 재료로 처리하고, 2절 b. 40일이 걸려, 3절 c. 아버지를 위해 70일 동안 애곡했습니다, 3절

③ 요셉이 그의 아버지의 믿음을 선포했습니다. 4-13절 a. 관리들을 통해 가나안에서 장사 지낼 수 있도록 바로의 허락을 받았습니다. 4-6절. b. 성대한 장례 : 아버지의 믿음을 보이기 위해 성대한 장례 절차를 밟았습니다. 7-9절. c. 아버지의 믿음을 온전케 하기 위해 가나안에 그를 장사지냈습니다. 10절. d. 아버지의 믿음을 공적으로 들어내 보였습니다. 11절. e. 아버지의 믿음을 인정하고 성취하도록 가정을 인도했습니다. 12-13절.

· 함께 읽어요 : 창세기 50장 13절

"그를 가나안 땅으로 메어다가 마므레 앞 막벨라 굴에 장사하였으니 이는 아브라함이 헷 족속 에브론에게 밭과 함께 사서 매장지를 삼은 곳이더라."

## 2. 요셉이 불안해 할 그의 형들을 안심시킵니다(창 50:14~26).

요셉은 사람에게 뿐 아니라 하나님 보시기에도 매우 훌륭한 사람이었습니다. 요셉은 고상하고 고귀한 성품을 가진 사람이었습니다. 그는 하나님을 경외하는 모본의 삶을 살았습니다. 그래서 그는 하나님의 위대한 신앙인의 명예의 전당인 히브리서 11장에 기록되어 있습니다. 요셉이 그렇게 살았던 이유는 자신을 하나님께 전적으로 헌신했다는 것입니다. 그는 인생이 다하는 죽음의 순간까지 하나님을 충직하게 따랐습니다.

그가 하나님께 헌신하기로 작정한 이후, 그는 한 번도 흔들리거나 실

족하지 않았습니다. 그는 마지막 순간까지 변함없이 하나님을 섬겼습니다. 이는 창세기의 대단원을 내리기에 적합한 주제가 될 것입니다.

① 요셉이 그의 의무를 다하고 인생의 시련과 슬픔을 극복했습니다. 50:14 ② 요셉의 용서하는 마음입니다. 12-21절 야곱이 죽기 전에 애굽에서 17년을 살았습니다. 따라서 요셉이 그의 형들을 대면한 지 17년이라는 시간이 흘렀습니다. 그들은 요셉에게 엄청난 고통을 준 장본인들입니다. 요셉이 당한 모든 고통과 시련의 직접적인 원인이 형제들입니다. 그러나 요셉은 그들을 용서했습니다. 형들도 그들의 죄를 고백하고 회개했습니다. 얼마나 아름다운 광경입니까? 회개와 용서는 인간들의 삶에서 가장 아름다운 모습이요, 예수님처럼 꼭 실천해야 할 덕목입니다.

· 함께 읽어요 : 창세기 50장 20절

"[20] 당신들은 나를 해하려 하였으나 하나님은 그것을 선으로 바꾸사 오늘과 같이 많은 백성의 생명을 구원하게 하시려 하셨나니 [21] 당신들은 두려워하지 마소서 내가 당신들과 당신들의 자녀를 기르리이다 하고 그들을 간곡한 말로 위로하였더라."

### 3. 요셉은 자신의 신실함으로 축복된 삶을 살았습니다(창 50:22~23).

성경은 하나님의 선하신 뜻을 위해 요셉의 17세부터 56세까지 39년간 요셉을 준비시켰다고 묘사합니다. 요셉은 신실한 삶으로, 이스라엘 족속을 보호하고, 고센 땅에 정착토록 하여, 큰 민족으로 번성케 했습니다. 요셉은 3대에 이르는 후손을 보았고, 자손들이 신실하게 하나님을 따르도록 했습니다. 그야말로 이스라엘 백성을 위한 철저히 예비 된 삶이었습니다. 여러분도 요셉의 신앙을 본 받아 대대손손 축복의 주인공이 되시기 바랍니다.

· 함께 읽어요 : 창세기 50장 24절

"요셉이 그의 형제들에게 이르되 나는 죽을 것이나 하나님이 당신들을 돌보시고 당신들을 이 땅에서 인도하여 내사 아브라함과 이삭과 야곱에게 맹세하신 땅에 이르게 하시리라 하고"

## 정리하는 말

요즘, 가정이나 사회 · 나라, 직장에 상처받은 사람들과 '트라우마'1)로 인해 치유를 요하는 이들이 많습니다. 이들을 근본적으로 치유하는 방법은 '성령의 위로' 밖에 없습니다. 사람의 위로는 한계가 있습니다. '성령의 위로'만이 우리를 죄악에서 건져 영혼까지 새롭게 할 수 있습니다. 여러분! 가정과 교회가 성령의 위로로 하나가 되기를 간절히 기원합니다.

## 평가와 결심

1. 야곱의 장지는 어디에, 장례 절차와 방법은 어떠했습니까?
   (창 50:13, 자신의 유언대로 가나안 땅 마므레 앞 막벨라 굴에 장사)
2. 부친 장사 후 요셉은 형들을 어떻게 대하였습니까?
   (창 50:15~21, 진심으로 용서 위로하고, 하나님께 전적으로 헌신함)
3. 이스라엘 민족을 어떻게 순수한 백성으로 보존시키셨습니까?
   (창 50:22~26, 고센 땅 격리로 순수함 유지, 민족적 대 성장, 요셉 통해 보호함)

### 주간 경건의 시간 <26> · 날마다 말씀과 함께

| 요일 / 내용 | 주일/월(Mon) | 화(Tue) | 수(Wed) | 목(Thu) | 금(Fri) | 토(Sat) |
|---|---|---|---|---|---|---|
| 찬송 | 146동 / 89동 | 179 / 167 | 200 / 235 | 252 / 184 | 180 / 168 | 336 / 383 |
| 성경 | 창 50: / 삼상1: | 삼상 2: | 삼상 3: | 삼상 4: | 삼상 5: | 삼상 6: |
| 적용 | 열조에게로/ 한나의 기도 | 엘리의 아들들 | 사무엘 부르심 | 언약궤 빼앗김 | 불레셋 다곤 신 | 언약궤 돌아옴 |

* 사람들의 서약은 빵 껍질과 같다.<윌리엄 셰익스피어, 1564-1616 영국시인, 극작가>

1) 트라우마, trauma 재해를 당한 뒤에 생기는 비정상적인 심리적 반응을 말함.

7단원 교육 수련의 달

# 사무엘의 마지막 교훈

찬송 / 445, 441, 196 / 통일 502, 498, 174
성경 / **사무엘상 12:1-25**
요절 / **사무엘상 12:15**
"너희가 만일 여호와의 목소리를 듣지 아니하고 여호와의 명령을 거역하면 여호와의 손이 너희의 조상들을 치신 것 같이 너희를 치실 것이라."
목표 / 여호와의 명령을 순종하며 살아가는 태도를 기른다.

## 시작하는 말

오늘 말씀은 사울이 암몬 족속을 물리침으로써 이스라엘 왕으로 인정받게 되자 사무엘은 그에게 통치권을 넘깁니다. 그동안 사사로서 이스라엘을 다스려왔던 사무엘은 백성들 앞에 자기가 행한 사역을 돌아보면서 마지막 권면을 합니다. 이어서 그는 하나님께서 베푸신 구원과 축복에 반역으로 일관한 역사를 지적하면서 장차 이스라엘 백성이 걸어가야 할 길이 무엇인지 제시하고 있습니다. 하나님의 통치를 거부하고 왕을 요구한 이스라엘에 대해 문제는 제도보다 죄에 있음을 지적해 줍니다.

## 오늘의 말씀

1. 사무엘이 자신의 사역을 돌아봅니다(삼상 12:1~5).

온 이스라엘이 모인 가운데 사무엘은 사울을 이스라엘 왕으로 다시 한 번 확인시킵니다. 그리고 이제껏 자신의 사역과 관련하여 부당하게 행한 일이 있었는지를 묻습니다. 사무엘은 자신의 사역을 회고하면서 자신의 공적 임무에 대해서 공개적으로 검증받고 싶었습니다. 사무엘이 사울에게 통치권을 넘겨주기에 앞서 자기의 정직하고 공의로운 사역을 확인시켜 주었습니다. 그것은 자신의 사역을 언급함으로서 새로운 지도자가 된 사울과 백성들에게 그들이 나아가야 할 방향을 제시해 주기 위한 것이었습니다. 사무엘이 정중히 말합니다.

① 사사로서 사역을 마무리 할 뜻을 알립니다. 1-2절

② 임무와 관련하여 부정한 일이 있었는지를 증언하라 합니다. 3-5절

a. 백성의 재물을 억울하게 취하지 않았다는 것입니다. b. 백성을 기만하지 않았다는 것입니다. c. 백성을 억압하지 않았다는 것입니다. d. 뇌물을 취하여 판단을 흐리게 한 적이 없다는 것입니다.

· 함께 읽어요 : 사무엘상 12장 5절

"사무엘이 백성에게 이르되 너희가 내 손에서 아무 것도 찾아낸 것이 없음을 여호와께서 너희에게 대하여 증언하시며 그의 기름 부음을 받은 자도 오늘 증언하느니라하니 그들이 이르되 그가 증언하시나이다 하니라."

## 2. 사무엘이 백성들을 책망하고 경고합니다(삼상 12:6~18).

사무엘은 이스라엘 백성들의 잘못을 책망하며 경고합니다. 하나님께서 전적인 은총으로 구원하셨던 데 반해 이스라엘 백성이 하나님께 향한 태도는 반역과 배도였습니다. 하나님께서는 이스라엘이 이방 국가의 압제에 신음하여 부르짖을 때마다 그들의 기도를 들으시고 응답하셨으나 그들은 하나님의 통치를 거부하고 왕을 세워달라고 요구했던 것입니다. 그래서 ①하나님의 구원을 상기시켰습니다. 6-11절 ②백성들의 죄악을 지적했습니다. 12-13절 ③ 백성들에게 축복과 저주의 길을 가르쳐 주었습니다. 14-15절 ④ 초자연적인 방법 우레와 비 으로 백성들에게 경고합니다. 16-19절 여호와 앞에 자신들의 그릇된 행실을 깨달은 백성은 세 가지의 반응을 보

였습니다. a. 죽음에 대한 공포로 매우 두려워했습니다. b. 사무엘에게 기도를 부탁했습니다. c. 자신들이 범한 죄를 고백했습니다.

· 함께 읽어요 : 사무엘상 12장 13절
"이제 너희가 구한 왕, 너희가 택한 왕을 보라 여호와께서 너희 위에 왕을 세우셨느니라."

### 3. 사무엘이 백성들에게 마지막으로 권면합니다(삼상 12:20~25).

그들이 왕을 구한 일, 곧 여호와의 목전에서 범한 죄악이 큼을 밝히 알게 하시리라 하면서, 사무엘이 여호와께 아뢰매 여호와께서 그 날에 우레와 비를 보내시니 모든 백성이 여호와와 사무엘을 크게 두려워했습니다. ① 사무엘이 여호와만 섬길 것을 권면합니다. 20-22절

a. 사무엘은 이스라엘 백성에게 여호와를 좇으라고 말했습니다.

b. 사무엘은 백성에게 선하고 의로운 도를 가르쳤습니다. 우상을 섬겨서는 안 될 것에 대하여 경고했습니다. 우상은 이스라엘 백성을 유익하게도 못하고 구원하지도 못합니다. 사무엘은 이것들을 좇아서는 안 될 이유로 우상이 '헛되기' 때문이라고 말하고 있습니다. 여기서 '헛되다'라는 말은 '무가치하다', '쓸모없다'라는 전혀 무익한 것을 뜻합니다. 이것은 우상의 속성을 단적으로 드러내는 표현입니다. 사무엘은 우상 숭배가 이스라엘 백성들에게 어떠한 유익도 가져다주지 못하며 그들을 환난에서 구원하지도 못한다고 강조합니다. 우리에게 행하신 하나님의 사랑을 생각하며 오직 여호와를 경외하고 섬기라고 권면하고 있습니다.

· 함께 읽어요 : 사무엘상 12장 23~24절
"23 나는 너희를 위하여 기도하기를 쉬는 죄를 여호와 앞에 결단코 범하지 아니하고 선하고 의로운 길을 너희에게 가르칠 것인즉 24 너희는 여호와께서 너희를 위하여 행하신 그 큰일을 생각하여 오직 그를 경외하며 너희의 마음을 다하여 진실히 섬기라."

## 정리하는 말

사랑하는 성도 여러분! 오늘 말씀은 사무엘이 주는 마지막 의미심장한 교훈입니다. 하나님의 통치를 거절하고 왕을 요구한 이스라엘을 꾸짖었습니다. 사무엘은 "두려워하지 말라"는 말로 위로하면서, "백성들을 위해 쉬지 않고 기도할 것이며, 올바른 길을 가르칠 것인즉, 그들이 하나님의 은혜를 망각하고 여전히 악을 행하면 멸망하리라"고 교훈하셨습니다. 여러분! 말씀대로 영적 평생 교육을 받는 은혜를 누리시기를 축복합니다.

## 평가와 결심

1. 사무엘이 사역을 정리하면서 보여준 내용이 무엇입니까?
   (삼상 12:1~5, 하나님과 사람 앞에 떳떳했음을 공개적으로 밝힘)
2. 사무엘이 이스라엘 백성에게 교훈한 내용이 무엇입니까?
   (삼상 12:6~18, ① 구원을 상기시킴 ② 죄 책망, 축복 · 저주의 길을 가르침)
3. 사무엘의 마지막 교훈이 무엇이었습니까?
   (삼상 12:20~25, 여호와만 섬겨라, 우상의 헛된 것을 따르지 말라)

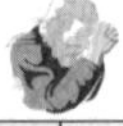

### 주간 경건의 시간 <27> · 날마다 말씀과 함께

| 요일 / 내용 | 주일/월(Mon) | 화(Tue) | 수(Wed) | 목(Thu) | 금(Fri) | 토(Sat) |
|---|---|---|---|---|---|---|
| 찬송 | 146동144동 | 531 / 321 | 491 / 543 | 456 / 509 | 415 / 471 | 258 / 190 |
| 성경 | 삼상 7: / 8: | 삼상 9: | 삼상 10: | 삼상 11: | 삼상 12: | 삼상 13: |
| 적용 | 에벤에셀/ 왕의 제도 | 사울과 사무엘 | 새 마음 주심 | 하나님의 영 | 사무엘의 마지막 말 | 블레셋과 전쟁 |

* 먼저 피는 꽃의 열매가 먼저 익는 법이다 <윌리엄 셰익스피어, 1564-1616, 영국 시인, 극작가>

7단원 교육 수련의 달

제28과

# 순종교육을 솔선수범 하자!

찬송 / 453, 445, 525 / 통 506, 502, 315
**성경 / 사무엘상 15:1-33**
**요절 / 사무엘상 15:22**
"사무엘이 이르되 여호와께서 번제와 다른 제사를 그의 목소리를 청종하는 것을 좋아하심 같이 좋아 하시겠나이까 순종이 제사보다 낫고 듣는 것이 숫양의 기름보다 나으니"
목표 / 가정마다 교회마다 순종교육을 솔선수범하여 인격을 수련하자!

## 시작하는 말

사울은 믿음의 시험대에서 하나님 명령 불순종으로 인해 하나님께로부터 왕좌에서 버림을 당했습니다. 사무엘은 '여호와의 목소리를 순종하는 것이 숫양의 기름보다 낫다'고 선포합니다. 사람들은 값진 예물이나 헌금을 좋아하시는 하나님으로 착각하고 있습니다. 참으로 안타까운 일입니다. 본문을 공부하면서 형식에 맞춘 화려한 예배의식보다 하나님의 말씀을 순종하는 것이 얼마나 값진 것임을 깨달아야 할 것입니다. 15:22절

## 오늘의 말씀

### 1. 사울이 '아말렉 진멸'이라는 하나님 명령을 거역합니다(삼상 15:1~9).

사울은 여호와께서 기름을 부어 왕을 세운 목적을 사무엘을 통해 알려주었습니다. 사울은 블레셋과의 전쟁에서 병기도 없는 열악한 환경에

서 믹마스 전투의 승리로 왕권을 인정받게 됩니다. 그리고 강력한 통치권을 바탕으로 이스라엘을 위협하고 있던 주변 열강들을 쳐서 국가적 안정을 이루었습니다. 14:47-52절 그러나 사울은 하나님께 겉으로만 순종하는 채 했습니다. 다시 사무엘로부터 하나님의 명령이 전해졌습니다. 출애굽 때 이스라엘을 대적한 아말렉을 쳐서 완전히 '진멸하라'는 것이었습니다. 그러나 사울은 또다시 백성들을 핑계로 하나님의 말씀에 불순종하여 결국 하나님께 버림을 당하고 맙니다.

① 사울은 물질에 대한 욕심 때문에 아말렉 족속의 기름지고, 탐스러운 가축을 보며 아까워 남겨두고, 하나님께 드릴 제물이라 핑계 댑니다.

② 승리에 도취된 사울은 내심 아각 왕을 끌고 다니며 승리를 과시하고 싶었을 것입니다. 그는 명예욕을 물리치지 못했습니다.

· 함께 읽어요 : 사무엘상 15장 9절

"사울과 백성이 아각과 그의 양과 소의 가장 좋은 것 또는 기름진 것과 어린 양과 모든 좋은 것을 남기고 진멸하기를 즐겨 아니하고 가치 없고 하찮은 것은 진멸하니라."

### 2. 사무엘의 책망에 사울은 변명만 늘어놓았습니다(삼상 15:10~23).

사울은 아말렉 족속을 남김없이 진멸하라는 명령에 온전히 순종하지 않고 그 책임을 백성에게 떠넘기고 변명만 늘어놓았습니다. 그래서 급기야 사무엘에게 책망을 받습니다. 결국 끝까지 죄를 뉘우치지 아니하고 회개하지 않아 사무엘로부터 저지른 죄가 얼마나 무서운 것이며, 그로 인해 이제 하나님께서 그를 영원히 버리셨다는 말을 듣게 됩니다.

① 하나님께서 사울로 왕을 삼으신 것을 후회하십니다. 10-11절 그리고 '그가 돌이켜서 나를 좇지 아니하며 내 명령을 이루지 아니 하였음이니라'고 하십니다. 사무엘이 근심하여 온 밤을 여호와께 부르짖었습니다.

② 사울이 자신의 잘못에 대해 변명합니다. 12-21절 사무엘은 다음날 더욱 놀라운 소식을 듣습니다. 사울이 갈멜에서 자기를 위해 기념비를 세우고 길갈로 내려갔다는 것입니다. 사무엘은 사울을 만나기 위해 떠났습니다. 하나님의 명령에 불순종한 것을 책망하기 위함이요. 이제라도 회개하고 하나님께 돌아올 것을 권면하기 위해서였습니다.

③ 사무엘이 순종의 중요성을 강조합니다. 22-23절 끝까지 자신의 죄를 인정하지 않는 사울에게 사무엘이 사울의 태도가 왜 죄가 되는지를 가르쳐 줍니다. 사울의 행동을 가리켜 '사술' <케셈, קֶסֶם; 마법이나 점치는 것을 의미함>의 죄라고 말합니다. 이것은 곧 미신과 주술적인 우상 신을 숭배하던 가나안 주변의 여러 종족들의 행위였던 것입니다. 민 22:7; 신 18:14

· 함께 읽어요 : 사무엘상 15장 23절

"이는 거역하는 것은 점치는 죄와 같고 완고한 것은 사신 우상에게 절하는 죄와 같음이라 왕이 여호와의 말씀을 버렸으므로 여호와께서도 왕을 버려 왕이 되지 못하게 하셨나이다하니"

## 3. 사울이 하나님께 버림을 받았습니다(삼상 15:24~35).

사무엘이 직접적으로 죄를 지적하자 사울은 마지못해 자신의 죄를 고백하나 변명을 덧붙입니다. 이것은 사울이 하나님 앞에서 자신의 죄보다 백성들 앞에서 자신의 체면과 명예를 더욱 중시하고 있었기 때문입니다. 사울의 변명은 ① 잘못은 인정하나 심판을 피해보려는 의도였습니다. 15:24절 ② 사울이 사무엘의 도움을 청하여 여호와께 경배합니다. 25-31절 그러나 진정한 순종이 없었기에 하나님께 영원히 버림받게 됩니다.

· 함께 읽어요 : 사무엘상 15장 30절

"사울이 이르되 내가 범죄 하였을지라도 이제 청하옵나니 내 백성의 장로들 앞과 이스라엘 앞에서 나를 높이사 나와 함께 돌아가서 내가 당신의 하나님 여호와께 경배하게 하소서 하더라."

## 정리하는 말

사랑하는 성도 여러분! 사울이 사무엘에게 자신의 체면 유지를 위해서 이스라엘 앞에서 자신을 높여달라고 간청하는 모습이 안타깝습니다. '네가 당신의 하나님 여호와께 경배하게 하소서'라고 구걸하는 장면은 신앙을 잃어버린 성도의 모습이 얼마나 처절한가하는 것을 보여줍니다. 신앙·말씀·순종교육을 잘 해서 성도의 품위를 유지하시기 소원합니다.

## 평가와 결심

1. 사울이 여호와의 명령을 불순종한 이유가 무엇입니까?
   (삼상 15:1~9, ① 물질적 욕심-짐승 남겨둠 ② 명예욕-아각 사로잡음)
2. 하나님의 말씀을 불순종한 사울이 변명한 결과가 무엇입니까?
   (삼상 15:10~23, 사울이 하나님께 버림을 받았음)
3. 사울이 하나님의 말씀 순종보다 중시한 것은 무엇이었습니까?
   (삼상 15:24~35, 물질적 욕심, 백성들 대중적 인기, 자존심과 명예)

### 주간 경건의 시간 <28> · 날마다 말씀과 함께

| 요일 / 내용 | 주일/월(Mon) | 화(Tue) | 수(Wed) | 목(Thu) | 금(Fri) | 토(Sat) |
|---|---|---|---|---|---|---|
| 찬송 | 28동 / 29동 | 314 / 511 | 353 / 391 | 436 / 493 | 542 / 340 | 521 / 253 |
| 성경 | 삼상 14: / 15: | 삼상 16: | 삼상 17: | 삼상 18: | 삼상 19: | 삼상 20: |
| 적용 | 사울의 맹세/ 기념비 세움 | 여호와의 영 | 골리앗과 전쟁 | 다윗은 만만 | 사울에게 악령 접신 | 다윗과 요나단 |

* 관습이 자연을 정복할 수 없다. 자연은 언제나 전복되지 않기 때문이다.

< 마르쿠스 툴리우스 키케로, B. C. 106-43, 로마 웅변가, 정치가, 철학자 >

제 29과

# 신앙을 통한 인성교육

찬송 / 266, 526, 309 / 통 200, 316, 409
성경 / **사무엘상 25:2-38**
요절 / **사무엘상 25:28**
"주의 여종의 허물을 용서하여 주옵소서. 여호와께서 반드시 내 주를 위하여 든든한 집을 세우시리니 이는 내 주께서 여호와의 사움을 싸우심이요 내 주의 일생에 내 주에게서 악한 일을 찾을 수 없음이니이다."
목표 / 세상에 살면서 물질보다 인성이 우선임을 알고 교육하도록 한다.

## 시작하는 말

한국의 교육 현장이 과학·물질 만능을 우선으로 가르치고 있다는 것은 안타까운 현실입니다. 이제 이것들이 교회까지 침투하여 복음의 근본을 흔들고 있습니다. 숫자만 불리고 대형화해야만 살아남을 수 있다는 목회자들의 잘못된 목회관이 혼란스럽습니다. 말씀과 복음보다 생활간증과 C.C.M.; 현대기독교음악, contemporary christian music이 강단을 점령해 버리고 말았습니다. 물질이나 풍요보다 인성교육이 우선임을 아시기 바랍니다.

## 오늘의 말씀

### 1. 나발의 배은망덕한 행동이 경종을 울려줍니다(삼상 25:2~13).

사무엘이 죽고 다윗은 바란 광야로 내려갔습니다. 마온에 사는 거부 나발이 다윗의 은혜를 입었음에도 불구하고 도움을 구하는 다윗의 요청을 4-8절 무례하게 거절하고 모욕했습니다. 10-11절 겸손하고 예의를 갖춘 부탁을 거만한 태도로 비아냥거리는 나발의 반응에 격분한 다윗은 나발과 그에 속한 자를 다 죽이려 했습니다. 나발은 가진 육축이 양이 삼천이요 염소가 일천이므로 갈멜에서 양털을 깎고 있었습니다. 갈렙 족속인 그는 완고하고 행사가 악했습니다. 2-3절 양털을 깎을 때 농민들의 추수감사절 이니 먹을 것이 풍부한데도 그의 성품이 '완고하다' <קָשֶׁה ; 카솨, 단단하다, 혹독하고 뻔뻔스러우며 고집이세다>는 말은 하나님 앞에서 순종하지 않고 잘못을 뉘우칠 줄 모르는 사람이었기 때문입니다. '목이 곧은' 이스라엘 백성을 가리킬 때 주로 사용되었던 말입니다.

결국, 나발의 이런 배은망덕한 행동이 다윗의 화를 부른 것입니다.

· 함께 읽어요 : 사무엘상 25장 13절

"다윗이 자기 사람들에게 이르되 너희는 각기 칼을 차라 하니 각기 칼을 차매, 다윗도 자기 칼을 차고 사백 명 가량은 데리고 올라가고 이백 명은 소유물 곁에 있게 하니라."

## 2. 나발의 아내 아비가일의 지혜가 돋보입니다(삼상 25:14~31).

나발의 배은망덕함에 분노한 다윗이 나발에게 속한 모든 자를 진멸하려고 사백 명의 군사를 데리고 나설 즈음이었습니다. 나발의 아내 아비가일이 이 소식을 듣고, 남편 나발에게 알리지 않고, 다윗에게 줄 음식을 준비하여 다윗 일행을 맞으러 갑니다. ①아비가일은 나발과 다윗 사이에 일어난 일에 관해 들었습니다. 14-17절 ②아비가일이 선물을 준비하여 호젓한 곳에서 마주 내려오는 다윗을 만나러 나아갑니다. 18-22절

아비가일이 지혜롭게 행합니다. 23-31절 ①아비가일은 겸손히 나발의 잘못을 인정하고 용서를 구합니다. 23-25절 ②다윗의 공로를 인정하고 그를 통해서 일하시는 하나님의 역사를 치하합니다. 26-31절 아비가일은 '여호와께서 내 주의 손으로 피를 흘려 친히 보수하시는 일을 막으셨다'고 합니

다. 단순히 분노한 다윗의 감정을 누그러뜨리기 위한 달콤한 말이 아니라, 자신을 여종이라 칭하면서 다윗의 원수들과 그를 해하려 하는 자들은 나발 '미련한 자'라는 뜻과 같이 되기를 원한다고 했습니다. 26절

· 함께 읽어요 : 사무엘상 25장 26절
"내 주여 여호와께서 살아 계심을 두고 맹세하노니 내 주도 살아 계시거니와 내 주의 손으로 피를 흘려 친히 보복하시는 일을 여호와께서 막으셨으니 내 주의 원수들과 내 주를 해하려 하는 자들은 나발과 같이 되기를 원하나이다."

### 3. 다윗이 아비가일을 통한 하나님의 역사를 깨닫습니다(삼상 25:28~38).

다윗을 만난 아비가일은 공손한 태도로 자신의 허물을 인정했습니다. 자신을 통해 일하시는 하나님의 역사를 아뢰는 그녀의 태도는 실로 지혜롭고, 하나님을 바라보는 믿음이 출중했습니다. "내 주의 생명은 내 주의 하나님 여호와와 함께 생명싸개 속에 싸였을 것이요." 29절 라는 표현은 실로 감동적입니다. 다윗은 아비가일을 통해 자신의 실책을 막으셨다는 것과, 친히 보복하는 것을 막기 위해 놀라운 일을 행하셨다는 것을 생각하며 하나님의 깊으신 뜻을 깨달았습니다.

이에 감격한 다윗은 ①하나님께 감사와 찬양을 드리고, 32절 ②지혜로운 말과 행동으로 자신의 실책을 막아준 아비가일을 칭찬하면서 축복합니다. 33절 ③다윗은 나발과 그에 속한 자들을 멸함을 막아준 분이 하나님이시라고 고백합니다. 34절 ④아비가일의 말을 듣고 정신을 가다듬은 다윗은 그 요청을 허락하면서 평안히 올라가라고 배려합니다. 그 때의 감명 깊은 일로 나발이 죽은 후 그녀를 아내로 맞이했습니다.

· 함께 읽어요 : 사무엘상 25장 35절
"다윗이 그가 가져온 것을 그의 손에서 받고 그에게 이르되 네 집으로 평안히 올라가라 내가 네 말을 듣고 네 청을 허락하노라."

## 정리하는 말

물질의 풍요가 우리 생명을 구속하지 못합니다. 나발 같은 완고하고 고집스런 사람은 아닌지 반성이 필요합니다. 아비가일 같은 훌륭한 인성을 가진 자는 집안을 일으키고, 마음의 평정을 이루게 됩니다. 결국 나발은 하나님의 심판으로 죽음을 맞게 되지만, 그녀는 자기가 소유한 모든 재물을 내어주고 다윗과 함께 시련도 마다하지 않고 역사의 주관자 하나님만 바라봅니다. 재물보다 신앙의 인성이 우리를 살린다는 사실을 명심하시고, 인성교육을 우선으로 삼고 매진하시기를 소원합니다.

## 평가와 결심

1. 나발은 어떤 사람이었습니까?
   (삼상 25:2~13, 그는 갈렙 족속이었고 완고하고 행실이 악함)
2. 나발의 아내 아비가일은 어떤 사람이었습니까?
   (삼상 25:14~31, 총명하고 용모가 아름다웠고 다윗의 분노를 잠재움)
3. 다윗이 아비가일을 통해 깨달은 점은 무엇이었습니까?
   (삼상 25:28~38, ①성급한 분노와 ②복수 막으심 ③역사의 주관자 하나님)

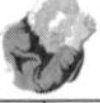

### 주간 경건의 시간 <29> · 날마다 말씀과 함께

| 요일 / 내용 | 주일/월(Mon) | 화(Tue) | 수(Wed) | 목(Thu) | 금(Fri) | 토(Sat) |
|---|---|---|---|---|---|---|
| 찬송 | 91동 / 93동 | 336 / 383 | 151 / 138 | 254 / 186 | 196 / 174 | 210 / 245 |
| 성경 | 삼상 21: / 22: | 삼상 23: | 삼상 24: | 삼상 25: | 삼상 26: | 삼상 27: |
| 적용 | 거룩한 떡 / 아둘람 굴 | 그일라 구원 | 사울을 살려줌 | 사무엘 죽음 | 창과 물병 | 아비가일 |

* 무엇보다도 가난한 자들로 하여금 그들의 가정에 '절제'라는 단어를 모토로 하게 하라. < 호레이스 만, 1796-1859, 미국 교역자 >

# 성령의 가르침에 순응하자!

찬송 / 187, 182, 190 / 통 171, 169, 177
성경 / **사무엘상 28:1-25**
요절 / **사무엘상 28:17**
"여호와께서 나를 통하여 말씀하신 대로 네게 행하사 나라를 네 손에서 떼어 네 이웃 다윗에게 주셨느니라."
목표 / 성령께서 영으로 지도하신 가르침을 순종하는 태도를 기른다.

## 시작하는 말

옛날이나 지금이나 믿음의 유무와 관계없이 점집을 드나드는 사람이 많습니다. 성경은 이런 것을 금하고 있는데도 말입니다. 우리가 성령의 지도를 받는다는 것은 기도의 응답뿐이 아닙니다. 항상 기도로 살아가는 영적 안테나가 잘 감지되는 분들은 성령의 지시하심을 받기도 하고 순종할 자세가 갖추어져 있습니다. 본문에서 사울 왕은 신접한 자와 박수를 그 땅에서 쫓아내었으나 다급한 상황에서 다시 찾아갔습니다.

## 오늘의 말씀

### 1. 블레셋의 공격으로 사울이 두려워서 떱니다(삼상 28:1~7).

본문에는 사울의 종말을 고하는 길보아 전투의 시작이 소개됩니다. 하나님의 기름부음 받은 종 다윗은 블레셋 왕 아기스의 권유에 따라 이스라엘과의 전쟁을 치러야 했습니다. 이스라엘의 정신적 지주로서 여호와 신앙을 지켜왔던 선지자 사무엘이 죽었습니다. 블레셋 군대와 대치한 상황에서 사울은 두려움에 떨었습니다. 여호와께 간구하여도 응답이 없자 스스로 이스라엘 땅에서 몰아낸 신접한 자와 박수를 찾아 도움을 구했습니다. 아마도 하나님께 버림받은 사울은 그래도 의지가 되던 사무엘마저 죽자 당황스럽고 두려워 견딜 수가 없었을 것입니다. 하는 수 없이 왕이라는 체면마저 접어버리고 사신을 찾았습니다. 여러분! 하나님의 자녀가 신앙에서 타락되면 이렇게 처절한 것입니다.

· 함께 읽어요 : 사무엘상 28장 7절

"사울이 그의 신하들에게 이르되 나를 위하여 신접한 여인을 찾으라. 내가 그리로 가서 그에게 물으리라 하니 그의 신하들이 그에게 이르되 보소서 엔돌에 신접한 여인이 있나이다."

## 2. 사울이 신접한 여인을 찾아갑니다(삼상 28:8~14).

본문에는 성경에서 유일하게 신접神接현상이 묘사되고 있습니다. 상황이 위급한데 하나님의 응답이 없자 궁지에 몰린 사울은 변장을 하고 수넴 근처 엔돌에 거하는 신접한 여인을 찾아 갑니다. 하나님이 금하고 있는 죄악 된 방법에 의해서라도 불안을 해결하고자 한 것입니다.

신접한 여인이 신神을 불러올립니다. 12-14절 이 일로 화를 당하지 않을 것이라는 말에 여인이 '신접한 술법'을 쓰자 귀신이 땅에서 올라오는 것이 그 여인의 눈에 보였고, 자기 앞에 앉아 있는 사람이 사울이라는 것을 알게 되었습니다. 사울은 그 여인에게 그 모습을 묻자 '그 신은 겉옷을 입은 노인의 모습을 하고 있었습니다.' 라고 말하자 사울이 사무엘인 줄 알고 그 얼굴을 땅에 대고 절합니다. 14절 여기서 응답하시지 않던 하나님이 신접한 여인을 통해 말씀하실 리 없고, 이 신이 사무엘일 수 없습니다. 더욱이 하나님의 종인 사무엘의 영혼이 땅에서, 그것도 신접한 여인이 불러왔다는 사실에서도 그 신은 사무엘이 아니라 사무엘을 가장한 귀신이라고 밖에 할 수 없는 것입니다. 하나님께 거절당한 사울은 귀신에게 절하면서 행할 바를 묻는 비참한 지경에 이르게 되었습니다. 하나님께로부터 배척당한 사람의 비참한 모습을 보여주고 있습니다.

· 함께 읽어요 : 사무엘상 28장 14절

"사울이 그에게 이르되 그의 모양이 어떠하냐하니 그가 이르되 한 노인이 올라오는데 그가 겉옷을 입었나이다하더라. 사울이 그가 사무엘인 줄 알고 그의 얼굴을 땅에 대고 절하니라."

### 3. 사울의 최후를 예고합니다(삼상 28:15~19).

귀신을 찾아갔더니 비참하게도 사울의 최후를 예고합니다. 15-19절 사무엘로 가장한 귀신에게 사울은 자신의 처지를 하소연합니다. '블레셋은 군대를 일으켰고, 하나님은 나를 떠나서 다시는 선지자로도, 꿈으로도 대답하지 아니 하시기로 내가 행할 일을 알아보려고 당신을 불러 올렸나이나'라고 합니다. 그러자 "여호와께서 너를 떠나 네 대적이 되셨거늘 네가 어찌하여 내게 묻느냐?" 16절 "여호와께서 나를 통하여 말씀하신 대로 네게 행하사 나라를 네 손에서 떼어 네 이웃 다윗에게 주셨느니라." 네가 여호와의 목소리를 순종하지 아니하고, 그의 진노를 아멜렉에게 쏟지 아니했으므로 주께서 오늘 이 일을 행하셨다고 했습니다. 사울의 모습은 하나님께 순종하는 것이 얼마나 중요한가를 우리에게 가르쳐 줍니다.

· 함께 읽어요 : 사무엘상 28장 19절

"여호와께서 이스라엘을 너와 함께 블레셋 사람들의 손에 넘기시리니 내일 너와 네 아들들이 나와 함께 있으리라 여호와께서 또 이스라엘 군대를 블레셋 사람들의 손에 넘기시리라 하는지라."

## 정리하는 말

여러분! 날마다 성령 하나님께 기도하십시오. 영적 안테나가 제대로 작동하고 교신 交信이 되는지를 살펴봐야 합니다. 여러분의 가족 모두가 '성령의 지도와 교육'을 소홀히 한다면 사울처럼 여호와 하나님께 버림을 받고 비참한 최후를 맞을 수도 있음을 꼭 명심하시기 바랍니다.

## 평가와 결심

1. 선지자로도 꿈으로도 응답이 없자 사울은 누구를 찾아갑니까?
   (삼상 28:1~7, 사무엘이 죽고 물을 자가 없으니 신접한 여인 찾아감)
2. 신접한 여인이 불러올린 신은 어떤 신이었을까요?
   (삼상 28:8~14, 사무엘을 가장한 귀신의 영이었을 것임)
3. 귀신의 영으로 가장한 사무엘은 무엇을 예언합니까?
   (삼상 28:15~19, 자신의 처지를 하소연하는 사울의 최후를 예고함)

### 주간 경건의 시간 <30> · 날마다 말씀과 함께

| 요일 / 내용 | 주일/월(Mon) | 화(Tue) | 수(Wed) | 목(Thu) | 금(Fri) | 토(Sat) |
|---|---|---|---|---|---|---|
| 찬송 | 73동 / 74동 | 314 / 511 | 338 / 364 | 347 / 382 | 370 / 455 | 456 / 509 |
| 성경 | 삼상 28: / 29: | 삼상 30: | 삼상 31: | 삼하 1: | 삼하 2: | 삼하 3: |
| 적용 | 신접한 여인/ 블레셋 땅 다윗 | 다윗 아말렉 침 | 사울 시체 장사 | 아말렉 사람 | 다윗 유다 왕 됨 | 아브넬 살해됨 |

* 절제는 이성의 허리띠요, 격정의 신부이며, 영혼의 힘이요, 선과 도덕의 기초이다. < 제레미 테일로, 1613-1667, 영국 교회 주교>

# 다윗의 찬송 교훈

찬송 / 250, 249, 246 / 통일 182, 249, 221
성경 / **사무엘하 6:1-23**
요절 / **사무엘하 6:14**
"다윗이 여호와 앞에서 힘을 다하여 춤을 추는데 그 때에 다윗이 베 에봇을 입었더라."
목표/ 다윗의 찬송의 교훈을 본 받아 찬송과 기쁨의 삶을 살아가도록 한다.

## 시작하는 말

이스라엘의 왕위에 오른 다윗은 하나님의 도우심을 힘입어 예루살렘 정복과 함께 블레셋과의 전투에서 완전한 승리를 거뒀습니다. 국가가 안정을 되찾게 되자, 하나님이 다스리는 나라를 건설하는데 필요한 토대를 마련하기 위해 먼저 여호와의 궤를 다윗 성으로 옮겨옵니다. 우리는 주님의 좋은 군사로 무더위를 이기면서 다윗처럼 하나님께 힘을 다하여 찬양하고 춤을 추며 실천해야 합니다. 만유 주 하나님을 찬양하면서 영적 즐거움을 더하며 체험적 산 신앙을 소유하시기를 축복합니다.

## 오늘의 말씀

### 1. 하나님께 드리는 예배의 중심인 법궤를 옮겨옵니다(삼하 6:1~11).

오랫동안 아비나답의 집에 방치되어 있던 하나님의 언약궤를 예루살렘으로 옮겨옴으로서 하나님 언약 백성으로서의 지위 회복을 꾀하게 됩니다. 하나님의 궤를 새 수레에 싣고 나옵니다. 다윗과 이스라엘 온 족속은 잣나무로 만든 악기들과 수금, 비파, 소고, 양금, 제금으로 여호와 앞에서 연주합니다. 성경에는 '찬송' <할랄, הָלַל>이란 "모든 피조물이 하나님의 광대하심과 섭리 사역에 대한 응답으로 하나님께 돌리는 것이다"라는 의미로 쓰였습니다. 즉 '영광과 존귀를 하나님께 돌리는 것'을 말합니다. 나곤의 타작마당에 이르러서는 소들이 뛰므로 웃사가 하나님의 궤를 붙들었더니 하나님이 웃사의 잘못함으로 인하여 말미암아 진노하사 거기 하나님의 궤 곁에서 죽습니다. 궤를 오벧에돔의 집으로 메어가서 석 달이나 있는 동안 하나님께서 오벧에돔 집에 복을 주셨습니다.

· 함께 읽어요 : 사무엘하 6장 11절

"여호와의 궤가 가드 사람 오벧에돔의 집에 석 달을 있었는데, 여호와께서 오벧에돔과 그의 온 집에 복을 주시니라."

## 2. 하나님의 법궤가 예루살렘으로 옮겨집니다(삼하 6:12~19).

웃사가 당한 일을 보면서 하나님의 임재의 상징인 법궤를 모시는 일에도 절차와 예식이 있음을 깨달아야 합니다. 법궤를 안치한 오벧에돔의 집에 하나님의 축복이 임했다는 소식을 들은 다윗은 법궤가 '축복의 통로'라는 것을 깨닫고, 옮기는 방법에 대해 철저한 준비를 하게 됩니다. 다윗은 웃사의 일에서 자신이 하나님의 율법에 어긋난 방법으로 법궤를 옮기려고 한 데 대한 하나님의 징계임을 깨닫습니다. 그래서 하나님의 율법에 따라 법궤를 메고 옮기게 되었습니다. 오늘날 하나님을 찬양한다고 하는 사람들이 인간적 방법으로 자신들을 나타내고 싶어 한 나머지 하나님의 말씀을 선포하는 강단을 점령하고 공연을 하는 것은 깊이 반성해야 할 부분인 것 같습니다. '찬양'이란 '아름다움을 기리고 표창함'이라는 사전적 의미로 되어 있습니다.

히브리서에는 '찬송의 제사'요, '입술의 열매' 히 13:15 라고 표현하고 있습니다. 자선 음악회 곡 같은 성격으로, '예배 찬송'을 감상용으로 생각하는 이들이 많습니다. 그래서 세상 탤런트들을 강단에 세워 총동원 전도주일이라고 하여 불신자들을 초청하여 관람과 유흥의 간증 행태로 진행하고 있음은 우리가 반성할 일입니다. 진정한 예배의 본질을 회복하는 것이 시급합니다. 웃사의 잘못은 법과 절차를 무시하고 법궤 운송을 강행한 행정적 실수였음에도 웃사는 무지함으로 죽음을 당했습니다. 찬송의 제사를 받으실 분은 '하나님'이시고, '예수를 증언하는 찬송'이어야 합니다.

· 함께 읽어요 : 히브리서 13장 15절
"그러므로 우리는 예수로 말미암아 항상 찬송의 제사를 하나님께 드리자 이는 그 이름을 증언하는 입술의 열매니라."

### 3. 행사 예식을 위해 관현악단으로 연주했습니다(삼하 6:5; 13~23).

다윗과 이스라엘 온 족속은 법궤 안치 예배를 위한 관현악 연주를 했습니다. 여기에 동원된 금관악기인 나팔<하초츠라; חֲצֹצְרָה>, 잣나무로 된 목관을 비롯해 수금<킨놀; כִּנּוֹר>, 비파<네벨; נֶבֶל>, 양금<메나아네임; מְנַעְנְים> 등 현악기와 그리고, 소고<토프; תֹּף>, 제금<메칠타임; מְצִלְתַּים> 등 타악기의 관현악 연주로 품격을 갖추었습니다. 그리고서 연주합니다. 하나님 신앙이 있었기에 온 국가가 즐거워하고 기뻐합니다. 심지어 다윗은 여호와 앞에서 힘을 다하여 기뻐하면서 춤을 춥니다. 왕의 체통 따위는 아랑곳 하지 않았습니다. 딸 미갈까지 업신여길 정도였습니다. 그러나 우리는 다윗이 연주와 춤을 통하여 하나님 앞에서 어린아이와 같이 기뻐했던 것처럼, 여호와를 즐거워하고 사모해야 합니다.

· 함께 읽어요 : 사무엘하 6장 16절
"여호와의 궤가 다윗 성으로 들어올 때에 사울의 딸 미갈이 창으로 내다보다가 다윗 왕이 여호와 앞에서 뛰놀며 춤추는 것은 보고 심중에 그를 업신여기니라."

## 정리하는 말

사랑하는 성도 여러분! 하나님께서는 하나님의 말씀에 규정한 하나님의 율법을 사랑하며 지키고 순종하는 것을 '제사' 예배 의식보다 더 기뻐하십니다. 여러분! 8월 한 달 구역 예배를 쉬더라도 야외 수영장에서, 공원에서, 그리고 선교 현장에서 하나님을 찬양하고 주 예수의 이름을 증언하는 찬송들과 아름다운 찬양들이 선교에 유용하게 사용되기를 소원합니다.

## 평가와 결심

1. 법궤에 대한 다윗의 깨달음이 무엇이었습니까?
   (삼하 6:1~11, 하나님의 궤, 법궤가 '축복의 통로'임을 깨달음)
2. 찬송의 제사를 드려야 할 대상과 내용은 무엇입니까?
   (삼하 6:12~19, ①만유 주 하나님, ②주 예수 그리스도, ③찬송의 제사, 입술의 열매)
3. 법궤 이송 시에 사용하여 연주된 악기들은 무엇 무엇입니까?
   (삼하 6:5, 13~23나팔, 잣나무로 만든 악기, 수금, 비파, 소고, 양금, 제금 등)

### 주간 경건의 시간 <31> · 날마다 말씀과 함께

| 요일 / 내용 | 주일/월(Mon) | 화(Tue) | 수(Wed) | 목(Thu) | 금(Fri) | 토(Sat) |
|---|---|---|---|---|---|---|
| 찬송 | 37동 / 36동 | 80 / 101 | 90 / 98 | 95 / 82 | 397 / 454 | 516 / 265 |
| 성경 | 삼하 4: / 5: | 삼하 6: | 삼하 7: | 삼하 8: | 삼하 9: | 삼하 10: |
| 적용 | 이스보셋 살해/다윗 성 | 다윗의 춤 | 나단의 계시 | 다윗의 승리 | 므비보셋 | 다윗과 암몬 전쟁 |

* 사물은 도덕 율로 젖어 있다. 삼라만상은 변장한 선교사에 불과하다.
<랄프 왈도 에머슨, 1803~1882, 미국, 시인, 수필가>

# 회개하면 용서하시는 하나님!

찬송 / 295, 298, 315 / 통 417, 35, 512
성경 / **사무엘하 12:1-25**
요절 / **사무엘하 12:7**
"나단이 다윗에게 이르되 당신이 그 사람이라 이스라엘의 하나님 여호와께서 이와 같이 이르시기를 내가 너를 이스라엘 왕으로 기름 붓기 위하여 너를 사울의 손에서 구원하고"
목표 / 자신의 죄악을 깨닫고 철저한 회개의 삶을 살아가는 태도를 기른다.

## 시작하는 말

남쪽 유다와 북쪽 이스라엘의 통일왕국을 이룬 다윗은 하나님께서 역사하심으로 가는 곳마다 승리를 거두었습니다. 왕이 된 그에게 순식간에 부와 권력이 집중 되었습니다. 그리자 이떤 일이 벌어졌습니까? 우리아의 아내를 범하고 이를 은폐하기 위해 충복忠僕 우리아를 최전선에 배치해 죽도록 했고, 그의 처를 취해 아내를 삼았습니다. 나단 선지자가 이것을 알고, 다윗을 혹독하게 책망합니다. 이때 다윗은 이를 부인하거나 핑계하지 아니하고 회개하며, 고백의 '참회 시'를 작시하여 노래합니다.

## 오늘의 말씀

1. 나단 선지자가 비유로 다윗에게 죄를 지적합니다(삼하 12:1~6).

나단이 다윗에게 와서 비유를 들어 말합니다. "한 성에 두 사람이 있는데, 하나는 부하고 하나는 가난하니 그 부자는 양과 소가 심히 많으나 가난한 자는 자기가 사서 기르는 작은 암양 새끼 하나뿐이라. 그 암양 새끼가 딸처럼 되었거늘 어떤 행인이 그 부자에게 오매 부자가 자기 것은 아끼고, 가난한 자의 암양 새끼를 빼앗아다가 자기에게 온 행인을 위하여 잡았나이다." 나단 선지자는 이 우화를 완곡한 표현을 써서 다윗에게 이야기함으로 그가 돌아오도록 하려고 했습니다. 이야기를 들은 다윗은 이야기 속의 부자에게 크게 노하여 "이 일을 행한 사람은 반드시 죽어야 마땅하다. 그 양 새끼 네 배나 갚아주어야 하리라" 말했습니다.

· 함께 읽어요 : 사무엘하 12장 5절
"다윗이 그 사람으로 말미암아 노하여 나단에게 이르되 여호와의 살아계심을 두고 맹세하노니 이 일을 행한 그 사람은 마땅히 죽을 자라."

### 2. 나단이 다윗에게 '책망'과 함께 '징계의 예언'을 전합니다(삼하 12:7~12).

다윗이 나단의 비유에 나타난 부자의 행태를 통렬하게 비판하자, 나단은 "당신이 바로 그 사람이라"고 지적했습니다. 이 한 마디는 다윗에게 뼈아픈 일갈이었습니다. 타인에 대한 정죄와 질책에는 철저하면서도 자신의 죄와 허물에 관대한 다윗의 무딘 양심을 일깨워 주었습니다. 신적 권위를 지닌 날카로운 직언直言이었습니다. 지금까지 비유를 통해 우회적인 완곡한 어법과는 달랐습니다. 이제 나단 선지자는 직접적이고 노골적인 어조로 다윗의 죄와 악행을 제지하고자 질타했습니다.

나단은 다윗이 범한 죄가 한 인간 '우리아'에 대한 불의로 그친 것이 아니라, 그를 택하셔서 지금까지 지켜 주시고 축복해 주신 하나님의 은총에 배은망덕했기 때문에 철저하게 지적하고 있습니다.

마침내 나단은 다윗과 그 집안이 받을 하나님의 징계를 선포합니다. 다윗이 간교한 방법과 은밀하게 조작하여 우리아를 죽임으로써 사람들의 비난은 피할지 모르지만, 하나님의 눈은 비껴갈 수 없었습니다.

다윗 한 사람의 범죄로 말미암아 다윗의 집안 전체에 재앙이 미치게 되었고, 그로 인해 다윗의 처첩들이 타인에 의해 능욕을 겪게 되었습니다. 이 심판의 예언은 안타깝게도 무섭게 실현되었습니다.

· 함께 읽어요 : 사무엘하 12장 11절

"여호와께서 또 이와 같이 이르시기를 보라 내가 너와 네 집에 재앙을 일으키고 내가 네 눈앞에서 네 아내를 빼앗아 네 이웃들에게 주리니 그 사람들이 네 아내들과 더불어 백주에 동침하리라."

## 3. 다윗이 자신의 죄를 진정으로 회개합니다(삼하 12:13~15).

나단을 통해 자신의 죄를 지적 받은 다윗은 진정으로 회개했습니다. 그의 고백은 단순했지만 정직하고 포괄적인 것이었습니다. 이러한 다윗의 진실한 회개를 들은 나단 선지자는 하나님의 용서를 선언할 수 있었습니다. 그러나 다윗이 지은 죄에 대한 근본적인 용서는 그의 범죄에 대한 하나님의 공의로우신 징계와 함께 주어졌습니다.

사랑하는 성도 여러분! 우리들은 다윗보다 더 큰 잘못을 저지르고도 아무 일도 없었던 것처럼 천연스럽게 덮어 버리는 것은 아닙니까? 하나님의 은혜를 배신하고도 다른 사람들의 죄를 지적하고 있지는 않습니까? 잘못한 자들을 죄인의 괴수인 것처럼 비판하고, 자신은 의로운 것처럼 포장하는 것은 아닌지요? 다른 사람들의 죄를 지적하기 전에 먼저 자신을 진솔하게 살펴보고 반성해야 합니다. 상하고 통회하는 심령으로 회개하고 주께서 주시는 바 자비의 은혜를 받으시기 바랍니다.

· 함께 읽어요 : 시편 51장 17절

"하나님께서 구하시는 제사는 상한 심령이라 하나님이여 상하고 통회하는 마음을 주께서 멸시하지 아니하시리이다."

## 정리하는 말

사랑하는 여러분! 시편 51편 표제에 '다윗이 밧세바와 동침 한 후 선지자 나단이 그에게 왔을 때'라고 그 상황을 설명합니다. 그는 '참회 시'에서 "나의 죄악을 말갛게 씻으시며 나의 죄를 깨끗이 제하소서" 시 51:2 라고 참회하고 있습니다. 세상의 유혹과 인간의 연약성 때문에 피할 수 없는 범죄라 할지라도 다윗처럼 성령의 지적을 피하시지 마시고, 말씀 앞에 진심으로 회개하여 용서받는 자비의 축복을 누리시기 바랍니다.

## 평가와 결심

1. 나단 선지자가 다윗의 죄를 어떤 방법으로 지적하였습니까?
   (삼하 12:1~6, 비유를 통해서 우회적인 방법으로 지적함)
2. 나단이 다윗에게 말한 책망과 징계는 무엇입니까?
   (삼하 12:7~12, 칼과 재앙, 아내의 능욕)
3. 나단의 지적에 대한 다윗의 반응은 무엇입니까?
   (삼하 12:13~15, 죄를 고백하고 진정으로 회개함)

### 주간 경건의 시간 <32> · 날마다 말씀과 함께

| 요일 / 내용 | 주일/월(Mon) | 화(Tue) | 수(Wed) | 목(Thu) | 금(Fri) | 토(Sat) |
|---|---|---|---|---|---|---|
| 찬송 | 146동 / 249동 | 147 / 136 | 143 / 141 | 150 / 135 | 149 / 147 | 151 / 138 |
| 성경 | 삼하 11: / 12: | 삼하 13: | 삼하 14: | 삼하 15: | 삼하 16: | 삼하 17: |
| 적용 | 밧세바/ 나단의 책망 | 암논과 다말 | 압살롬 복귀 | 압살롬의 반역 | 시므이 저주 | 아히도벨의 계략 |

* 같은 샘에서 나오는 물은 더 신선할 수도 없고, 더 짤 수도 없다.

< 토마스 풀러, 1608 - 1661, 영국 신학자, 성직자 >

8단원 법과 정화의 달

제33과

# 하나님의 공의를 찬송하라!

찬송 / 44, 43, 42 / 통 56, 57, 11

성경 / **사무엘하** 22:1-28

요절 / **사무엘하** 22:21

"여호와께서 내 공의를 따라 상주시며 내 손의 깨끗함을 따라 갚으셨으니"

목표 / 성도에게 공의를 따라 상 주시는 하나님이심을 찬송한다.

## 시작하는 말

다윗의 찬송시는 사울과 주변국으로부터 자신을 지켜 주신 하나님의 구원하심을 노래하고 있습니다. 이러한 흐름으로 미루어 볼 때 이 찬송시는 다윗이 주변 열국을 모두 정복한 후에 쓰여졌다고 볼 수 있습니다. 다윗은 체험을 통해 알게 된 여호와 하나님이 어떤 분이신지 고백하고 그 공의의 하나님을 노래합니다. 이러한 찬송 속에는 하나님의 구원하심과 위대하심의 고백이 있고, 삶의 현장에서 구체적으로 체험한 사람만이 고백할 수 있는 진솔眞率한 시詩적 언어로 가득 차 있습니다.

## 오늘의 말씀

### 1. 다윗은 찬송을 통하여 하나님께 아뢰고 있습니다(삼하 22:1).

다윗은 사울 왕의 핍박과 주변 열국과의 잦은 전쟁을 치르면서 역경의 삶을 살아왔습니다. 그러나 다윗은 수많은 곤경 속에서도 하나님의 공의로우심과 신실하심을 힘입어 찬송을 주시는 여호와께 아뢲니다.

① 다윗은 여호와께서 모든 대적의 손에서 자신을 구원하셨다고 고백하고 있습니다. 겉으로 보기에는 다윗 자신이 용맹과 지혜로 모든 역경을 헤쳐 나온 것처럼 보입니다. 그러나 사실은 여호와의 도우심이 없었다면 다윗의 놀라운 생애는 절대로 불가능한 일입니다. 이처럼 구원을 베푸시는 분은 '오직 여호와 하나님' 뿐이십니다. 하나님을 의뢰하는 자는 어떤 어렵고 힘든 상황 속에서도 그분의 구원을 체험하게 됩니다.

② 다윗은 평생을 여호와의 구원을 증거 하는 삶을 살았습니다.

③ 찬송은 하나님의 구원 역사를 노래하며, 그분께 감사하고 영광을 돌리는 행위입니다.

· 함께 읽어요 : 사무엘하 22장 1절
"여호와께서 다윗을 모든 원수의 손과 사울의 손에서 구원하신 그날에 다윗이 이 노래의 말씀으로 여호와께 아뢰어"

## 2. 다윗은 구원을 베풀어 주신 하나님을 치하했습니다(삼하 22:2~20).

대적의 손에서 구원하신 하나님을 찬송한 다윗은 자신이 겪은 위기 속에서 찬송 받으시기에 합당하신 여호와의 이름을 부름으로써 구원받을 수 있었다고 상세하게 증거 합니다.

①압제로부터 구원하심. 2-3절 – 여호와는 반석, 요새, 나를 건지시는 자, 나의 하나님, 구원자라고 고백합니다. 다윗은 폭력 <하마스; חָמָס>; 난폭하게 취급하다.에서 구원하셨다고 했습니다. ②다윗의 부르짖음을 들으심. 4-7절 – 곤경 속에서 유일하게 구원받는 길은 여호와의 이름을 부르는 일입니다. 다윗은 죽을지도 모르는 위험에 처해 있었습니다. 다윗은 자기에게 닥친 위험을 '사망의 물결', '불의의 창수', '음부의 줄', '사망의 올무'라고 비유했습니다. ③대적들에게서 다윗을 건져내심. 8-20절 – 환난 중에서도 하나님의 손길을 구하는 다윗의 간절한 기도를 들으신 하나님께서

대적들로부터 다윗을 건지셨습니다.

본문에서 여호와의 진노가 천지를 진동시키는 천둥과 번개가 치는 모습으로 묘사되어 있습니다.

번개와 벼락에 대한 묘사는 출애굽 당시 시내산에 나타나신 하나님의 모습을 떠올립니다. 하늘을 뒤덮는 강한 폭풍처럼 하나님께서 임재 하셨습니다. 여호와께서 하늘에서 뇌성을 발하시며 지존하신 자가 음성을 내심이여 살을 날려 저희를 흩으시며 번개로 파하셨도다. 여호와는 다윗을 '많은 물' <마임 라빔; מַיִם רַבִּים> 인간이 대항 할 수 없는 엄청난 힘 가운데서 건지셨습니다. 홍해를 마른 땅처럼 건너게 하심 같이, 다윗을 강한 원수와 미워하는 자에게서 건지셨습니다. 다윗은 자신을 기뻐하셨기 때문에 건지셨다고 감격하며 고백했습니다.

· 함께 읽어요 : 사무엘하 22장 20절
"나를 또 넓은 곳으로 인도하시고 나를 기뻐하시므로 구원하셨도다."

### 3. 공정하셔서 공의를 따라 상 주십니다(삼하 22:21~28).

다윗은 자신에게 구원을 베풀어주신 하나님을 높이고 이제 공정하게 보응하시는 하나님을 찬양합니다. 다윗은 먼저 하나님과 맺은 언약 안에서 자신의 신실함을 인정해 주셨다고 고백합니다.

이때 다윗이 말한 '의'는 완전하고도 절대적인 것이 아니라 의로운 행실들을 가리키는 것입니다. 따라서 다윗이 죄와 불의에서 온전히 순종과 공의의 삶을 간구하므로 그분이 자신을 구원해 주셨다고 고백했던 것입니다. 그의 이러한 순종의 삶은 신실한 믿음의 표현이었습니다.

· 함께 읽어요 : 사무엘하 22장 27절
"깨끗한 자에게는 주의 깨끗하심을 보이시며 사악한 자에게는 주의 거스르심을 보이시리이다."

## 정리하는 말

오늘날과 같이 힘든 세상일지라도 하나님의 백성들이 공정과 공의를 버리면 하나님께서는 간과하지 않으시고 그 책임을 물으십니다. 하나님은 공의로우신 분이십니다. 그러기에 범죄 한 인생들을 구원하시려고 그 아들을 십자가에 내어주셔서 하나님의 공의를 만족시키신 것입니다. 부정과 부패를 청산하고 '공의의 하나님 은혜'로 사시기를 축복합니다.

## 평가와 결심

1. 다윗은 하나님께서 구원해 주신 은혜를 무엇으로 아룁니까?
   (삼하 22:1~, 다윗은 노래와 찬송으로)
2. 다윗은 자신을 구원해 주신 여호와 하나님을 어떻게 표현합니까??
   (삼하 22:2~20, 반석, 요새, 구원의 뿔, 높은 망대, 피난처)
3. 다윗은 또한 하나님을 어떻게 표현하여 기록하고 있습니까?
   (삼하 22:21~28, ①공정하게 보응하시며 ②공의를 따라 상주시는 분)

### 주간 경건의 시간 <33> · 날마다 말씀과 함께

| 요일 / 내용 | 주일/월(Mon) | 화(Tue) | 수(Wed) | 목(Thu) | 금(Fri) | 토(Sat) |
|---|---|---|---|---|---|---|
| 찬송 | 117동 / 93동 | 209 / 247 | 220 / 278 | 317/ 353 | 325/ 359 | 391 /446 |
| 성경 | 삼하 18: / 19: | 삼하 20: | 삼하 21: | 삼하 22: | 삼하 23: | 삼하 24: |
| 적용 | 압살롬 죽음/ 바르실래 | 비그리의 아들 세바 | 기브온 사람 | 다윗의 승전가 | 다윗의 마지막 말 | 아라우나 타작마당 |

* 아름다운 음악을 들으며 잠들게 해 주시오< 미라뷰 / 레어폴드도 같은 말을 했다 >

# 여호와의 율법을 즐거워하라!

찬송 / 135, 260, 292 / 통 133, 194, 415
성경 / **시편 1:1-6**
요절 / **시편 1:2**
"오직 여호와의 율법을 즐거워하여 그의 율법을 주야로 묵상하는 도다."
목표 / 율법을 즐거워 하여, 묵상하며 찬송하는 은혜를 누리며 살아간다.

## 시작하는 말

작은 나무나 길가의 잡초일수록 뿌리가 번성하며 강합니다. 영적으로 행복하고 인생을 풍요롭게 살아가는 방법은 뿌리가 견실해야 합니다. 시냇가에 심은 나무가 철을 따라 열매를 맺는 것은 그 뿌리를 시냇가에 두었기 때문입니다. 이런 사람이 가장 행복한 사람입니다. 생명의 원천인 하나님의 말씀은 성경이요, 율법이요, 십계명하나님 사랑, 인간 사랑입니다. 여러분은 하나님의 말씀에 뿌리를 두고 살아가시기를 바랍니다.

## 오늘의 말씀

### 1. 의인은 악인의 길에 서지 아니하고 말씀으로 살아야 합니다(시 1:1~2).

본문 말씀은 의인과 악인의 길을 비교하면서 복 있는 사람이 어떤 사람이며 의인과 악인의 종말이 어떻게 되는가를 노래하고 있습니다. '복'

은 '엄청난 행복', '최고의 행복'을 의미합니다. 이 말이 가리키는 '더 이상 비교할 수 없는 행복자란 누구인가?'에 대해 본문은 장엄하고 엄숙한 결론을 내리고 있습니다. "이러한 사람이야 말로 참으로 행복하다"라고 감탄하며 강조하고 있습니다. 모든 사람이 바라는 '완벽한 행복!' 곧 세상에서 '최상의 행복을 누리는 사람!', '온전히 행복한 사람'이 누구인가를 밝혀주고 있습니다. 그것은 하나님의 말씀과 율법이 너무 재미가 있어서 '주야로 묵상하는 사람'인 것입니다.

· 함께 읽어요 : 시편 1편 1절
"복 있는 사람은 악인들의 꾀를 따르지 아니하며 죄인들의 길에 서지 아니하며 오만한 자들의 자리에 앉지 아니하고"

## 2. 하나님의 율법을 즐거워하며 살아야 합니다(시 1:2~3).

'복' 곧 '아쉬레'<아쉬레; אַשְׁרֵי>는 "바르다, 올바르다, 곧다"라는 단어 '아솰'<אָשַׁר>에서 왔습니다. 여러분이 세상에서 '바르게, 올바르게, 곧게' 산다는 것이 좀 모자라게 사는 것이라고 생각한다면, 그런 세상이 여러분들을 행복하게 할 수 없습니다. 물질적으로 좀 부족하더라도 바르고 올바르게 행동하며 살아가야 행복한 삶이 찾아오는 것입니다. 행복하고 싶거든 작은 선善이라도, 작은 정情이라도 나누면서 살아가면 자연히 마음에 즐거움과 행복이 오는 법입니다. 시편 전체의 흐름을 보면, 바로 하나님의 법, 즉 율법을 어떻게 대하느냐에 따라서 행복과 불행의 분기점이 됩니다. 하나님은 인간을 남에게 보이기 위해서가 아니라 행복을 위해서, 도와주고 나눠주면서 살아가도록 창조해 놓으셨습니다. 남의 것을 훔치고 부정한 이득을 취해서 만족을 얻는 것이 아니라, 내가 땀을 흘리고 수고해서 얻은 작은 것들을 서로에게 나누면서 살아가는 것이 행복의 본질인 것입니다. 오늘부터 이를 위해 작은 실천을 해 보시기 바랍니다. 분명히 행복이 찾아 올 것입니다. 산다는 것이, 살아 있다는 것이 얼마나 즐겁고 신나는 일인가를 깨닫게 될 것입니다. 이것이 여러분들을 어미의 태胎 속에서 창조하시고 세상에 태어나게 하신 여호와 하나님의 깊으시고, 기쁜 뜻이기도 합니다.

다른 의미 '이셀'<אִשֵׁר>은 '안내하다', '바르게 인도하다'잠 23:19, 사 1:17의 의미가 있습니다. 창조주 하나님께서 우리를 안내하고 바르게 인도하시기에 행복한 것입니다. 하나님 안에서 행복을 누리시기 바랍니다.

· 함께 읽어요 : 시편 1편 2절
"오직 여호와의 율법을 즐거워하여 그의 율법을 주야로 묵상하는 도다"

### 3. 하나님의 뜻을 찾고, 은혜를 사모하며 살아야 합니다(시 1:4~6).

세상 사람들이 살아가는 태도를 보면 크게 두 가지로 나눌 수 있습니다. 그것은 남들이 좋아하는 것을 행하는 사람과 또 하나는 남들이 싫어하는 것을 행하는 사람입니다. 남들이 좋아하는 일은 하나님께서도 좋아하시고, 많은 사람들이 싫어하는 일은 하나님께서도 싫어하신다는 말입니다. "민심民心은 천심天心이다"라는 말이 있습니다. 남을 먼저 배려하고 사려 깊게 행동하는 것이 하나님이 원하시는 것입니다.

여러분, 성경공부를 왜 합니까? 이렇게 물으신다면 뭐라고 대답하시겠습니까? "심심해서요. 할 일이 없으니까요"라고 대답하시겠습니까? 성경을 공부해도 흥미가 없으면, 좋은 결과를 기대할 수 없습니다. 하나님이 원하시고 기뻐하시니, 나도 하고 싶어서, 간절한 은혜를 사모하며 하나님의 뜻을 찾아 자발적으로 성경 공부에 임해야 하는 것입니다.

· 함께 읽어요 : 시편 1편 6절
"무릇 의인들의 길은 여호와께서 인정하시나 악인들의 길은 망하리로다."

## 정리하는 말

오늘날과 같이 바쁜 세상에 새벽부터 성경을 읽고 찬송하며, 매일 예배한다고 생각해 보십시오. 실증이 날 것입니다. 그러나 마음에 즐거워서 한다면 매일매일 일 년 내내 해도 즐거운 것입니다. 악인들의 꾀, 죄인들의 길, 오만한 자리를 피하시기 바랍니다. 여러분! 여호와의 율법을 즐거워하면서 주야로 묵상하는 삶의 은혜가 충만하시기 바랍니다.

## 평가와 결심

1. 시편 전체의 주제가 무엇 무엇입니까?
   (시 1:1~2, ① 의인들의 길은 복이 되고 행복하고 ② 악인들의 길은 망함)
2. 어떤 사람이 복이 있는 사람입니까?
   (시 1:2~3, 여호와의 율법을 주야로 묵상하는 사람)
3. 의인들의 길과 악인들의 길은 결국은 어떻게 됩니까?
   (시 1:4~6, ① 주님의 인정을 받아 행복함 ② 악하니 망하게 됨)

### 주간 경건의 시간 <34> · 날마다 말씀과 함께

| 요일 / 내용 | 주일/월(Mon) | 화(Tue) | 수(Wed) | 목(Thu) | 금(Fri) | 토(Sat) |
|---|---|---|---|---|---|---|
| 찬송 | 249동 / 88동 | 250 / 182 | 286 / 218 | 285 / 209 | 294 / 416 | 400 / 463 |
| 성경 | 시 1: / 2: | 시 3: | 시 4: | 시 5: | 시 6: | 시 7: |
| 적용 | 복 있는 사람/ 주가 웃으심 | 두려워하지 아니함 | 의의 제사 | 성전 향해 예배 | 밤마다 눈물로 | 눈물로 회개 |

* 인생은 우주의 영광이면서 우주의 오욕이기도 하다.

< 블래즈 파스칼, 1623~1662, 프랑스 수학자, 물리학자, 철학자 >

# 의인을 은혜로 호위하심

찬송 / 539, 494 492 / 통 488, 188, 544
성경 / **시편 5:1-12**
요절 / **시편 5:12**
"여호와여 주는 의인에게 복을 주시고 방패로 함 같이 은혜로 그를 호위하시리이다."
목표 / 세월을 아까워 말고 기다림의 미학으로 은혜를 누리며 살아간다.

## 시작하는 말

본문은 다윗이 악인을 물리쳐 주시기를 원하는 기도의 내용입니다. 다윗이 기도 응답을 받기 위해 기도로 노래하는 장면을 보면 그는 기도와 찬송으로 살아가는 인생임을 알 수 있습니다. 사람을 만나서 첫마디를 어떻게 말하는가를 살펴보면 그 사람의 인격을 짐작할 수 있습니다. 다윗은 "내가 주께 기도하나이다"라고 고백합니다. 한마디로 그는 기도하지 않고는 살아갈 수 없었습니다. 여러분! 다윗처럼 하나님과 날마다 기도로서 영성을 통하면서 살아가시기를 간절히 소망합니다.

## 오늘의 말씀

### 1. 다윗은 기도와 찬송으로 하루의 새벽을 열었습니다(시 5:1~3).

시인은 하나님께 나아가 아뢰니다. "여호와여 나의 말에 귀를 기울이사 나의 심정을 헤아려 주소서." 말은 인격적이고 개별적인 의사를 전달

할 수 있는 수단입니다. 따라서 참말은 자신의 마음을 나타내는 것이어야 합니다. 시인은 자신의 기도를 '심정'心情의 표현이라고 하며, 이는 탄식으로 가득 찬 마음의 고통을 뜻합니다. 우리가 하나님 앞에서 마음을 통하고 기도하다 보면 찬송이 터져 나옵니다. 그때 나오는 그 찬송이 진정성이 있는 것입니다.

시인은 경외하는 마음으로 나아갑니다. 2절 '나의 하나님'이라고 함은 하나님과의 관계가 친밀하고 깊은 개인적 관계임을 직접적으로 드러내는 확고한 믿음의 표현입니다.

시인이 아침마다 기도하겠다고 작정하는 것은 자발적인 결심입니다. 항상 기도로 바라는 바를 아뢰며 하루를 시작하겠다는 뜻입니다. 이것이야 말로 하나님이 기뻐하시는 성도의 자세임을 기억하시기 바랍니다.

· 함께 읽어요 : 시편 5편 3절

"여호와여 아침에 주께서 나의 소리를 들으시리니 아침에 내가 주께 기도하고 바라리이다."

## 2. 악인은 하나님 앞에서 심판 받음을 피할 수 없습니다(시 5:4~6).

시인은 자신의 소원을 아뢰기 위하여 기도 가운데서 하나님의 성품이 죄악을 기뻐하시지 않으신다는 확신을 가졌습니다. 그러면서 모든 악행을 증오하실 것이라는 결론으로 이끌어 갑니다.

① 하나님은 악을 기뻐하시지 않으십니다. 4절 중요한 것은 우리의 사정을 낱낱이 아뢰는 것도 중요하지만 기도의 근거인 하나님의 성품을 헤아리는 일입니다.

② 하나님은 모든 악행을 미워하십니다. 5절 오만한 자가 주의 목전目前에 서지 못합니다. 모든 악을 행하는 자를 미워하시는 것입니다.

③ 하나님 앞에서, 악한 자들은 멸절 될 것입니다. 6절 여기서 악한 자

를 '오만한 자, 모든 악행을 범하는 자, 거짓말하는 자, 피 흘리며 속이는 자'로 표현합니다. 이들은 자신의 유익을 위해서라면 모든 악한 일을 기꺼이 행하는 자들입니다. 하나님께서는 그러한 자들을 반드시 멸하실 것입니다. 그들의 악행의 특징은 자신 외에는 다른 사람들을 높이 보지 않고 경시합니다. 물질, 학식, 출신 가문, 외모 등이 그들의 자랑입니다. 여러분, 하나님 앞에서는 아무것도 아니라는 사실을 명심하시기 입니다.

· 함께 읽어요 : 시편 5편 5절
"오만한 자들이 주의 목전에 서지 못 하리이다 주는 모든 행악 자를 미워하시며"

### 3. 의인은 하나님의 존엄한 집에서 영원히 거할 것입니다(시 5:7~12).

시인은 이제 악인과 구별되었습니다. 그래서 자신은 하나님의 자비로 그의 존전尊前에 들어갈 수 있는 허락을 받은 자임을 고백합니다. 자신은 악인들과 함께 거할 수 없으며 하나님을 뵙고 싶어 한다고 강조합니다.

① 의인은 피할 곳이 있습니다. 7절 세상에서 가장 불쌍한 사람은 비방을 받고, 돌팔매가 날아오는 처절한 상태에서 피할 곳이 없는 사람입니다. 그 누구도 보호하거나 위로해 주지 않으면 그 고통은 견딜 수 없을 것입니다. 성도들은 주의 풍성한 사랑에 힘입어 주님의 집으로 피할 수 있으며, 의인은 진정한 예배와 경외함으로 주님을 만날 수 있습니다.

② 하나님께서는 원수들 앞에서 인도하십니다. 8절 시인은 원수들의 세계인 어두움을 버리고 하나님의 의를 좇아 행합니다. 하나님의 인도하심은 확실하기에 잘 못 갈 수도 없고 실족되지도 아니합니다. 주님은 의인에게 복을 주시고 은혜로 호위해 주셔서, 안위하게 할 것입니다.

· 함께 읽어요 : 시편 5편 12절
"여호와여 주는 의인에게 복을 주시고 방패로 함 같이 은혜로 그를 호위護衛하시리이다."

## 정리하는 말

여러분! 세상에서는 흔히 의인이 늘 고통을 당하고 손해 보는 일이 많습니다. 그러나 하박국 선지자의 경우는 하나님의 놀라운 계시의 성취를 믿음으로 기다려 살아가는 지혜를 얻었습니다. 오늘 여러분들의 가정이나 직장, 그리고 교회 안에서 힘들고 어려울지라도 언제나 '의인의 삶'으로 하나님의 놀라우신 은혜를 체험하시기를 간절히 소원합니다.

## 평가와 결심

1. 다윗의 영적 관리는 어떻게 하고 있습니까?
   (시 5:1~3, 새벽에 여호와 하나님께 기도하며 찬송함으로 하루를 엽니다)
2. 하나님 앞에서 악인은 어떻게 됩니까?
   (시 5:4~6, 악인이 하나님 앞에서 쫓겨남)
3. 하나님은 의인에게 어떻게 대하십니까?
   (시 5:7~12, 복을 주시고 방패 같이 은혜로 호위하심)

## 주간 경건의 시간 <35> · 날마다 말씀과 함께

| 요일 / 내용 | 주일/월(Mon) | 화(Tue) | 수(Wed) | 목(Thu) | 금(Fri) | 토(Sat) |
|---|---|---|---|---|---|---|
| 찬송 | 145동 / 144동 | 213 / 348 | 242 / 233 | 254 / 186 | 255 / 187 | 268 / 202 |
| 성경 | 시 8: / 9: | 시 10: | 시 11: | 시 12: | 시 13: | 시 14: |
| 적용 | 주의 손가락 / 주의 찬송 | 교만한 얼굴 | 성전에 계시고 | 말씀은 순결하여 | 나의 눈 밝히소서 | 어리석은 자 |

* 나는 승리를 쟁취하지 훔치지는 않을 것이다.

< 알렉산더, B. C. 356~323, 마케도니아 왕 >

9단원 말씀 충만의 달

# 하나님의 도는 완전하다.

찬송 / 401, 542, 502 / 통일 457, 340, 259
성경 / **시편 18:25-50**
요절 / **시편 18:30**
"하나님의 도는 완전하고 여호와의 말씀은 순수하니 그는 자기에게 피하는 모든 자의 방패시로다."
목표 / 하나님의 도는 완전함을 깨달아 말씀으로 살아가도록 한다.

## 시작하는 말

하나님은 인간들에게 자신을 계시啓示하시고 알려서 당신의 뜻을 행하도록 하십니다. 성경은 하나님의 문자적인 계시로서, 하나님의 성품이나 인간을 향한 사랑이나 행복의 원칙 등을 가장 잘 가르쳐주고 있습니다.

하나님의 도道는 완전하다고 했습니다. 사람이 하나님을 알려고 한다면 하나님께서 그분의 규례와 율례를 보여주십니다. 따라서 계시의 말씀을 공부하고, 순종하고 따르기 위해서 하나님의 완전한 도를 적극적으로 찾는다면, 우리에게 밝히 계시해 주실 것입니다.

## 오늘의 말씀

### 1. 하나님은 인간의 태도에 따라 자신을 계시하십니다(시 18:25~27).

다윗은 자신의 구원 경험을 통하여 인간들을 향한 하나님의 자기 계시의 이치를 깨달았습니다. 하나님께서는 자신에 대한 인간의 태도에 따라 계시 啓示하신다는 것입니다. 물론 하나님의 자기 계시가 전적으로 인간의 태도에 달려 있는 것은 아닙니다. 하나님께서 자신의 본성을 드러내는 것은 하나님의 전적인 자유입니다. 본문이 보여주는 것은 인간의 성실함에 비추어 하나님의 본성에 대한 이해가 달라질 수 있다는 것을 의미입니다.

① 경건한 신앙인에 대한 방식입니다. 25-26절 자비로운 자에게는 주의 자비로우심을, 완전한 자에게는 주의 완전하심을 보이시며, 깨끗한 자에게는 주의 깨끗하심을 보이십니다.

② 악인에 대한 방식입니다. 26절 사악한 자에게는 주의 거스르심을 보이십니다.

③ 공정하게 보응하시는 하나님 이십니다. 27절

· 함께 읽어요 : 시편 18장 27절
"주께서 곤고한 백성은 구원하시고 교만한 눈은 낮추 시리이다."

## 2. 하나님은 승리와 패배를 결정하시는 분이십니다(시 18:28~45).

다윗은 왕으로 기름 부음을 받았지만 사울에게 쫓기면서도 대적들을 물리치고, 전쟁과 분열 속에서 하나님의 구원을 경험했습니다. 이런 사건을 회상해 보면서 두드러지게 특별한 하나님의 은혜를 감사합니다. 시인은 늘 승리를 주셨던 분은 하나님이라는 사실을 깊이 고백합니다.

① 하나님의 지속적인 은혜를 확신하면서 고백합니다. 28-30절 다윗은 하나님의 구원의 은혜가 과거에서 미래에 이르기까지 지속될 것임을 확신했습니다. 그 은혜는 고난 가운데 빛을 주시며 의지가 되어 주시는 것입니다. 이처럼 다윗이 담대한 신앙고백을 하게 된 배경에는 하나님의 도 道; '데레크' <דֶּרֶךְ>; '약속을 이루시는 방식', '길'가 완전하다는 것을 알았기 때문입니다.

② 오직 여호와 하나님께서 승리와 성공을 주십니다. 다윗 자신의 용맹이나 능력에서 비롯된 것이 아님을 밝히고 있습니다.

③ 하나님의 온유하심으로 형통케 하십니다. 32-36절 다윗은 자신의 '힘'과 '완전'과 싸움에서의 승리와 '크게 됨'은 오로지 하나님의 온유하심 때문이라고 밝히고 있습니다.

④ 하나님께서 적들을 패배하도록 이끄십니다. 37-42절 다윗은 하나님을 자랑합니다. 주를 인한 승리가 만방에까지 미칠 것입니다. 43-45절

함께 읽어요 : 시편 18편 31~32절, 45절

"[31] 여호와 외에 누가 하나님이며 우리 하나님 외에 누가 반석이냐 [32] 이 하나님이 힘으로 내게 띠 띠우시며 내 길을 완전하게 하시며 45 이방 자손들이 쇠잔하여 그 견고한 곳에서 떨며 나오리로다."

### 3. 하나님의 인도를 찬양하며 메시야 왕국을 바라봅니다(시 18:46~50).

시인 다윗의 구원과 승리는 오직 생존하시는 '여호와의 경이로운 작품'임을 노래하며 찬양합니다. 이러한 구원과 승리의 최종적 완성이 예수 그리스도 안에서 성취될 것을 바라봅니다.

첫째로, 회상하며 찬양합니다. 46-49절 다윗은 이제까지의 그의 생애를 회상합니다. 주께서 반석이심을 찬송하며, 구원의 하나님을 높입니다. 극심하고 다양했던 고난을 어떻게 극복하여 높이 들림 받게 되었는지를 회상합니다. 그러한 회상은 자신을 구원하신 하나님께 대한 확신으로 가득 차 감사 찬송으로 이어지게 됩니다.

둘째로, 메시야 왕국에 대해 예언합니다. 50절 다윗은 그의 구원을 앞으로 오실 메시야의 영원한 그날까지 소망 중에 바라봅니다.

· 함께 읽어요 : 시편 18편 50절

"여호와께서 그 왕에게 큰 구원을 주시며 기름 부음 받은 자에게 인자를 베푸심이여 영원토록 다윗과 그 후손에게 로다."

## 정리하는 말

사랑하는 성도 여러분! 오늘 말씀은 승리와 패배가 하나님께 있음을 보여줍니다. 하나님의 은혜가 곧 사랑하는 성도들에게도 주어진다는 다윗의 생생한 경험적 증언이 우리에게 큰 위로를 줍니다. 보잘 것 없는 인생들에게 위대하신 하나님의 사랑과 은혜가 온유하심과 낮아지심으로 임하여 주어진다는 사실은 우리에게 새삼 큰 감동을 주기에 충분합니다. 오직 승리와 성공의 키는 여호와 하나님께 달려있음을 명심하시기 바랍니다.

## 평가와 결심

1. 하나님께서 누구에게 자신을 계시하십니까?
   (시 18:25~27, ①경건한 신앙인에 대하여 ②악인에 대하여)
2. 다윗에게 두드러지게 나타났던 고백이 무엇이었습니까?
   (시 18:28~45, 승리와 패배는 오직 하나님께 달렸음)
3. 다윗의 승리와 성공이 자신의 용맹이나 능력이었습니까?
   (시 18:46~50, 아니오. 오직 승리와 성공을 주신 분은 하나님이심)

## 주간 경건의 시간 <36> · 날마다 말씀과 함께

| 요일 / 내용 | 주일/월(Mon) | 화(Tue) | 수(Wed) | 목(Thu) | 금(Fri) | 토(Sat) |
|---|---|---|---|---|---|---|
| 찬송 | 73동74동 | 542 / 340 | 549 / 431 | 540 / 219 | 545 / 344 | 544 / 343 |
| 성경 | 시 15: / 16: | 시 17: | 시 18: | 시 19: | 시 20: | 시 21: |
| 적용 | 주의 장막 / 나의 산업 | 눈동자 같이 | 나의 방패 | 나의 반석 | 성소에서 시온에서 | 지극한 복 |

* 모든 사물은 당신이 만들기에 달려있다. < 프라우투스, B. C. 254-184, 로마 희극 시인>

9단원 말씀 충만의 달

# 주의 길, 내게 가르치소서!

찬송 / 426, 445, 417 / 통 215, 502, 476
성경 / **시편 25:1-22**
요절 / **시편 25:4**
"여호와여 주의 도를 내게 보이시고 주의 길을 내게 가르치소서."
목표 / 가정마다 교회마다 주의 길을 가르침 받는 은혜를 받도록 한다.

## 시작하는 말

본문은 원수들에 의해 환난을 당하면서도 굴하지 않고 하나님의 구원을 갈망하는 기도이며 찬송입니다. 이 시인은 다윗으로서 고난 중에서 자기 자신을 깊이 성찰하며 하나님께 대한 신뢰를 잃지 않고 있습니다. 시인은 환난 가운데서 극도의 고독감과 고통을 느끼지만 하나님의 선하신 은혜를 확신하며 '주의 길을 가르치소서'라고 간구합니다. 자신의 간구를 이스라엘 전체의 구원으로까지 확대시켜 생각합니다. 이 시와 찬송이야 말로 다윗과 백성들에게 위로와 격려의 말씀이 될 것입니다.

## 오늘의 말씀

1. 구원의 길을 가르치시는 하나님을 바라봅니다(시 25:1~7).

시인은 환난을 당하고 있으며 구원을 위해 하나님께 기도하고 있습니다. 그의 기도 내용은 세 가지로 나타납니다.

① 신뢰와 확신 속에서 기도합니다. 1-3절 주님을 신뢰하고 믿는 자가 고난 중에 어떠한 태도를 가져야 하는가가 바로 이 시詩의 주제입니다. 믿는 자에게 있어서 가장 중요한 것은 고난 중에 주님을 신뢰하며 확신하는 태도를 끝까지 지켜내는 일입니다.

② 하나님의 진리와 긍휼을 간구합니다. 4-6절 여기에 시인이 간구하는 가장 중요한 내용이 밝혀져 있습니다. 그것은 하나님과의 관계에서 배울 수 있는 '주의 도'이며, '주의 길'이며, '주의 진리'입니다. 다윗은 하나님께서 인도하시는 바른 길을 알기 원했을 뿐만 아니라 그 길을 따라 걷기를 원했습니다. 시인은 하나님의 지도와 교훈으로 바른 길로 인도하심을 깨닫고 순종할 수 있기를 갈망합니다.

③ 하나님의 선하심으로 용서해 주실 것을 간구합니다. 7절

· 함께 읽어요 : 시편 25장 5절

"주의 진리로 나를 지도하시고 교훈하소서. 주는 내 구원의 하나님이시니 내가 종일 주를 기다리나이다."

## 2. 하나님의 자비와 선하심을 찬양합니다(시 25:8~14).

용서를 간구했던 시인은 용서를 확신했으며, 그 확신은 다시 하나님의 본성에 대한 찬양으로 이어집니다.

① 하나님의 본성과 다스리심을 인식합니다. 8-10절 다윗은 용서를 필요로 하는 '죄인'으로서 자신의 모습을 분명히 자각했습니다. 그리고 용서하시는 하나님은 선하시고, 정직하셔서, 그 도道, 말씀로 죄인을 교훈하시는 분으로 경험하고 깨달았습니다. 하나님은 죄인을 정죄하시기보다 긍휼히 여기사 교훈하시고 바른 길로 인도하시는 분이십니다. 우리는 하나님의 선하심과 다스리심에 감사하여 그분의 가르치심에 따라 순종함과 온유함을 겸비하고, 다윗이 찬양한 것처럼 신앙 고백적 찬양과 영광을 돌려야 할 것입니다.

② 죄인임을 자각하여야 합니다. 11절 하나님의 언약에 대한 순종과 관련하여 시인은 자신의 '죄악이 중대함'을 자각하지 않을 수 없습니다. 그러므로 그는 "주의 이름을 인하여 사赦, 용서하소서"라고 간구합니다.

③ 하나님을 경외하는 자는 복을 받습니다. 12-14절 믿는 자는 하나님의 도를 따르려는 진지한 열정이 있으며 동시에 하나님을 두려워함으로 자신의 죄를 떠나려는 간절함이 있어야 합니다. 이러한 특성이 '여호와를 경외하는 자'의 특성으로 묘사됩니다. 하나님을 경외하는 자에게 따르는 복이 나열됩니다. 그는 하나님께서 지시하시는 길을 따름으로써 a. 그의 평생에 인도하심을 받게 됩니다. b. 그의 '영혼은 평안히 거하게' 됩니다. c. 그러나 복 중에 가장 큰 복은 '하나님과의 친밀한 인격적 관계'인 교제의 복입니다.

· 함께 읽어요 : 시편 25편 14절

"여호와의 친밀하심이 그를 경외하는 자들에게 있음이여 그의 언약을 그들에게 보이시리로다."

### 3. 환란과 탄식 중에도 신뢰를 잃지 않았습니다(시 25:15~22).

시인은 자신의 확신을 토대로 재차 간구합니다. 그는 자신의 고통스러운 상황을 있는 그대로 토로하면서도 하나님께 대한 신뢰를 잃지 않고 구원을 간구합니다.

① 강한 신뢰를 선언합니다. 15절 여호와 하나님을 앙망함이 그의 발을 그물에서 벗어나게 하실 것이라고 합니다.

② 탄식하며 구원을 요청합니다. 16-22절 시인은 그가 처한 상황의 참담함과 고통을 있는 그대로 하나님 앞에 쏟아내고 있습니다. 환난에서 구원해 달라고 간절히 부르짖었습니다.

· 함께 읽어요 : 시편 25편 21~22절

"[21] 내가 주를 바라오니 성실과 정직으로 나를 보호하소서. [22] 하나님이여 이스라엘을 그 모든 환난에서 속량하소서."

## 정리하는 말

성도 여러분! 세상을 살면서 어렵고 힘든 환난을 당하면서 낙오되지 않으려면 주를 신뢰하고 확신을 가져야 합니다. 먼저 주님께 자신의 죄에 대하여 용서를 구하시고, 긍휼과 자비하심을 간구하십시오. 하나님은 선하시며, 정직하신 분이십니다. 결코 하나님은 여러분 한 분 한 분을 버리시지 않으실 것을 확신하시기 바랍니다. "주의 길을 내게 가르치소서"라고 기도하며 하나님의 길을 찾아 복된 삶을 누리시기 바랍니다.

## 평가와 결심

1. 시인이 환난 당할 때 기도에 대한 세 가지 태도는 무엇입니까?
   (시 25:1~7, ① 신뢰와 확신으로 ② 주의 진리와 긍휼 간구 ③ 용서를 간구함)
2. 하나님의 본성이 무엇이며, 심어주시는 방법은 무엇입니까?
   (시 25:8~14, ① 선하심 ② 정직하심 ③ 그 도로 죄인을 교훈하심)
3. 탄식 중에도 신뢰를 잃지 않고 무엇을 간구하고 있습니까?
   (시 25:15~22, ① 강한 신뢰를 선언함 ② 탄식하며 구원을 요청함)

## 주간 경건의 시간 <37> · 날마다 말씀과 함께

| 요일<br>내용 | 주일/월(Mon) | 화(Tue) | 수(Wed) | 목(Thu) | 금(Fri) | 토(Sat) |
|---|---|---|---|---|---|---|
| 찬송 | 145동 / 249동 | 428 / 488 | 427 / 516 | 438 / 495 | 459 / 514 | 363 / 479 |
| 성경 | 시 22: / 23: | 시 24: | 시 25: | 시 26: | 시 27: | 시 28: |
| 적용 | 내 하나님/<br>나의 목자시니 | 영광의 왕 | 주의 길<br>가르침 | 내 양심<br>단련 | 나의 빛<br>나의 구원 | 구원의<br>요새 |

* 인간의 자유가 그의 이웃에게 저주가 된다면 그 자유는 종식 되어야 한다.

< 프레더릭 윌리엄 파라, 1891-1903, 영국 학자, 저술가 >

# 여호와의 말씀을 사모하자!

찬송 / 449, 546, 321 / 통 377, 399, 351
성경 / **시편 33:1-22**
요절 / **시편 33:6**
"여호와의 말씀으로 하늘이 지음이 되었으며 그 만상을 그의 입 기운으로 이루었도다."
목표 / 하나님의 은혜의 말씀을 사모하며 살아가는 태도를 가진다.

## 시작하는 말

이 시는 말씀으로 우주의 삼라만상이 창조되어 운행되며, 모든 생명이 살아감을 찬양하는 시입니다. 하나님은 창조주시며, 역사를 섭리하시고 주재하시는 분이십니다. 세상만사를 주관하시며 인류를 다스리시는 분이십니다. 특별히 하나님을 바라고 의지하는 자들의 보호자이시며 구원자이십니다. 하나님의 말씀은 우주의 지식을 밝히는 모든 지혜의 산실 產室인 것입니다. 하나님의 백성들은 감사와 찬양과 함께 하나님 말씀만으로 영원한 신뢰의 근원으로 삼아야 할 것을 교훈하고 있습니다.

## 오늘의 말씀

### 1. 하나님을 즐거워하며 찬양하라고 권고합니다(시 33:1~3).

시인은 '여호와를 즐거워하여 그분께 찬송하라'고 권고하고 있습니다. 하나님께 대한 찬양과 감사는 하나님의 백성들이 마땅히 드려야 할

'공적인 예배' 속에서 표현되어야 합니다. 뿐만 아니라 항상 우리의 삶 가운데서 하나님께 자신을 드리는 헌신의 표현으로 나타나야 합니다.

시인은 1절에서 "너희 의인들아 여호와를 즐거워하라 찬송은 정직한 자들이 마땅히 할 바로다"라고 강조합니다. 찬양의 방법은 수금과 열 줄 비파로 여호와께 감사하고 찬송하라고 권고합니다. 2절 그리고 '새 노래'와 '즐거운 소리'로 노래하며 아름답게 연주하라고 권고합니다.

성도 여러분! 여호와 하나님께서 주신 말씀으로 지어진 '시편 찬송'[1)]이 많이 불러져야 합니다. 이 시편 찬송을 수금과 비파의 연주로 찬송하고 찬양할 수 있다면, 예배의 품위와 영적인 풍요로움이 더 할 것입니다.

· 함께 읽어요 : 시편 33편 2~3절
"[2] 수금으로 여호와께 감사하고 열 줄 비파로 찬송할 지어다 [3] 새 노래로 그를 노래하며 즐거운 소리로 아름답게 연주할지어다."

## 2. 찬양 드려야 할 이유가 있습니다(시 33:4~9).

찬양 드려야 할 세 가지 이유가 제시되어 있습니다.

① 하나님의 말씀 때문입니다. 4-9절

웨스트민스터 소요리문답 제1문에 "사람의 제일 되는 목적은 무엇입니까?" 이 답은 "사람의 제일 되는 목적은 하나님을 영화롭게 하는 것과, 그를 영원토록 즐거워하는 것입니다." 제2문에는 "어떻게 하나님을 영화롭게 하고 그를 즐거워할 것인지를 지시하기 위하여 하나님께서 우리에게 주신 것이 무엇입니까?" 이 답은 "신구약 성경에 기록된 하나님의 말씀은 우리가 어떻게 하나님을 영화롭게 하고 그를 즐거워할 것인지를 지시하는 유일한 규칙입니다"라고 했습니다.

① 말씀은 정직합니다. 4-5절 하나님의 정직과 진실하심 때문입니다. 하

1) 대한예수교 장로회 총회신학부에서 출간한 「칼빈의 시편 찬송가」(서울: 진리의 깃발사, 2009)는 좋은 예배찬송가의 자료이며, 편집위원은 서창원, 신소섭, 이귀자, 주성희이다.

나님께서는 정의와 공의를 사랑하십니다. 이는 하나님의 섭리의 원칙이자 방법인 것입니다. 공의와 인자하심이라는 두 수레바퀴에 따라 하나님의 변치 않는 속성의 조화를 알고 의지하는 사람들이 하나님의 백성들인 것입니다.

② 말씀으로 세상이 창조되었습니다. 6-7절 하나님의 정직하심과 진실하심, 그리고 '창조하신 능력' 때문에 하나님을 찬양해야 합니다.

③ 말씀과 명령 안에서 하나님의 위대하심이 나타납니다. 8-9절 모든 피조물을 창조하시고 섭리하시는 능력, 그분만이 지니신 유일한 성품과 속성에서 나온 것이기에 우리는 담대하게 고백할 수 있는 것입니다.

· 함께 읽어요 : 시편 33편 8~9절
"8 온 땅은 여호와를 두려워하며 세상의 모든 거민들은 그를 경외할지어다. 9 그가 말씀하시매 이루어졌으며 명령하시매 견고히 섰도다."

### 3. 찬양 드려야 할 이유 두 가지가 더 있습니다(시 33:10~19).

하나님께 찬양 드려야 할 두 번째 이유는 '하나님이 역사의 주재자'이시기 때문입니다. 시인은 하나님이 자기 백성들의 주재자主宰者가 되실 뿐만 아니라 모든 사람들의 주재자가 되신다고 말합니다.

① 모든 민족의 주재자이십니다. 10-11절 세상의 주권자들은 역사가 자신들의 도모와 사상으로 이루어지고, 역사의 주인이 인간이라고 생각하지만 그렇지 않습니다. ② 하나님의 통치 때문입니다. 13-19절 하나님께 찬양 드려야 할 세 번째 이유는 하나님의 통치입니다. 즉 '하나님의 전지하심'과 13-15절 많은 군대로 구원 얻은 왕이 없고, 용사가 힘이 세어도 스스로 구원하지 못합니다. 오직 '하나님의 구원하심' 때문입니다. 16-19절

· 함께 읽어요 : 시편 33편 18~19절
"18 여호와는 그를 경외하는 자 곧 그의 인자하심을 바라는 자를 살피사 19 그들의 영혼을 사망에서 건지시며 그들이 굶주릴 때에 그들을 살리시는 도다."

## 정리하는 말

창조주 하나님께서는 온 세상의 주관자이시며, 통치자이십니다. 그러나 인간들은 제각각 자기가 잘났다고 하나님을 무시하고 제 멋대로 행동하고 교만으로 살아갑니다. 여러분! 여호와 하나님의 말씀으로 지어지고 창조되었으니 그 말씀을 양식 삼고, 길道을 삼고 항상 기뻐하면서 그 분의 말씀을 순종하면서 살아가시기를 부탁드립니다.

## 평가와 결심

1. 의인들과 정직한 자들이 주님을 찬양할 첫째 이유가 무엇입니까?
   (시 33:1~3, 의인과 정직한 자가 마땅히 할 바이기 때문임)
2. 여호와 주 하나님을 찬양할 둘째 이유가 무엇입니까?
   (시 33:4~9, 하나님의 말씀이기 때문임)
3. 여호와 주 하나님을 찬양할 셋째 이유가 무엇입니까?
   (시 33:10~22, ①역사의 주재자 ②하나님의 통치 때문임)

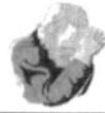

### 주간 경건의 시간 <38> · 날마다 말씀과 함께

| 요일 / 내용 | 주일/월(Mon) | 화(Tue) | 수(Wed) | 목(Thu) | 금(Fri) | 토(Sat) |
|---|---|---|---|---|---|---|
| 찬송 | 88동 / 93동 | 204 / 379 | 255 / 187 | 294 / 416 | 347 / 382 | 369 / 487 |
| 성경 | 시 29: / 30: | 시 31: | 시 32: | 시 33: | 시 34: | 시 35: |
| 적용 | 예배할지어다/ 감사하라 | 인도와 지도하소서 | 허물의 사함을 | 영혼을 사망에서 | 여호와의 선하심 | 내 영혼이 여호와를 |

* 세상은 위인 없이는 해낼 수 없지만, 위인은 세상에서 말썽스럽기 짝이 없다.
< 요한 볼프강 폰 괴테, 1749 - 1832, 독일 시인, 극작가, 철학자 >

# 네 길을 주님께 맡기라!

찬송 / 455, 357, 546 / 통 507, 397, 399
성경 / **시편 37:1-40**
요절 / **시편 37:7**
"여호와 앞에 잠잠하고 참고 기다리라 자기 길이 형통하며 악한 꾀를 이루는 자 때문에 불평하지 말지어다."
목표 / 하나님의 말씀을 깨달아 주께 맡기고 살아가는 태도를 기른다.

## 시작하는 말

잘 믿는다고 하는 성도들에게도 큰 약점이 있습니다. 불평不平을 입에 달고 산다는 것입니다. 본문에서 악인들의 형통이나 그들의 압제로 인하여 괴로워하거나 고민하는 의인들을 향하여 이렇게 말씀하십니다. "너의 길을 여호와께 맡기라." 잠언의 교훈 방식으로 가르치며 위로합니다. 종국에는 하나님의 징벌이 내릴 것이며 인내로 견딘 의인들에게는 영원한 보상이 있습니다. 세상 것은 일시적임을 명심하시기 바랍니다.

## 오늘의 말씀

1. 악인의 형통을 부러워 말고 실제적인 믿음을 가지십시오(시 37:1~6).

본문은 현대를 살아가는 성도들에게 아주 필요한 말씀입니다. 여러분! 잘 보십시오. 악을 행하는 패역한 자들이 성공하고 평안을 누리는 것을 보면 불평과 투기심이 일어납니다. 왜냐하면 그것은 불공평한 일이고 공의로우신 하나님의 섭리에 맞지 않기 때문입니다. 이 세상에서 악인은 잘못되는 것이 당연하다고 여기는 것이 일반적인 생각입니다. 성경말씀도 악한 행위는 심판을 받을 것이라고 가르칩니다. 그럼에도 현실은 악인이 그 악행을 인해 풍요하고 안락한 삶을 살며, 의를 따라 살고자 애쓰는 자는 수난을 당합니다. 한편, 의인이 애써 경건한 삶을 살고 있음에도 불구하고 그 자신은 궁핍하고 괴로운 생활을 하고 있습니다. 이러한 이율배반적인 현상으로 악인이 부러울 것이 없는 부요한 삶을 살아갈 때, 의인은 하나님에 대한 의구심을 갖게 됩니다.

① 그러나 시인의 첫 번째 권고는 '악인들의 형통에 대해 불평하고 투기하지 말고 실제적인 믿음을 가지라'고 권고합니다. 3~6절 여러분! 여호와를 의지하고 선을 행하며 영원한 가치를 추구하시기 바랍니다.

· 함께 읽어요 : 시편 37편 3절
"여호와를 의뢰하고 선을 행하라 땅에 머무는 동안 그의 성실을 먹을거리로 삼을지어다."

## 2. 실제적인 믿음은 모든 것을 주님께 맡기는 것입니다(시 37:4~6).

② 두 번째 권고는 '주님을 기뻐하라'는 것입니다. 4절 모든 부정적인 태도를 해결하는 가장 좋은 방법은 긍정적이고 적극적인 태도를 가지는 것입니다. 악인의 형통에 대해 불평의 태도로부터 돌이켜 하나님을 신뢰함에서 더 나아가 '여호와를 기뻐하라'는 적극적인 태도로 살아가라는 것입니다.

③ 세 번째 권고는 '주님께 모든 것을 맡기라'는 것입니다. 신앙이란 자신의 현재, 미래, 큰 일, 작은 일 등, 자신에게 관계된 모든 것을 온전히 주님께 맡기는 상태를 말합니다. 온전히 맡긴다는 것은 자신의 문제를 스스로 해결하고 자기 판단에 따라 행동하지 않는 것입니다. 온전한

신앙이란 교리적인 이론에 동의한다고 해서 이룰 수 있는 경지가 아닙니다. 따라서 이러한 권고를 할 수 있는 시인은 그의 오랜 삶의 경험을 통해서 신앙의 본래적인 의미를 터득한 사람임이 분명합니다.

기다리는 동안 악인들을 포함한 많은 사람들이 그의 신앙을 멸시하거나 조롱할 수 있습니다. 형통함이 없고 고난을 겪는 사람을 이해하며 인정하는 사람들은 거의 없습니다. 그것이 세상이 사람들을 평가하는 기준입니다. 때로는 신앙인의 '의'와 '공의'가 가려져 있고, 하나님은 묵묵부답이신 것처럼 보입니다. 불신의 세계에서는 이해하지 못하고 비난을 합니다. 그러나 그런 상황은 오래가지 않을 것입니다. 어두움은 걷히고 진실이 승리합니다. 이것이 하나님의 법이요, 진리입니다.

· 함께 읽어요 : 시편 37편 10절
"잠시 후에는 악인이 없어지리니 네가 그 곳을 자세히 살필지라도 없으리로다."

### 3. 의인과 악인의 결국은 분명하게 갈리게 됩니다(시 37:7~24).

시인은 여호와 앞에서 참아 기다리라고 합니다. 하나님의 선하심이 악인과 의인의 대우를 분명히 할 때가 올 것입니다.

① 악인은 끊어지고 의인은 땅을 차지하게 됩니다. 7~11절 출애굽 한 이후에 광야에서 원망하다가 불 뱀에 물려 많은 사람이 심판을 받았습니다.

② 하나님께서 악인을 저주하시며 의인에게 복을 주십니다. 12~22절 악인의 형통한 삶은 그 끝이 있는 것입니다. 하나님의 심판이 목전에 다다랐다는 것입니다. 악인은 여기서 피할 수 없고, 벗어날 수 없습니다.

③ 의인들은 종국적으로 복을 받습니다. 의인들이 받을 복을 하나님께서 확증하셨습니다. 그렇기에 끝까지 믿음을 지키며 인내해야 할 것입니다.

· 함께 읽어요 : 시편 37편 21절
"21 악인은 꾸고 갚지 아니하나 의인은 은혜를 베풀고 주는 도다."

## 정리하는 말

하나님의 말씀은 우리의 길이요 진리입니다. 구약의 선지자들을 통하여 기록하게 하시고 꿈이나 환상을 통해서도 지시해 주셨습니다. 신약 시대에는 여러 사도들을 통하여 기록하도록 해 주셨습니다. 여러분들에게 전해 주신 하나님의 말씀을 통해 영성을 회복하시기 바랍니다. 하나님을 경외하며, 예배하고 전도와 선교에 힘쓰는 복된 삶이 되시기 바랍니다.

## 평가와 결심

1. 성도들은 세상에 악을 행하는 자들 때문에 어떻게 해야 합니까?
   (시 37:1~6, 악행 불의 자들 때문에 불평하거나 시기하지 말아야 함)
2. 성도들이 불평 · 시기 대신 가질 믿음의 태도는 무엇입니까?
   (시 37:4~6, 주를 의뢰하고 선행, 주를 기뻐하라, 네 길을 맡겨라)
3. 악인과 의인들의 결국은 장차 어떻게 달라지겠습니까?
   (시 37:7~24, 악인은 저주로 끊어짐, 의인은 복 받고 땅을 차지함)

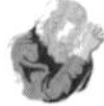

### 주간 경건의 시간 <39> · 날마다 말씀과 함께

| 요일 / 내용 | 주일/월(Mon) | 화(Tue) | 수(Wed) | 목(Thu) | 금(Fri) | 토(Sat) |
|---|---|---|---|---|---|---|
| 찬송 | 89동 / 144동 | 295 / 417 | 309 / 409 | 380 / 424 | 337 / 363 | 535 / 325 |
| 성경 | 시 36: / 37: | 시 38: | 시 39: | 시 40: | 시 41: | 시 42: |
| 적용 | 주의 인자하심/ 화평한 자 | 버리지 마소서 | 소망은 주께 | 나 가리켜 기록함 | 가난한 자 보살핌 | 영혼이 주님 찾기 |

* 위대한 것이라고 하여 항상 선한 것은 아니나, 선한 것은 모두 위대하다.
< 데모스테네스, B. C. 384-322, 독일 연설가 >

10단원 전도 선교의 달

# 진리를 선포하는 지혜

찬송 / 285, 249, 546 / 통일 209, 249, 399
성경 / **시편** 49:1-20
요절 / **시편** 49:20
"존귀하나 깨닫지 못하는 사람은 멸망하는 짐승 같도다."
목표 / 진리를 전하는 지혜를 소유하는 삶을 살아가도록 한다.

## 시작하는 말

이 시편詩篇은 인간의 권세와 부를 죽음과 영원한 관점에서 해석하여 영원하지 못한 부를 의지하는 어리석음을 경계하는 '지혜의 시'입니다. 시인은 부富에 대하여 세상이 일반적으로 가지고 있는 긍정적인 평가가 어리석은 것임을 지적하고 있습니다.

사랑하는 성도 여러분! 세상의 부와 권세와 명예가 그렇게 길지 못합니다. 인생 칠십이요 팔십까지 살아도 얼마나 누리고 가겠습니까? 하나님의 지혜를 깨달으면 하루를 살아도 행복합니다. 세상의 무지를 깨우치기 위해 하나님의 영원한 복음과 진리를 선포하시기 바랍니다.

## 오늘의 말씀

### 1. 여러분들이여! 지혜를 경청하시기 바랍니다(시 49:1~4).

시인은 자신이 베푼 지혜의 말을 들어야 할 대상이 광범위하다는 것을 말하고 있습니다. 이 지혜는 만민, 세상의 거민, 빈부귀천을 막론하고 들어야 합니다. 그가 말하려는 말의 특성은 '지혜'요 '명철'입니다. 여기서 '지혜'智慧는 교훈이나 도덕적 지혜가 아니고, 잘 풀리지 않는 신학적이고도 신앙적인 딜레마를 해결할 수 있는 지혜를 뜻합니다. '명철'明哲이라는 것은 사람이 지혜를 들은 후 그것을 마음 깊이 묵상함으로써 얻게 되는 통찰력을 뜻합니다. 이 말은 일종의 영적 통찰력, 즉 계시啓示로 인한 깨우침을 뜻합니다. 즉 성령의 감동으로 인한 깨우침입니다.

우리는 본문에서 일종의 전도와 선교 방식을 볼 수 있습니다. 시인의 전도와 선교 방식은 주도면밀합니다. 그는 자신이 얻게 된 통찰력을 다른 사람과 나누려고 하였을 뿐만 아니라 그 내용을 매우 인상적이고 감동적으로 심어주려고 음악音樂을 사용합니다. 즉 문화적인 방법을 통하여 타 문화권에 복음을 전하려는 시도는 장려되어야 하며 많은 연구가 필요합니다. 올바르고 인상적인 방편을 통하여 복음이 전해질 때 성령께서 복음이 더욱 감화력 있게 전해지도록 하실 것입니다.

· 함께 읽어요 : 시편 49편 3~4절

"[3] 내 입은 지혜를 말하겠고 내 마음은 명철을 작은 소리로 읊조리리로다. [4] 내가 비유에 내 귀를 기울이고 수금竪琴으로 나의 오묘한 말을 풀리로다."

## 2. 부富가 생명을 구속救贖하지 못합니다(시 49:5~12).

시인이 '오묘한 말'로 가르치려는 교훈의 구체적인 내용이 나옵니다. 그것은 재물로 인한 삶의 비극과 고통에 관한 것입니다. 시인이 깨달은 지혜를 한 마디로 표현하자면 부에는 한계가 있다는 것입니다. 즉 영원하지 못하고 생명을 구속하지도 못한다는 것입니다.

야고보는 교회가 물질을 기준으로 사람을 편애하고 차별하는 것을 금하고 있습니다. 선교宣敎에는 물질도 있어야 하지만, 그 물질을 맹목적으로 수단화하게 되면 세속적 부와 권세에 타협하게 되고 아부하게 될 수

밖에 없습니다. 그렇게 되면 교회는 하나님의 복음 전파의 선교 기관이 아니라 세속 권력의 시녀로 전락하게 될 것입니다. 우리는 선교 기관이 그처럼 세속적 이해 집단의 도구가 된 예를 많이 보았습니다. 딤전 6:5-9 교회가 물질주의에 현혹되면 가난하고 비천한 사람들은 외면하게 되며, 끝내는 그리스도께서 사랑하시는 사람들을 외면하게 되며, 또 그들에게 배척당하게 되는 처지가 되기도 할 것입니다. 참조, 약 2:5, 6 지혜 있는 자도 죽고, 어리석고 무지한 자도 함께 망하며, 그들의 재물은 남에게 남겨두고 떠나는 것을 보게 될 것입니다. 49편 10절

함께 읽어요 : 시편 49편 6-7절
"6 자기의 재물을 의지하고 부유함을 자랑하는 자는 7 아무도 자기의 형제를 구원하지 못하며 그를 위한 속전을 하나님께 바치지도 못할 것은 8 그들의 생명을 속량하는 값이 너무 엄청나서 영원히 마련하지 못할 것임이니라."

### 3. 부자의 우매함을 지적합니다(시 49:13~20).

죽음 앞에서는 부자들이 의지하고 자랑하는 그 소유도 아무 쓸모가 없습니다. 이러한 어리석은 부자들과 그들의 말을 즐거워하고 부의 찬미에 덩달아 기뻐하는 자들, 양같이 스올에[1] 두기로 작정되었으니 사망이 그들의 목자일 것입니다. 마지막 날에 부富도 무가치 할 것입니다. 그러나 부를 쌓을 만한 곳은 단지 복음 선교 위해 쌓고 써야 하는 것입니다.

· 함께 읽어요 : 야고보서 2장 5절
"내 사랑하는 형제들아 들을지어다. 하나님이 세상에서 가난한 자를 택하사 믿음에 부요하게 하시고 또 자기를 사랑하는 자들에게 약속하신 나라를 상속으로 받게 하지 아니하셨느냐."

---

1) '스올' Sheol은 히브리어로 '보이지 않는 세계' '죽은 자들의 세계'라는 뜻이다. 고대 히브리 사상에서 '스올'은 죄를 짓고 벌 받아 가는 곳이 아니라, 죽으면 누구나 다 가는 곳이라 여겼다고 한다. 헬라어 성경으로 번역될 때 '하데스' ᾅδης Hades는 '지옥' '무덤' '악'의 의미가 더해졌다.

## 정리하는 말

사랑하는 성도 여러분! 그릇된 욕심이 하나님을 망각하게 만들 수도 있음을 깨닫고 경성해야 합니다. 우리의 복은 이 땅의 물질에 속한 것이 아니라 하늘에 속한 것입니다. 하늘에 속한 영원한 것을 위하여 물질을 사용하시기를 바랍니다. 썩어질 세상의 것보다 영원히 썩지 아니할 복음 전파와 선교를 위해 재물과 재능을 투자할 수 있기를 간절히 소망합니다.

## 평가와 결심

1. 시인이 말하고자 하는 말과 교훈의 특성은 과연 무엇입니까?
   (시 49:1~4, '지혜', '명철'임)
2. 시인이 가르치려는 교훈의 구체적인 내용이 무엇입니까?
   (시 49:5~12, 부의 한계는 생명을 구속하지 못한다는 것임)
3. 시인이 지적한 부자의 우매함이 무엇입니까?
   (시 49:13~20, 자신이 쌓은 재물이나 부富가 무가치함)

### 주간 경건의 시간 <40> · 날마다 말씀과 함께

| 요일 / 내용 | 주일/월(Mon) | 화(Tue) | 수(Wed) | 목(Thu) | 금(Fri) | 토(Sat) |
|---|---|---|---|---|---|---|
| 찬송 | 91동 / 93동 | 314 / 511 | 351 / 389 | 365 / 484 | 380 / 424 | 456 / 509 |
| 성경 | 시 43: / 44: | 시 45: | 시 46: | 시 47: | 시 48: | 시 49: |
| 적용 | 큰 기쁨/ 주의 오른손 | 공평한 규 | 피난처 힘, 큰 도움 | 찬송하라 | 극진히 찬양 | 멸망하는 짐승 |

* 우정의 빛은 인광燐鑛과 같아서 주위가 캄캄할 때 더욱 뚜렷하게 빛나느니라.
< 올리버 크롬웰, 1599-1653, 영국 장군, 정치가 >

# 주의 도를 가르치는 은혜

찬송 / 276, 286, 295 / 통 334, 218, 417
성경 / 시편 51:1-19
요절 / 시편 51:11
"나를 주 앞에서 쫓아내지 마시며 주의 성령을 내게서 거두지 마소서."
목표 / 복음 즉 주의 도를 전하고 선교하는 은혜를 받는다.

## 시작하는 말

시편에는 참회의 성격을 띤 시들 중 특히 일곱 편의 시가 '참회 시'로서 널리 알려져 있습니다. 시 6:, 32:, 38:, 51:, 102:, 130:, 143: 이 중에 본 시편 51편이 백미白米입니다. 이 시는 다윗이 밧세바를 범한 후 선지자 나단이 찾아왔을 때를 배경으로 하고 있습니다. 그는 자신이 범한 죄가 얼마나 큰 죄인가를 뼈저리게 느끼고서 이를 하나님께 고백하며 자비를 구합니다. 이 시의 고백은 진정으로 회개하는 자의 상하고 애통하는 마음을 멸시치 않으신다는 놀라운 고백입니다. 회개보다 아름다운 시는 없습니다.

## 오늘의 말씀

1. 죄의 호소와 죄의 고백입니다(시 51:1~6).

시인은 자신의 죄에 대해 깊이 인식하고 있습니다. 그의 호소에는 자신의 죄로 인한 심한 자책과 깊은 뉘우침이 나타나 있습니다.

① 시인은 먼저 하나님의 자비를 간구합니다. 1절 그는 하나님의 인자하심과 풍성하신 자비에 의지하여 용서를 간구하고 있습니다. '죄과'罪過; 파솨 <פֶּשַׁע>란 '반역하다.' 3절 는 뜻으로 '잘못', '범죄'를 말합니다. '죄악'; 아온<עָוֹן>이란 '뒤틀어진 성질' '사악' '타락' 2절 을, '죄'; '헤트'<חֵטְא>란 '하타'<חָטָא>, '표적을 빗나가다'라는 단어에서 파생되어 '죄', '잘못'을 뜻합니다. 말씀의 표적에서 빗나간 것들은 다 죄입니다.

② 자신의 죄를 사해 주시기를 기도하는 것입니다. '도말'이란 '지운다'는 말, 곧 채무자 명단에서 지우듯이 지워달라는 기도입니다. 사 43:25절[2]

· 함께 읽어요 : 시편 51편 3절
"무릇 나는 내 **죄과**를 아오니 내 죄가 항상 내 앞에 있나이다."

## 2. 시인은 자신의 죄악을 고백합니다(시 51:3~6).

자신의 죄를 인식하고 하나님의 자비를 간구한 다윗은 자신의 범죄뿐만 아니라 죄로 인한 자신의 도덕적 무력함을 고백합니다.

첫째로, 늘 죄의식에 시달립니다. 3절 다윗은 밤낮으로 끊임없이 죄의식에 시달렸습니다. 죄 짓기 전 다윗은 어디를 보아도 하나님의 '은혜의 손길'을 보았습니다. 이는 그의 마음이 깨끗했기 때문입니다. 그러나 죄를 짓고 난 후에 그의 마음에는 평안이 사라졌습니다. 우리 마음은 우리 눈에 영향을 줍니다. 마음이 깨끗하지 못하고 죄악 된 마음을 품으면 그런 것들을 보게 될 것입니다. 우리 눈은 마음의 원하는 바를 찾습니다. 마음에 정욕의 생각이 들어왔을 때 이를 떨쳐버리지 않으면, 눈은 그러한 장면을 보기 원하며 그을 위해 부지런히 찾습니다. 그리고 마침내 그런 것을 보게 될 것이고, 그 장면으로 인해 정욕된 마음은 더욱 자극을 받게 될 것입니다.

---

2) 이사야 43:25 "나 곧 나는 나를 위하여 네 허물을 도말塗抹하는 자니 네 죄를 기억하지 아니하리라."

둘째로, 주의 목전에서 악을 행했습니다. 4절 그리하여 구체적인 행동으로 옮기게 될 기회를 찾게 된 것입니다. 이때 하나님의 '말씀'과 '기도'로 자신을 절제하지 못하면 결국 행동으로 옮기게 되는 것입니다. 그래서 주님은 "… 음욕을 품고 여자를 보는 자마다 마음에 이미 간음하였느니라" 마 5:28절 하시고, "만일 네 오른 눈이 너로 실족하게 하거든 빼어 버리라 네 백체 중 하나가 없어지고 온 몸이 지옥에 던져지지 않는 것이 유익하며" 마 5:29라고 말씀하셨던 것입니다. 다윗은 죄 중에 태어났으며, 마음속에 진실이 없다고 고백합니다. 5-6절

· 함께 읽어요 : 시편 51편 4절
"내가 주께만 범죄 하여 주의 목전에 악을 행하였사오니 주께서 말씀하실 때에 의로우시다 하고 주께서 심판하실 때에 순전하시다 하리이다."

### 3. 다윗은 죄 사함 은혜와 헌신, 시온을 위해 구합니다(시 51:7~19).

자신의 죄악 된 모습을 깨닫게 된 다윗은 하나님의 죄사하심의 은혜를 구하고 영적 회복을 간구합니다. 죄로 인해 마음이 강퍅해지고 더러워지면 하나님의 모습에서 멀어지고, 은혜의 음성조차 들을 수 없는 지경이 됩니다. 7-8절 죄로 인해 수치를 느낀 다윗은 죄악과 허물을 도말塗抹, 발라서 가림해 주시고, 정직한 마음을 창조하시고, 정직한 영을 새롭게 하소서라고 기도합니다. 9-10절

거룩한 교제를 회복시켜 주시기를 기도합니다. 그의 기도는 절정에 이릅니다. 주 앞에서 쫓아내지 마시며, 주의 성령을 내게서 거두지 말라고 기도합니다. 오늘날 개인 심령이나 교회마다 목마르고 메마른 마음들이 '주의 성령'을 애타게 갈구하고 있습니다. 주여! 성령을 주옵소서.

· 함께 읽어요 : 시편 51편 10~11절
"[10] 하나님이여 내 속에 정한 마음을 창조하시고, 내 안에 정직한 견고한 영을 새롭게 하소서 [11] 나를 주 앞에서 쫓아내지 마시며, 주의 성령을 내게서 거두지 마소서."

## 정리하는 말

사랑하는 성도 여러분! 하나님의 성령과 주의 말씀은 살아있습니다. 하나님의 말씀은, '좌우에 날선 검보다도 예리하여 혼과 영과 및 관절과 골수를 찔러 쪼개기까지' 히 4:12절 합니다. 다윗은 구원의 즐거움을 회복시키시고, 주의 성령을 거두시지 않으시면 범죄자에게 주의 도를 가르치리라고 결심합니다. 여러분도 자원하는 심령으로 복음 전파를 위해 선교의 꽃을 피워 충성을 다하시기를 소원합니다. 시 51:11-13절

## 평가와 결심

1. 시인 다윗의 간절한 기도의 제목은 무엇입니까?
   (시 51:1~2, 하나님의 자비를 구하고 죄의 용서를 기도함)
2. 시인 다윗이 기도하면서 무엇을 발견합니까?
   (시 51:3~6, 자신의 죄악의 중함과 도덕적 무력함)
3. 시인 다윗의 기도의 절정에서 무엇을 간구합니까?
   (시 51:7~19, 자원하는 심령을 주사 범죄자에게 주의 도를 가르치리라)

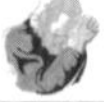

### 주간 경건의 시간 <41> · 날마다 말씀과 함께

| 요일 / 내용 | 주일/월(Mon) | 화(Tue) | 수(Wed) | 목(Thu) | 금(Fri) | 토(Sat) |
|---|---|---|---|---|---|---|
| 찬송 | 144동 / 91동 | 352 / 390 | 386 / 439 | 408 / 466 | 423 / 213 | 455 / 507 |
| 성경 | 시 50: / 51: | 시 52: | 시 53: | 시 54: | 시 55: | 시 56: |
| 적용 | 네 서원/ 주의 성령 | 하나님의 인자하심 | 어리석은 자 | 낙헌 제 | 네 짐을 여호와께 | 나의 눈물 |

* 올무에 걸려서 고투하는 것보다 미끼를 피하는 것이 백배 낫다.
< 존 드라이든, 1631-1700, 영국 시인, 작가 >

10단원 전도 선교의 달

# 진리의 깃발, 구원의 깃발

찬송 / 586, 546, 545 / 통 521, 399, 344
성경 / **시편 60:1-12**
요절 / **시편 60:4**
"주를 경외하는 자에게 깃발을 주시고 진리를 위하여 달게 하셨나이다."
목표 / 진리의 깃발이 구원의 깃발 임을 만방에 선포하는 태도를 가진다.

## 시작하는 말

이 시편詩篇은 다윗이 왕위에 오른 뒤 유다를 침공한 아람과 에돔과의 전투에서 일시적으로 뜻하지 않은 패배를 당한 상태에서 쓰여진 것으로 봅니다. 삼하 8:1-14, 대상 18:1-13절 하나님의 백성들의 역사 속에서도 패배와 슬픔의 순간들이 있습니다. 그러나 성도들은 하나님의 자비하심과 사랑에 온전히 맡기라는 교훈과 도전을 줍니다. 하나님께서 주를 경외하는 자에게 늘 '진리의 깃발'을 휘날리며 살기를 원하십니다. 하나님의 진리를 믿고 따르는 진리의 깃발이 구원의 깃발임을 믿으시기 바랍니다.

## 오늘의 말씀

### 1. 이스라엘의 패배와 위기가 닥쳐왔습니다(시 60:1~3).

다윗은 이스라엘의 패배가 하나님으로 인한 것이라고 말합니다. 그 이유는 ① 주께서 버려 흩으셨기 때문입니다. 1절 왕위에 오른 후 왕권은 불안정했습니다. 사울을 추종하는 세력과의 갈등과 외적들의 끊임없는 공격이 있었습니다. 다윗은 하나님의 진노로 이스라엘이 재난을 당한 것임을 깨달았습니다. ② 주께서 갈라지고 진동케 하셨기 때문입니다. 2절 나라의 형편을 마치 땅이 지진으로 갈라지게 하셨다고 묘사하고 있습니다. ③ 주의 징계로 비틀거리게 했기 때문입니다. 3절 다윗은 이스라엘의 실패와 어려움을 하나님의 징계로 보고 있습니다. 제사장들은 사울에 의해 살해당하고 악하고 탐욕스런 자들이 관직을 차지하고 있었습니다. 군대는 블레셋에 의해 진멸 당하였고, 사회 치안은 내적 소요로 인해 매우 혼란스러웠습니다. 여러분! 개인이나 가정, 그리고 교회 안에서 어려움을 당할 때 먼저 죄로 인한 것이 아닌지 살펴보시기 바랍니다.

· 함께 읽어요 : 시편 60편 3절
"주께서 주의 백성에게 어려움을 보이시고 비틀거리게 하는 포도주를 우리에게 마시게 하셨나이다."

## 2. 소망이 되신 하나님이 구원의 깃발을 주십니다(시 60:4~5).

패배와 실망 가운데서 주님은 이스라엘의 유일하고도 확실한 소망이십니다. 그분이 이스라엘의 소망이 되시는 이유는 두 가지입니다.

첫째로, 구원의 깃발을 주심입니다. 4절

다윗은 주님께서 자기 백성들에게 주시는 구원을 매우 뛰어난 깃발에 비유하고 있습니다. 그 깃발은 주님이 그들의 사령관이 되신다는 표시입니다. 만일 전능하신 하나님이 사령관이 되신다면 승리는 보장된 것입니다. 따라서 그 깃발은 패배와 실망 가운데 있는 자들을 일으키는 능력이 될 것입니다. 그런데 누구에게 그 깃발을 주십니까? 주를 경외하는 자에게 주십니다.

둘째로, 사랑하는 자를 건지심입니다. 5절

하나님께서는 다윗을 왕들 중에 가장 사랑했습니다. 다윗이란 이름다위드 <דָּוִד> B. C. 1010~970 란 이름도 ‘사랑받는 자’란 뜻입니다. “내가 이새의 아들 다윗을 만나니 내 마음에 맞는 사람이라 내 뜻을 이루리라” 삼상 13:14; 시 89:20 고 했습니다. 다윗 역시 주님을 사랑했으며, 하나님의 마음에 합한 자란 말도 들었습니다. 또한 이스라엘에는 하나님을 따르고 경외하는 남은 무리들도 있었습니다. 하나님은 이들을 사랑했습니다. 이들 때문에 하나님께서는 나라 전체를 보존하시기도 합니다. 만일 이러한 자들이 없었더라면 하나님은 이스라엘에게 깃발을 주시거나, 승리를 주시지도 않으셨을 것입니다.

· 함께 읽어요 : 시편 60편 5절
“주께서 사랑하시는 자를 건지시기 위하여 주의 오른손으로 구원하시고 응답하소서.”

### 3. 하나님의 승리 약속과 하나님께 대한 확신이 있습니다(시 60:6~12).

첫째로, 주님은 다윗에게 최종적인 승리를 약속해 주셨습니다.

① 이스라엘 전체를 통치하게 될 것입니다. 6-7절 아직도 사울의 추종세력이 남아있는 이스라엘을 통일해 다윗이 완전히 다스릴 것을 말하는 내용입니다. 므낫세, 에브라임, 유다 지파 모두 다윗이 통치할 것입니다.

② 인근 국가들을 정복하게 될 것입니다. 8절 모압, 에돔, 블레셋 모두 정복하고 다윗의 통치하에 다스려질 것을 의미합니다.

둘째로, 구원자이신 하나님께 대한 확신이 있습니다. 9-11절 인간의 ‘헛된 구원’이 아닙니다. 인간의 구원은 일시적이며 현상적입니다. 인간은 무력하고 온전한 승리가 불가능합니다. 진정한 전쟁의 승패는 하나님께 달려있음을 확신하며 신뢰하고 있습니다. 12절

· 함께 읽어요 : 시편 60편 11~12절
“[11] 우리를 도와 대적을 치게 하소서 사람의 구원은 헛됨이니 이다 [12] 우리가 하나님을 의지하고 용감하게 행하리니 그는 우리의 대적을 밟으실 이심이로다.”

## 정리하는 말

본문은 세상을 통치하시는 하나님의 위대한 손길을 보여주고 있습니다. 바로 이스라엘을 통치하는 다윗은 온 세계의 많은 사람들이 하나님을 통하여 구원함을 받게 되며, 구속과 생명을 부지하며 살아갈 수 있다고 강조합니다. 이런 은혜가 여러분에게도 임하시기 바랍니다. 주를 경외하는 자에게 진리의 깃발을 주시고, 높이 달게 하셨습니다. 여러분도 역시 하나님의 사랑받는 자녀로 '진리의 깃발'을 달고 힘차고 역동적으로 나아가 세계 선교의 역군들이 되시기를 간절히 소원합니다.

## 평가와 결심

1. 다윗은 이스라엘의 패배의 원인이 무엇이라고 진단합니까?
   (시 60:1~3, ① 주께서 버려 흩으셨고 ② 갈라지고 요동케 하셨다고)
2. 패배와 실망 가운데 하나님께서 소망이 되신 이유가 무엇입니까?
   (시 60:4~5, ① 구원의 깃발 주심 ② 사랑하는 자를 건지심 )
3. 구원자이신 하나님께 대한 확신이 무엇입니까?
   (시 60:9~12, 인간은 무력하고 불가능하지만 승패는 하나님께 있음)

### 주간 경건의 시간 <42> · 날마다 말씀과 함께

| 요일 / 내용 | 주일/월(Mon) | 화(Tue) | 수(Wed) | 목(Thu) | 금(Fri) | 토(Sat) |
|---|---|---|---|---|---|---|
| 찬송 | 73동 / 249동 | 272 / 330 | 351 / 389 | 369 / 487 | 512 / 328 | 529 / 319 |
| 성경 | 시 57: / 58: | 시 59: | 시 60: | 시 61: | 시 62: | 시 63: |
| 적용 | 비파·수금/ 뱀의 독 | 주의 힘 | 진리의 깃발 | 기도에 유의 | 재물이 늘어도 | 주의 인자하심 |

* 사람이 인간적인 동기로만 죄를 물리쳤다면 그는 오래 그것을 버티지 못한다.

< 다니엘 윌슨, 1778-1858, 영국 신학자 >

제43과

# 민족이여! 주를 찾으라!

찬송 / 507, 509, 510 / 통 273, 314, 276
성경 / **시편 67:1-7**
요절 / **시편 67:5**
"하나님이여 민족들이 주를 찬송하게 하시며 모든 민족으로 주를 찬송하게 하소서."
목표 / 민족들이 주를 찾고, 찬양하며 영광 돌리는 태도를 기른다.

## 시작하는 말

오늘의 시편은 이스라엘에 베푸신 하나님의 은혜를 감사하며 그 은혜가 만민에게 이름으로써 만민萬民이 주를 찬송하게 되기를 간절히 원하는 선교적 찬송입니다. 이 시의 핵심 구절은 6~7절인데, 이스라엘에 베푸실 하나님의 복과 이로 인해 열방이 주를 경외케 될 것을 언급합니다. 시인은 민족들이 주를 찾고, 찬양하며 영광 돌릴 것을 촉구합니다. 이스라엘에 복 주시기를 원하시는 하나님을 찬양하고 영광 돌립시다.

## 오늘의 말씀

### 1. 시인은 하나님의 은혜를 간구懇求합니다(시 67:1~3).

시인은 이스라엘에게 베푸시는 하나님의 긍휼과 구원이 만민에게 확장되기를 기원하고 있습니다.

첫째로, 하나님의 긍휼히 여기심입니다. 1절 시인은 먼저 하나님의 긍휼을 간구합니다. 처음 1절은 대제사장이 이스라엘 자손을 축복할 때 사용하던 축복문의 일부로서 대제사장 아론이 이스라엘을 위해 기도한 내용입니다. 여기 1절에서는 '너'라는 말 대신에 '우리'로 바뀌었을 뿐입니다. 여기서 '하나님의 얼굴빛으로 비춘다'는 것은 하나님의 임재를 구하는 것으로서 하나님께서 은혜를 베푸시며 마음을 새롭게 하시는 광채로서 백성의 모든 길에 복을 내리시는 것을 말합니다. 이 표현은 하나님의 백성에 대한 부드러운 자비가 내포되어 묘사되고 있습니다. 시 4:6

둘째로, 이방인에게도 구원을 이뤄 주실 것을 기원합니다. 2절

셋째로, 모든 민족으로 주를 찬송하게 하실 것을 기원합니다. 3절

· 함께 읽어요 : 시편 67편 1, 3절

"[1] 하나님은 우리에게 은혜를 베푸사 복을 주시고 그의 얼굴빛을 우리에게 비추사 [3] 하나님이여 민족들이 주를 찬송하게 하시며 모든 민족들이 주를 찬송하게 하소서."

## 2. 시인은 하나님의 섭리와 통치하심을 찬양합니다(시 67:4~5).

시인은 열방이 하나님을 찬양하는 이유에 대해 말합니다. 그것은 하나님의 섭리와 통치 때문입니다.

첫째로, 공의公義로 다스리십니다. 4절 시인은 하나님께서 인간을 공의로 다스리시기 때문에, 모든 민족들을 공평히 판단하심을 노래합니다. 이 같은 하나님의 다스리심이 의로써 바른 길로 인도하시고 구원의 길로 인도하시기에 그의 행사를 높이 찬양합니다. 이 은혜의 핵심은 모든 사람에게 큰 기쁨이 되는 '복음'으로 시작됩니다. 복음은 사망과 죄의 권세를 깨뜨리며 죄를 용서하며 모든 죄의 더러움을 깨끗게 하며 영혼을 거룩함으로 가득 채워줍니다. 따라서 복음으로 영원히 찬양할 것입니다.

둘째로, 모든 민족으로 주를 찬송케 하십니다. 5절 시인은 하나님의 공

평한 다스림으로 인해 모든 민족이 주를 찬송케 되기를 간구합니다. 여기서 3절을 그대로 반복하는 것은 하나님의 구원이 모든 민족에게 미치게 되기를 원하는 시인의 기원을 강조함 입니다. 따라서 이방인들의 '예배 참여'를 언급함도 복음의 확장을 기원하는 시인의 강력한 호소입니다.

· 함께 읽어요 : 시편 67편 5절
"하나님이여 민족들이 주를 찬송하게 하시며, 모든 민족들이 주를 찬송하게 하소서."

### 3. 하나님의 복이 온 땅에 미치리니 경외하고 찬양합니다(시 67:6~7).

시인은 끝으로 온 땅에 미치는 하나님의 복에 대해 말합니다.

첫째로, 땅으로 소산을 내게 하십니다. 6절 하나님께서 땅으로 소산을 내게 하시는데, 우리가 땅에서 살아가기 위해 필요한 모든 것은 하나님께로부터 공급받은 것입니다. 땅에 심은 씨앗과 태양, 물, 공기, 흙, 그리고 일할 수 있는 건강도 다 하나님께로부터 온 것입니다.

둘째로, 하나님이 주신 복으로 인하여 땅의 모든 끝이 하나님을 경외한다는 것입니다. 7절 이 시편은 땅의 모든 백성이 이스라엘의 하나님을 경외하며 '예배드릴 것'이라는 선교적 비전으로 끝납니다. 우리가 전도하며 선교하는 목적은 우리를 구원해 주신 하나님께 대한 감사 때문이요, 이미 받은 복을 기쁨으로 나누기 위해서 입니다. 예수 그리스도는 구세주로서 그를 통하여 영원한 생명의 원소가 믿는 자에게 심어져 믿는 자는 영원히 살게 될 것입니다. 이 사실이 우리에게는 참된 축복이요, 기쁨이 됩니다. 복의 근원이신 하나님을 경외하고 찬양하시기 바랍니다.

· 함께 읽어요 : 시편 67장 7절
"하나님이 우리에게 복을 주시리니 땅의 모든 끝이 하나님을 경외하리로다."

## 정리하는 말

사랑하는 성도 여러분! 우리에게 예수 그리스도로 말미암아 구원과 생명을 주셨습니다. 이미 받은 이 복음 곧 예수 그리스도 안에 영원한 생명이 있기에, 이를 믿는 자들에게는 영생의 복이 주어져 그분과 함께 영원히 살게 될 것입니다. 이를 확실하게 믿고 주의 '복음 선교'를 위해 충성하시기를 소원합니다.

## 평가와 결심

1. 시인이 기원하며 찬송하는 내용이 무엇입니까?
   (시 67:1~3, 이스라엘에게 베푸시는 주의 긍휼과 구원이 만민에게 확장되기를)
2. 시인이 말하는 열방이 하나님을 찬양하는 이유가 무엇입니까?
   (시 67:4~5, ① 공의로 다스리심 ② 모든 민족으로 주를 찬송케 함)
3. 온 땅에 미치는 하나님의 복이 무엇입니까?
   (시 67:6~7, ① 땅으로 소산을 내게 하심 ② 이방인들로 주를 경외케 하심)

### 주간 경건의 시간 <43> · 날마다 말씀과 함께

| 요일 / 내용 | 주일/월(Mon) | 화(Tue) | 수(Wed) | 목(Thu) | 금(Fri) | 토(Sat) |
|---|---|---|---|---|---|---|
| 찬송 | 74동 / 89동 | 337 / 363 | 375 / 421 | 459 / 514 | 410 / 468 | 286 / 218 |
| 성경 | 시 64: / 65: | 시 66: | 시 67: | 시 68: | 시 69: | 시 70: |
| 적용 | 올무 놓기/ 주의 뜰 | 은을 단련함 | 주를 찬송하게 | 주의 은택 | 주의 집을 위하여 | 나를 도우소서 |

* 하나님의 사랑의 첫째 딸은 인간에 대한 자선이다.

< 윌리엄 드렌난, 1754-1820, 아일랜드 시인 >

# 속량하신 은혜를 전파하라!

찬송 / 285, 293, 298 / 통일 209, 414, 35
성경 / **시편 71:1-24**
요절 / **시편 71:23**

"내가 주를 찬양할 때에 나의 입술이 기뻐 외치며 주께서 속량하신 내 영혼이 즐거워 하리이다."

목표 / 주의 속량하신 은혜에 감사하며 살아가는 태도를 기른다.

## 시작하는 말

이 시편은 일생을 통해 주의 인도와 보호가 지속되기를 바라는 기도이며 찬송입니다. 특히 시인이 쇠衰하고 사람들로부터 버림을 받게 되어도 하나님께서 떠나지 마시고 함께 하시기를 간구하고 있습니다. 하나님의 의로우신 속성은 믿는 자의 '구원의 안전에 대한 보장'이십니다. 하나님은 성도의 안전과 보호의 상징을 바위로 표현하며, 하나님은 피하여 거할 바위가 됨을 찬양하고 있습니다. 1-4절 여러분! 일생 동안 주의 속량하신 은혜를 감사하고, 세상에 전파하며 살아가시기를 축복합니다.

## 오늘의 말씀

### 1. 하나님이 소망되심을 감사하며 찬양하고 있습니다(시 71:1~8).

단테의 『신곡』 '지옥 편'을 보면, 지옥 입구에 쓰여진 글씨가 확 눈에 들어옵니다. "여기 들어오는 자, 모든 희망을 버려라." 이렇게 기록되어 있습니다. 희망이 사라진 세상을 상상해 보세요. 끔찍할 것입니다. 시인 다윗은 어렸을 때부터 하나님을 의지했습니다. 하나님께서 유아시절부터 자신의 소망과 신뢰의 대상이셨음을 고백할 수 있는 사람은 행복한 사람입니다. 이 시인이 갖게 된 하나님께 대한 확고한 신뢰와 그분만이 참된 소망이 되신다는 확신은 하루 아침에 갖게 된 것이 아닙니다. 그의 고백은 하나님께서 모태에서부터 그를 아셨고, 붙들어 주셨고, 돌보셨다고 고백합니다. 모태가 자신의 무덤이 되어버리는 아기도 있습니다. 잉태와 출산의 모든 과정 속에서 하나님의 도우심과 섭리가 있었음을 고백합니다. 그러므로 '나의 하나님이 되셨나이다'라고 감사 찬송합니다.

· 함께 읽어요 : 시편 22편 9~10절

"9 오직 주께서 나를 모태에서 나오게 하시고 내 어머니의 젖을 먹을 때에 의지하게 하셨나이다. 10 내가 날 때부터 주께 맡긴바 되었고 모태에서 나올 때부터 주는 나의 하나님이 되셨나이다."

## 2. 늙고 연약할 때에도 주의 도우심을 간구합니다(시 71:9~18).

하나님만이 그의 변함없는 소망이 되심을 고백합니다. 시인은 이제까지 돌보신 하나님께 늙고 연약해져서 기력이 다할 때에도 지켜 주시기를 간구합니다. 시인은 하나님께 자신을 돌보아 주시도록 간구하지만 현실은 변한 것이 없습니다. 원수들은 호시탐탐 총공격을 하려 합니다.

① 이런 상황에서 시인은 하나님께 구원을 호소합니다. 71:9~13절 인생의 노년기에 닥친 위기는 그를 당황하게 합니다. 여러분들이여! 과거에 구원해 주신 하나님께 소망을 가지시고 간절히 기도하시기 바랍니다.

② 주님의 의義와 구원을 전파하겠다고 서원합니다. 71:15~18절 참으로 시인은 늙어 백발이 될 때에도 하나님만은 자신을 버리지 않을 것을 기대하고 또 확신합니다. 이어서 그는 구원을 체험한 자로서 하나님은 육적인 것만이 아니라 영적인 것까지도 도우시는 분이심을 분명히 깨달았던

것입니다. 시인은 어려서부터 하나님을 의지해 왔습니다. 이제 나이 들어 과거를 돌이켜 보면서 자신의 소망이 오직 주님께 있으며, 현재에는 고난을 당하고 있지만 주께서 구원해 주실 것을 확신하며 미래까지도 하나님께 의지하고 기도합니다. 그리고 해야 할 일은 주의 힘을 후대에 전하고 주의 능력을 모든 사람들에게 전하리라고 결심을 합니다.

이제 시인은 '자신을 보호해 주소서.' 주님이 힘이심을 후대에 전하며, 하나님의 능력에 대해 전할 것이라고 다시 한 번 다짐하고 있습니다.

함께 읽어요 : 시편 71편 18절

"하나님이여 내가 늙어 백발이 될 때에도 나를 버리지 마시며, 내가 주의 힘을 후대에 전하고 주의 능력을 장래의 모든 사람에게 전하기까지 나를 버리지 마소서."

### 3. 시련 속에서도 지켜 주실 것을 확신하며 감사합니다(시 71:19~21).

여러분! 고난이 있습니까? 진실하고 온전한 신앙은 현재 고난을 당하고 있지만, 주님이 여전히 나의 소망되시고 승리케 하실 것을 고백하는 신앙입니다. 시인은 주님을 향한 세 가지 소망이 있습니다.

첫째로, 큰 일을 이루시는 주님이십니다. 19절

둘째로, 극심한 고난으로부터 구원하시는 주님이십니다. 20절

셋째로, 신뢰信賴하는 자를 위로하시는 주님이십니다. 21절

시인은 궁극적으로 영화롭게 하실 하나님을 소망하며, ① 영광을 돌립니다. 22-23절 ② 구원의 은혜를 전파합니다. 24절 사랑하는 성도 여러분! 고통과 시련 속에서도 소망을 갖고 감사와 찬양을 쉬지 마시기를 부탁드립니다.

· 함께 읽어요 : 시편 71편 22절

"나의 하나님이여 내가 또 비파 琵琶로 주를 찬양하며 주의 성실을 찬양 하리이다. 이스라엘의 거룩하신 주여 내가 수금 竪琴으로 주를 찬양 하리이다."

## 정리하는 말

사랑하는 성도 여러분! 시인은 주께서 큰 일을 행하셨다고 19절 노래합니다. 비파와 수금으로 주를 찬양하고, 주의 성실을 찬양하고 있습니다. 이스라엘의 거룩하신 주께 찬양합니다. 가장 핵심적인 찬양은 "나의 입술이 기뻐 외치며 주께서 속량 贖良, 원죄를 범함으로써 죄악의 노예가 된 인류를 구세주 그리스도가 구출한 일 하신 내 영혼이 즐거워하리라"는 찬송입니다.

여러분! 시인의 "나의 혀도 종일토록 주의 의를 작은 소리로 읊조리오리니"라는 24절 시 詩처럼 종일 감사와 찬양 넘치시기를 간절히 소원합니다.

## 평가와 결심

1. 시인이 구원을 바라는 세 가지 호소가 무엇입니까?
   (시 71:1~8, ① 구원 호소함 ② 신뢰 고백함 ③ 위기 상황을 고백함)
2. 도우심을 호소한 시인은 하나님께 무엇이라 고백합니까?
   (시 71:9~18, 하나님만이 항상 자신의 소망이 되었음을 고백함)
3. 시련 속에서 지켜주신 주님께 다짐한 두 가지가 무엇입니까?
   (시 71:19~24, ① 하나님께 영광 돌림 ② 구원의 은혜 전파함)

## 주간 경건의 시간 <44> · 날마다 말씀과 함께

| 내용 \ 요일 | 주일/월(Mon) | 화(Tue) | 수(Wed) | 목(Thu) | 금(Fri) | 토(Sat) |
|---|---|---|---|---|---|---|
| 찬송 | 36동 / 39동 | 312 / 341 | 490 / 542 | 510 / 276 | 535 / 325 | 542 / 340 |
| 성경 | 시 71: / 72: | 시 73: | 시 74: | 시 75: | 시 76: | 시 77: |
| 적용 | 나를 택하셨으니 / 영광이 충만 | 주의 교훈으로 | 낮도 밤도 주의 것 | 여호와의 손에 잔 | 온유한 자 | 음성으로 하나님께 |

* 언어는 말의 기능은 물론 하나님의 직접적 선물이다. <노아 웹스터, 1758-1843, 미국 사전 편찬자>

# 항상 찬송, 항상 감사

찬송 / 370, 260, 208 / 통 455, 194, 246
성경 / 시편 84:1-12
요절 / 시편 84:4
"주의 집에 사는 자들은 복이 있나니 그들이 항상 주를 찬송 하리이다."
목표 / 항상 찬송할 수 있는 성전 주심을 감사하고, 은혜 받도록 한다.

## 시작하는 말

명절이 돌아올 때 돌아갈 고향과 집이 없다면 얼마나 힘들겠습니까? 하루의 일과를 마치고 아무리 힘들어도 집을 찾아가는 것은 쉴 수 있는 안식처가 되기 때문입니다. 또한 영적으로도 마음의 고향, 기쁨과 즐거움을 표현할 거룩한 성전이 있을 때 참으로 행복하고 감사한 일입니다. 시인은 하나님이 계신 곳, 즉 하나님의 은혜와 사랑, 보호와 축복이 있는 곳을 향한 간절한 소망을 노래하고 있습니다. 하나님께서 사랑하는 자녀들에게도 영적으로 쉴 곳인 성전을 주시니 벅찬 감사를 드립니다.

## 오늘의 말씀

### 1. 하나님의 전에 대한 간절한 사모함이 있어야 합니다(시 84:1~4).

시인은 하나님의 전에 대한 간절한 사모의 심정을 고백하고 있습니다. ① 주의 집을 사모합니다. 1절 시인은 여호와의 집, 즉 하나님이 계신 은혜의 보좌를 깊이 사모하고 있습니다. 이는 장막이 지성소와 성소로 구분되어 있기 때문이며, 더욱이 복수로 된 장막은 모이는 뜰까지 포함하고 있습니다. ② 시인은 과거에 성막에 가서 주님을 예배하던 때를 생각하며 그 장막에 대한 간절한 그리움으로 안타까워합니다. 2절 ③ 주의 장막에 사는 즐거움과 은혜를 부러워합니다. 3절 유대인에게 성전은 종교의 중심이며, 그들의 하나님 여호와께서 계신 집으로 가장 신성한 곳입니다. 모든 제사와 종교적 행사가 이 성전을 통해 이루어지며, 법궤가 놓인 거룩한 지성소에는 대제사장만이 일 년에 한번만 들어가 백성들의 죄를 속할 수 있게 되어 있었습니다. ④ 시인은 '주의 집에 거하는 자'가 복되다고 합니다. 4절 전능하신 주님, 항상 찬송할 그분이 그곳에 계시기 때문입니다.

· 함께 읽어요 : 시편 84편 5절
"주께 힘을 얻고 그 마음에 시온의 대로가 있는 자는 복이 있나이다."

## 2. 하나님의 전을 향한 신뢰의 순례자로 나아가야 합니다(시 84:5~7).

시인은 하나님 안에서의 지극한 복을 상징하는 하나님의 전에 대해 간절한 사모의 심정을 고백한 후 이제 그곳을 향해 가는 순례자에 대하여, 그 마음에 시온의 대로가 있는 자의 복을 노래합니다.

첫째로, 순례의 길을 떠난 자가 복됩니다. 5절 시인은 하나님의 집에 거하는 자의 복과 그것을 사모하는 자신의 심정에 대해 말했습니다. 그리고 이제 그곳을 향해 순례의 길을 떠나는 자의 복을 말하고 있습니다. 여기서 '주께 힘을 얻고'에서 '힘'이란 단어는 '피난처, 신뢰, 요새' 등과 같은 말과 연관되어 있습니다. 따라서 순례자는 믿음의 행동으로 그의 힘을, 즉 신뢰를 주님께 둡니다.

이스라엘의 3대 절기 때 성전에서 다 함께 공적으로 예배하는 것은 모든 백성에게 요구된 것이기에 그들은 일 년에 세 차례 하나님의 전을 향해 길을 떠나야 했습니다. 그 사이 외적의 침입과 약탈 같은 위험으로부터 집과 재산을 지키는 일은 하나님께 맡겨야 했습니다. 이 말은 하나님께 대한 신뢰를 가져야만 성전 예배를 떠날 수 있었다는 말입니다.

둘째로, 길이 힘들어도 다른 이들에게 위로가 되었습니다. 6절 말하자면 하나님의 위로가 있었으며, 그것이 결국에는 다른 이들에게 큰 위로를 주는 복된 길임을 노래합니다. 여기서 '눈물의 골짜기' 빠카 <בָּכָה; 울다, 슬퍼하다> 골짜기란 동사에서 파생된 '뻬케 <בֶּכֶה; 울음, 통곡> 골짜기', 즉 그곳은 메마름과 슬픔이 가득 찬 골짜기로서 사람들이 하나님을 만나기 위해 가는 길에서 경험하게 될 '역경과 고난의 골짜기'를 상징하는 것입니다.

· 함께 읽어요 : 시편 84편 6절

"그들이 눈물 골짜기 바카 골짜기로 지나갈 때에 그 곳에 많은 샘이 있을 것이며, 이른 비가 복을 채워 주나이다."

## 3. 하나님과 함께 함이 최고의 복福임을 알아야 합니다(시 84:8~12).

하나님을 사모하여 그분에게로 나아가는 자의 복을 노래한 시인은 그 길을 걷는 자들에 대한 하나님의 보호와 은혜를 간구하며, 주와 함께하는 그것이 가장 가치 있고 복된 일임을 고백합니다. ① 은혜 베푸시기를 호소합니다. 8-9절 시인은 하나님과의 긴밀한 교제가 귀하고 복된 일임을 알기에 그 은혜 안에 사는 삶 만을 소원합니다. ② 주와 함께 거함이 최고의 행복임을 고백합니다. 10-11절 악인의 장막보다 성전문지기로 하나님의 백성과 함께 '예배의 특권'을 가짐을 최고 행복으로 알기 때문입니다.

· 함께 읽어요 : 시편 84편 10절, 12절

"10 주의 궁정에서의 한 날이 다른 곳에서의 천 날보다 나은즉 악인의 장막에 사는 것보다 내 하나님의 성전 문지기로 있는 것이 좋사오니 12 만군의 여호와여 주께 의지하는 자는 복이 있나이다."

## 정리하는 말

성도 여러분! 시인은 "여호와 하나님은 해요 방패이시라 여호와께서 은혜와 영화를 주시며 정직하게 행하는 자에게 좋은 것을 아끼지 아니하실 것임이니이다" 11절 라고 고백합니다. 모든 예배와 주님과의 관계에 있어서 최우선 요소는 하나님께 대한 신뢰와 순종에 있습니다. 하나님을 믿고 의지하며 항상 찬송, 항상 감사하시기 바랍니다.

## 평가와 결심

1. 시인의 간절한 소망의 고백이 무엇입니까?
   (시 84:1~4, 하나님의 전에 대한 간절한 사모의 심정을 고백)
2. 성전에 대한 간절한 소망이 무엇으로 이어지고 있습니까?
   (시 84:5~7, '성전'을 향해 가는 순례자의 축복으로 이어짐)
3. 마지막으로 시인이 무엇을 감사하며 노래하고 있습니까?
   (시 84:8~12, 주를 의지하며 항상 찬송 주심에 감사하며 노래함)

### 주간 경건의 시간 <45> · 날마다 말씀과 함께

| 요일 / 내용 | 주일/월(Mon) | 화(Tue) | 수(Wed) | 목(Thu) | 금(Fri) | 토(Sat) |
|---|---|---|---|---|---|---|
| 찬송 | 36동 / 570/453 | 177 / 164 | 252 / 184 | 285 / 209 | 336 / 383 | 95 / 82 |
| 성경 | 시 78: / 79: | 시 80: | 시 81: | 시 82: | 시 83: | 시 84: |
| 적용 | 자기 백성/주의 목장의 양 | 주의 얼굴 광채 | 네 입을 크게 | 나라가 주의 소유 | 침묵하지 마소서 | 눈물 골짜기 |

* 영혼의 부富는 얼마나 많이 느낄 수 있는 지에 달렸고, 그의 궁핍은 얼마나 적게 느낄 수 있는지에 따라 결정된다. < 윌리엄 R. 알러, 1822-1905, 미국 유일교회 목사 >

# 곤고하고 궁핍해도 감사

찬송 / 393, 217, 397 / 통 447, 362, 454
성경 / **시편 86:1-17**
요절 / **시편 86:1**
"여호와여 나는 가난하고 궁핍하오니 주의 귀를 기울여 내게 응답하소서."
목표 / 곤고하고 궁핍할 때에도 찬양하고 감사하는 태도를 가진다.

## 시작하는 말

이 시는 시편 제3권 73-89편 중 유일한 다윗의 시詩입니다. 원수들의 위협으로 곤란에 처한 시인의 의연하고 담대한 믿음이 하나님을 향한 절대적인 의지의 간구로 잘 드러나 있습니다. 첫 구절에 나타난 대로 시인은 괴롭고 가난한 중에 고통당하고 있었습니다. 그는 자신의 괴로움에 대한 탄식과 호소보다 하나님의 권능의 위대하심에 더 큰 관심을 가지고 있습니다. 이는 하나님께 대한 전적인 의지와 순종의 자세를 의연히 지켜가는 신앙인의 이상적인 모습이라 할 수 있습니다.

## 오늘의 말씀

### 1. 하나님의 보호와 도움을 요청하는 기도가 있습니다(시 86:1~7).

다윗은 곤고하고 궁핍한 중에도 하나님께서 자신의 기도에 반드시 응답해 주시리라는 믿음을 가지고 하나님께 도움을 구합니다.

① 들어주시기를 기도합니다. 1절 하늘에 계신 지극히 존귀하신 하나님께서는 땅에서 고난당하는 아주 작은 한 사람인 나의 기도를 들으시려고 귀를 기울인다는 사실입니다.

② 보호해 주시기를 기도합니다. 2절 하나님의 종이라고 고백하며 하나님의 은혜에 전적으로 의지하면서, 오직 하나님의 주권적인 은혜에 의지하여 자신을 구원해 달라고 기도하고 있습니다.

③ 자비 베푸시기를 기도합니다. 3절

④ 기쁨 주시기를 기도합니다. 4절 시인은 고난 가운데서 구원의 기쁨을 소유하기를 원하면서 주님을 우러러 본다는 것은 '사랑과 신뢰로 주님께 전적으로 맡긴다'는 뜻입니다.

· 함께 읽어요 : 시편 86편 3~4절
"[3] 주여 내게 은혜를 베푸소서. 내가 종일 주께 부르짖나이다. [4] 주여 내 영혼이 주를 우러러보오니 주여 내 영혼을 기쁘게 하소서."

## 2. 하나님은 위기에서 격려하시며 응답하십니다(시 86:5~10).

· 첫째로, 시인은 어려움 가운데서도 하나님을 깊이 묵상합니다. 이를 통해 주님께서는 선善하시며 환난당한 자의 기도를 들어주시고, 전능하시다는 사실에서 힘을 얻습니다.

① 주님은 선하십니다. 5절 하나님은 선하시고, 용서하시기를 기뻐하시며, 부르짖는 자의 기도에 응답하십니다.

② 기도에 귀를 기울이십니다. 6-7절 응답이나 구원의 기미가 보이지 않을지라도 인내하면서 하나님의 위대하심을 인정하고 기도하며 구원해 주시기를 기다리는 것입니다.

③ 주님은 위대하십니다. 8-10절 주님 만이 하나님이심을 믿으십시오.

· 둘째로, 시인은 하나님의 주권을 세 가지 측면, 즉 ①완전하심, 8절 ②창조주 되심, 열방을 지으심 9절 ③역사하시는 분이심, 10절을 '행하심'이라는 구

체적인 행위로 나타내 주심을 감사하고 있습니다. 하나님은 관망觀望만 하시는 분이 아니십니다. 하나님은 모든 민족을 한 혈통으로 만드사 온 땅에 거하게 하셨습니다.행 17:26절 그러므로 모든 민족은 공통의 기원을 가졌습니다. 강한 나라나 부자나 거지나 모두 아담의 후손입니다. 하나님은 모든 것을 창조하신 주인으로서 자신이 원하시는 자를 세우시기도 하며 낮출 수 있는 권한과 능력을 갖고 계십니다. 뿐만 아니라 생명의 주인이시므로 죽음에서 건지실 수도 있고 멸망시키실 수도 있는 분이신 것입니다.

· 함께 읽어요 : 시편 86편 10절
"무릇 주는 위대하사 기이한 일들을 행하시오니 주 만이 하나님이시니이다."

### 3. 하나님께 예배禮拜와 헌신을 통한 섬김이 있습니다(시 86:11~17).

○하나님을 깊이 묵상함으로써 위로와 격려를 얻은 시인은 이제 하나님께 헌신하며 예배로 섬기기를 원합니다. 그 헌신의 삶은 이렇습니다.

첫째로, 순종함으로 섬기기를 원합니다.11절

둘째로, 예배를 통해 섬기기를 원합니다.12-13절

○시인은 위기에서 구출해 주시기를 바라며 간구하고 있습니다.14-17절

①포악한 자로부터 건져주심,14절 ②긍휼을 베푸심,15절 ③능력을 주심,16절 ④은총의 표징을 주심17절을 간구하고 있습니다.

"오! 하나님, 나의 영이 주께 감사하고, 겸손히 헌신하며 예배를 통해 주 하나님께 영광을 돌리기 원합니다. 성령으로 만족하게 하옵소서."

· 함께 읽어요 : 시편 86편 16~17절
"[16] 내게로 돌이키사 내게 은혜를 베푸소서. 주의 종에게 힘을 주시고 주의 여종의 아들을 구원하소서. [17] 은총의 표적을 내게 보이소서. 그러면 나를 미워하는 그들이 보고 부끄러워 하오리니 여호와여 주는 나를 돕고 위로 하시는 이시니이다."

## 정리하는 말

하나님의 종 다윗은 곤고하고 궁핍해도 감사드리기를 원했습니다. 겸손히 예배로 헌신하기를 원했습니다. 다윗의 강점이 여기에 있습니다. 고난과 역경! 환경의 고달픔 속에서도 굳건히 변하지 않는 믿음! 하나님의 마음을 이해하려고 최선을 다하는 모습이 참으로 아름답습니다. 여러분도 곤고하고 궁핍해도 항상 감사할 수 있기를 간절히 소원합니다.

## 평가와 결심

1. 곤고하고 궁핍한 중에도 다윗은 어떻게 대처해 나갔습니까?
   (시 86:1~7, 하나님께서 응답해 주시리라는 믿음으로 도움을 구함)
2. 다윗이 위기에서 격려를 얻을 수 있었던 힘은 무엇이었습니까?
   (시 86:5~10, 하나님의 ① 선하심 ② 용서를 기뻐하심 ③ 부르짖는 기도 응답)
3. 다윗이 하나님을 섬기려는 경건한 결심이 무엇입니까?
   (시 86:11~12, 헌신하며 순종으로 섬김, 예배를 통해 섬길 것을 결심)

### 주간 경건의 시간 <46> · 날마다 말씀과 함께

| 요일 / 내용 | 주일/월(Mon) | 화(Tue) | 수(Wed) | 목(Thu) | 금(Fri) | 토(Sat) |
|---|---|---|---|---|---|---|
| 찬송 | 73동 / 74동 | 321 / 351 | 337 / 363 | 213 / 348 | 520 / 257 | 342 / 395 |
| 성경 | 시 85: / 86: | 시 87: | 시 88: | 시 89: | 시 90: | 시 91: |
| 적용 | 인애 진리/주의 도를 내게 | 시온의 문들 사랑 | 잊음의 땅 | 주의 팔에 능력 | 날 계수함 | 천 명이 네 왼쪽에서 |

* 당신의 적에 대해 관찰해 보라. 왜냐하면 그들은 제일 먼저 당신의 결점을 찾아내기 때문이다 < 안티스테네스, B. C. 444-365, 그리스 철학자 >

# 감사의 예물로 찬양하라!

찬송 / 587, 588, 590 / 통 306, 307, 309
성경 / **시편 96:1-13**
요절 / **시편 96:8**
"여호와의 이름에 합당한 영광을 그에게 돌릴지어다 예물을 들고 그의 궁정에 들어갈 지어다."
목표 / 감사의 예물로 감사하고 찬양하며 살아가는 태도를 기른다.

## 시작하는 말

이 시편詩篇은 만물의 찬양을 통해 영광을 받으시는 하나님께서 세상을 의義로 심판하시기 위해 임하실 때에 터져 나오는 기쁨의 함성으로 노래하고 있습니다. 그 때 우주 만물과 만방의 모든 족속이 여호와께 영광 돌리면서 새로운 노래로 하나님을 찬양하게 될 것입니다. 여호와께서 땅을 통치하시고 왕 되심을 찬양하며 그분을 예배하도록 부르는 초청이기도 합니다. 새 노래로 하나님께 찬양하고 감사하기를 바랍니다.

## 오늘의 말씀

### 1. 새 노래로 주님을 찬양하시기를 바랍니다(시 96:1~13).

시인은 온 세상을 향해 하나님께 영광과 찬양을 돌릴 것을 권고합니다. 이 권고 속에 찬양의 방법과 이유가 함께 제시되어 있습니다.

첫째로, 찬양 방법입니다.1-3절 시인은 여호와의 이름과 그분의 구원에 나타난 기이한 행적·위대하심을 찬양하라고 합니다. 그리고 이 찬양 방법을 보여 주십니다.

① 새 노래로 찬양합니다. 1절 새 노래로 노래하라는 시인의 말은 '하나님의 구원의 섭리가 날마다 새롭게 우리에게 임하는 것을 감사함으로 노래하라'는 것입니다. 온 땅과 함께 새 노래로 드리는 찬양은 하나님의 창조의 능력을 나타내 줍니다.

② 구원과 영광을 전파함으로 찬양합니다. 2-3절 이스라엘은 하나님의 구원과 영광, 그리고 기이한 행적을 열방 가운데 선포해야 할 책임이 있습니다.

둘째로, 찬양의 이유입니다. 4-6절

① 위대하십니다. 4절 하나님은 모든 신보다 뛰어나시며 광대하십니다.

② 창조주이십니다. 5절 온 우주와 만물을 지으신 창조주이십니다.

③ 위엄과 능력을 지니셨습니다. 6절 존귀와 위엄, 능력과 아름다움이 하나님의 성소에 있습니다.

· 함께 읽어요 : 시편 96장 6절
"존귀와 위엄이 그의 앞에 있으며, 능력과 아름다움이 그의 성소에 있도다."

### 2. 주님께 감사하며 찬양하시기 바랍니다(시 96:7~10).

시인은 이제 열방을 향해 주님께 찬양과 영광을 돌리라고 권고합니다.

① 영광을 돌림으로 찬양합니다. 7절 시인은 모든 족속이 하나님께 영광을 돌려야 할 것을 선포하고 있습니다.

② 합당한 경배로 찬양합니다. 8절 시인은 여호와의 이름에 합당한 영광을 돌리라고 노래합니다.

③ 감사 예물로 찬양합니다. 9절 하나님은 마음의 중심을 보십니다. 그러므로 진심으로 하나님께 우리의 가장 귀한 것을 드릴 때 즐겨 받으십

니다. 감사하는 마음도 감사 예물이 될 수 있음을 명심하시기 바랍니다.

④ 열방의 왕 되심을 찬양합니다. 10절 하나님은 온 세상의 주권자이시며, 하나님은 공법을 물같이 정의가 하수 같이 흐르는 세상을 만드시는 분이십니다.

· 함께 읽어요 : 이사야 96편 10절
"모든 나라 가운데서 이르기를 여호와께서 다스리시니 세계가 굳게 서고, 흔들리지 않으리라 그가 만민을 공평하게 심판하시리라 할지로다."

### 3. 세상의 모든 피조물이 주님을 찬양해야 합니다(시 96:11~13).

이스라엘과 열방의 찬양에 이어서 이제 모든 피조물들이 하나님을 찬양합니다.

① 온 세상의 피조물이 찬양합니다. 11-12절 하나님께서 지으신 온 우주 만물이 주님으로 인하여 즐거워합니다. 하나님께 대한 감격의 찬송은 인간들뿐만이 아닙니다. 온 세상에 하나님의 권능과 은혜가 미치듯이 모든 피조물들은 하나님의 영광을 찬송하며 하시는 일들로 말미암아 기뻐합니다. 자연의 모든 것, 하늘, 땅, 바다, 그리고 그 안에 사는 모든 것들은 주님이 오시기를 고대합니다. 그리고 그리스도의 재림 사건으로 의로운 통치가 온 땅에 미칠 날을 소망합니다. 인간의 타락으로 모든 피조물이 고통을 당하므로 그들도 구원의 날을 기다리는 것입니다.

② 의義로 세상을 심판하시고 진실로 백성을 심판하심을 찬양讚揚합니다. 13절 세상에서의 심판과 단죄는 조롱거립니다. 하나님은 공의의 하나님이시기에, 의로 심판하심은 하나님의 은혜를 더욱 드러나게 하실 것입니다.

· 함께 읽어요 : 시편 96편 13절
"그가 임하시되 땅을 심판하러 임하실 것임이라 그가 의로 세계를 심판하시며 그의 진실하심으로 백성을 심판 하시리로다."

## 정리하는 말

감사와 찬양은 풍성한 예물과 함께 드려질 때 하나님께서 기뻐하십니다. 시인은 새 노래로 찬양하며, 구원과 영광을 전파함으로 찬양하기를 원합니다. 왜냐하면 하나님은 위대하심과 창조주이심과 위엄과 능력을 지니신 분이시기 때문입니다. 사랑하는 성도 여러분! 하나님께 합당한 경배와 감사 예물로 영광을 돌리시기를 간절히 소원합니다.

## 평가와 결심

1. 여호와께 드려질 만물의 감사 찬양의 방법이 무엇입니까?
   (시 96:1~3, ① 새 노래로 찬양 ② 구원과 영광을 전파함으로 찬양)
2. 여호와께 드려질 만물의 감사 찬양의 이유가 무엇입니까?
   (시 96:4~6, ① 위대하심 ② 창조주이심 ③ 위엄과 능력을 지니심)
3. 열방을 향해 여호와께 어떻게 찬양하라고 하였습니까?
   (시 96:7~10, ① 영광을 돌림 ② 합당한 경배 ③ 감사 예물로 찬양)

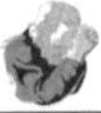

### 주간 경건의 시간 <47> · 날마다 말씀과 함께

| 요일 / 내용 | 주일/월(Mon) | 화(Tue) | 수(Wed) | 목(Thu) | 금(Fri) | 토(Sat) |
|---|---|---|---|---|---|---|
| 찬송 | 39동 / 37동 | 580 / 371 | 500 / 258 | 501 / 255 | 351 / 389 | 208 / 246 |
| 성경 | 시 92: / 93: | 시 94: | 시 95: | 시 96: | 시 97: | 시 98: |
| 적용 | 백향목 같이 / 능력의 옷 | 사람의 생각 | 구원의 반석 | 여호와께 예배 | 의와 공평 | 새 노래로 찬송하라 |

* 남보다 뛰어나면 적인 생길 것이요, 남보다 못하면 친구가 생길 것이다.
< 칼렙 C. 콜턴, 1780-1832, 영국 성직자 >

# 감사로 여호와께 송축하라!

찬송 / 590, 593, 591 / 통 309, 312, 310
성경 / 시편 103:1-22
요절 / 시편 103:2
"내 영혼아 여호와를 송축하며 그의 모든 은택을 잊지 말지어다."
목표 / 여호와를 송축하며, 찬양 감사하며 살아가는 태도를 기른다.

## 시작하는 말

이 시편詩篇은 하나님의 은혜에 감격한 영혼의 찬양으로서 성경적 신앙의 완전성을 드러내고 있습니다. 하나님의 거룩하심과 인자하심의 조화, 인간의 영혼과 육신 모두를 포함한 하나님의 구원, 한 개인의 삶뿐만 아니라 공동체와 세계 역사 가운데 나타나는 하나님의 임재 등, 신앙의 본질과 기쁨을 깨우쳐 주는 아름다운 감사와 찬양입니다. 죄악 되고 헛된 인생임에도 불구하고 하나님의 은혜와 긍휼 안에서 의미와 소망을 얻게 된 것을 기쁨의 감격으로 감사, 찬양하고 있습니다.

## 오늘의 말씀

### 1. 하나님의 거룩하심과 기쁨으로 찬양합니다(시 103:1~2).

누구나 멋지고 복된 인생을 살고자 합니다. 시인은 다른 사람을 향한 권고나 명령이 아니라 바로 자기 자신을 향하여 여호와를 송축하라고 권고합니다. '송축'이란 말은 '독솔로기아' <δοξολογία>, 즉 '독사' <δόξα ; 영광>라는 말과 '로고스' <λόγος ; 말씀>의 합성어로 "송영" 또는 "영광송"으로 번역되고 있습니다. 이는 하나님께 대한 찬양의 한 표현입니다. 주기도문 끝에 "나라와 권세와 영광이 아버지께 영원히 있사옵나이다"라는 송축 마6:13이 나타납니다. 아래 내용은 시인의 송축 내용입니다.

첫째로, 하나님의 거룩하심을 기리는 1절 것입니다.

둘째로, 하나님의 은택을 기리는 2절 것입니다. '은택'이란 하나님께서 긍휼과 인자로 베풀어 주신 것, 즉 무가치한 자에게 값없이 주시는 풍성한 사랑을 뜻합니다.

· 함께 읽어요 : 시편 103편 2절
"내 영혼아 여호와를 송축하며 그의 모든 은택을 잊지 말지어다."

### 2. 하나님의 은혜의 풍성함과 영원함을 찬양합니다(시 103:3~18).

거룩하신 하나님의 사랑, 즉 인자와 긍휼로 은택을 베푸시는 하나님을 찬양하면서 시인은 자신의 삶에서 경험한 하나님의 은혜를 구체적으로 기억합니다.

첫째로, 개인이 경험한 하나님의 풍성한 은혜입니다. 3-5절 시인은 하나님의 거룩하심과 그 은택을 알게 된 계기로 그의 고난, 즉 파멸의 경험을 통해서 새로운 삶을 시작하게 되었습니다. 4-5절 질병의 파멸에서 회복의 경험을 통해서 새로운 삶을 경험합니다.

둘째로, 인간 역사를 이끄시는 하나님의 풍성한 은혜입니다. 6-14절 인간의 역사를 이끄실 때 시인이 역사의 본질을 이해합니다. 6절 이스라엘의 역사 가운데 나타난 하나님의 공의를 봅니다. 7절 공의를 나타내실 때에도 하나님은 인자를 기본으로 하십니다. 8-14절

셋째로, 그 인자하심이 영원하시다는 것입니다. 15-18절

고난과 역경을 거치면서 시인은 인간의 유한함과 비교하면서 그 은혜의 영원함을 노래합니다. 하나님의 피조물인 인생은 아름다운 꽃이 피었다가 떨어짐 같이 허무하고 무의미합니다.

이렇듯 무상한 인생에게 인자를 베푸시는 하나님의 뜻을 우리는 알 수 없습니다. 분명한 사실은 하나님께서는 인생으로 하여금 자신을 경외하며 사는 것이 유일하고도 참된 길임을 보여주셨다는 것입니다.

· 함께 읽어요 : 시편 103편 17~18절

"[17] 여호와의 인자하심은 자기를 경외하는 자에게 영원부터 영원까지 이르며 그의 의는 자손의 자손에게 이르리니 [18] 곧 그의 언약을 지키고 그의 법도를 기억하여 행하는 자에게로다."

### 3. 천사들까지도 여호와의 은혜를 송축하라고 초대합니다(시 103:19~22).

인간의 철저한 무의미와 무가치함을 인식하는 데서부터 하나님의 거룩하심과 인자하심, 그리고 삶의 의미를 깨닫게 된 시인은 결론적으로 그분의 통치를 찬양합니다. 인생의 실상과 하나님의 은혜를 깨달은 사람은 세상에다 가치를 둘 수 없습니다. 누가 아무 것도 아닌 것에 가치를 두겠습니까? 오직 하나님의 은혜만이 기쁨과 감격이 됩니다. 국가의 흥망이나 한 개인의 구원과 파멸, 그리고 모든 피조물의 '존재存在와 의미'意味가 하나님의 섭리에 의한 것일 뿐 어느 것도 홀로 서거나 의미를 가질 수 없습니다.

이 엄숙한 사실을 알게 된 시인은 찬양과 감사의 충동을 이기지 못해 천사들까지 하나님께 대한 찬양에 참여하라고 요청합니다. 천사들의 권능의 원천도 하나님이시기에 그들까지도 하나님을 송축하라고 초대하셨습니다.

· 함께 읽어요 : 시편 103편 22절

"여호와의 지으심을 받고 그가 다스리시는 모든 곳에 있는 너희여 여호와를 송축하라 내 영혼아 여호와를 송축하라."

## 정리하는 말

사랑하는 성도 여러분! 여호와를 송축하시기 바랍니다. 주는 심히 위대하신 분! 바람으로 자기 자신을 삼으시고 불꽃으로 자기 사역자를 삼으시는 분! 좋은 것으로 소원을 만족하게 하시는 분! 공의로 다스리시며 억압당하는 모든 자를 위하여 심판하시는 분이십니다. 노하기를 더디 하시고, 인자하심이 풍부하신 여호와께 송축하며, 감사 찬양하시기를 바랍니다.

## 평가와 결심

1. 하나님의 은혜에 감격한 시인의 송축 내용 첫째가 무엇입니까?
   (시 103:1~2, ①하나님의 거룩하심 기림 ②하나님의 은택을 기림)
2. 시인 자신의 삶에서 경험한 하나님의 은혜가 무엇입니까?
   (시 103:3~5, ①파멸에서 구원하심 ②새로운 삶을 시작함)
3. 시인이 우주적인 송축을 하게 된 이유가 무엇입니까?
   (시 103:19~22, 하나님의 거룩하심, 인자하심, 새로운 삶의 의미)

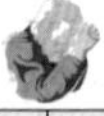

### 주간 경건의 시간 <48> · 날마다 말씀과 함께

| 요일 / 내용 | 주일/월(Mon) | 화(Tue) | 수(Wed) | 목(Thu) | 금(Fri) | 토(Sat) |
|---|---|---|---|---|---|---|
| 찬송 | 21동 / 25동 | 363 / 479 | 353 / 391 | 40 / 43 | 60 / 67 | 177 / 164 |
| 성경 | 시 99: / 100: | 시 101: | 시 102: | 시 103: | 시 104: | 시 105: |
| 적용 | 성산서 예배 / 그의 백성 | 인자와 정의 | 시온을 건설 | 여호와를 송축하라 | 평생토록 노래하며 | 영원한 언약 |

* 일하면 사소한 고통은 사라진다. 그 진미 眞味를 게으른 사람은 도저히 맛 볼 수 없다.
< 헨리 포드, 1863~1947, 미국 사업가 >

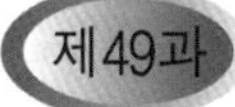


# 성령이여, 임하소서!

찬송 / 516, 325, 324 / 통일 265, 359, 360
성경 / **레위기 6:1-30**
요절 / **레위기 6:12**
"제단 위의 불은 항상 피워 꺼지지 않게 할지니 제사장은 아침마다 나무를 그 위에서 태우고 번제물을 그 위에 벌여 놓고 화목제의 기름을 그 위에서 불사를 지며"
목표 / 한해 성령의 불이 꺼지지 않게 살았는가를 점검하도록 한다.

## 시작하는 말

여러분! 12월은 레위기를 통해 제사 제도, 곧 예배 생활에 대한 말씀을 공부하게 됩니다. 금년 한 해를 살아오면서 하나님께 어떤 자세로 예배를 드렸는가? 이 문제를 반성하는 것이 신앙 결산을 위해 필요합니다.

하루를 살아도 하나님께 진심으로 예배드리면서 진지하게 살아왔는지, 아니면 그저 그렇게 대충 살아왔는지 한 해를 돌아보기를 바랍니다. 주 여호와 하나님께서는 마음과 정성과 힘을 다하여 예배할 것을 명령하셨습니다. 생명 결산의 달에 신앙을 점검하면서 결산하시기 바랍니다.

## 오늘의 말씀

### 1. 이웃에게 그릇 행한 죄로부터의 자유입니다(레 6:1~7).

현대인들은 자유를 누리면서도 자신에게 속박되어 살아갑니다. 이는 이웃에게 그릇 행한 죄들 때문입니다. ① 하나님의 성물에 대해 그릇 행한 죄들, ② 하나님의 계명들을 어긴 죄들, ③ 이웃에게 그릇 행한 죄들 때문입니다. 이런 세 가지 부류 속에 모든 인간들의 모든 죄들이 총망라 總網羅, 통틀어 얽음 되어 있는 것입니다.

그러나 요점은 어떤 죄를 지었다 할지라도, 그 죄가 아무리 끔찍하다 할지라도 그 죄는 용서 받을 수 있으며 죄책으로부터 자유롭게 될 수가 있다는 것입니다. 그 누구라도 죄책의 무게와 고통 아래서 고통을 당할 필요가 없습니다. 하나님은 자기 백성들이 죄책으로부터 구원을 받고 자유롭게 되는 길을 마련하셨습니다. 자기 이웃에 대한 죄는 하나님 자신을 대적하는 것입니다. 또한 훔치거나 사기를 치는 행위는 죄책이 있으며, 하나님에 의해 정죄나 심판을 받기에 속죄 제사를 드려야 합니다.

· 함께 읽어요 : 레위기 6장 4절~5절

"4 이는 죄를 범하였고 죄가 있는 자니 그 훔친 것이나 착취한 것이나 맡은 것이나 잃은 물건을 주운 것이나 5 그 거짓 맹세한 모든 물건을 돌려보내되 곧 그 본래 물건에 오분의 일 20% 을 더하여 돌려보낼 것이니 그 죄가 드러나는 날에 그 임자에게 줄 것이요."

### 2. 제사 드릴 때에 제사장들의 특별한 임무가 있습니다(레 6:8~30).

인간은 충족되지 못할 때 도둑질, 거짓말, 폭력, 살인, 전쟁 등과 같은 일들이 벌어집니다. 속죄 방법은 그리스도께서 오시기 전, 주 예수 그리스도에 대한 상징인 희생 제물을 통해서였습니다. 동물의 대속 희생을 통해 하나님의 좋은 소식을 선언하는 것은 제사장의 특별 의무였습니다.

① 번제 燔祭 를 통해 사람들로 하나님께 받아들여지도록 도와야 합니다. 6:8-13절 이때 번제단 불이 밤새도록 꺼지지 않게 해야 합니다.

② 소제 素祭 를 통해 사람들로 하나님께 감사드리고 헌신하도록 도와야 합니다. 6:14-18절 드리고 남은 제물은 제사장의 음식으로 드려야 합니다.

③ 소제 素祭, 곡식으로 드리는 제사 를 통해 새로 임직되는 제사장들로 하나님께

감사드리고 더욱 헌신하도록 인도해야 합니다. 19-23절

④ 속죄제贖罪祭를 통해 사람들로 죄 사함을 얻도록 도와주어야 합니다. 24-30절

⑤ 속건제를 통하여 사람들로 죄책의 무게와 고통으로부터 자유하게 되도록 도와야 합니다. 7:1-10절

· 함께 읽어요 : 레위기 7장 7절

"속죄제와 속건제는 규례가 같으니 그 제물은 속죄하는 제사장에게로 돌아 갈 것이요."

### 3. 하나님께 감사하고 화평을 이루도록 해야 합니다(레 7:11~21).

하나님의 백성들이 주님의 은혜를 받고 진실 되게 살아가는 방법은 하나님과의 화평을 이루며 살아가는 것입니다. 번제물은 자신을 하나님께 드리는 방식입니다. 마음을 돌이키겠다는 것이요, 하나님을 향한 헌신의 결단입니다. 번제물은 사람의 정죄와 심판에 대하여 구속을 성취하였으며, 사람을 하나님과 화목하게 만들었습니다. 하나님과의 교제는 번제물의 희생을 통하여 확보되었습니다. 하나님과의 화목 하는 방식은 '화목제'和睦祭를 통해서입니다. 여기에 세 가지 방식, 즉 ① 감사의 제사로, ② 서원의 제사로, ③ 하나님과의 평화와 화평의 교제 안에서 자라고자 하는 사람의 영적인 갈망을 표현하는 제사로 드려질 수 있습니다.

하나님께서 자기 백성들에게 제사를 드리도록 하신 이유는 ①백성들의 다양한 필요를 충족시켜 주기 위해서이고, ②예수 그리스도의 완전한 사역을 보여주기 위해서입니다.

· 함께 읽어요 : 레위기 6장 12~13절

"[12] 제단 위의 불은 항상 피워 꺼지지 않게 할지니 제사장은 아침마다 나무를 그 위에서 태우고 번제물을 그 위에 벌여 놓고 화목제의 기름을 그 위에서 불사를 지며 [13] 불은 끊임이 없이 제단 위에 피워 꺼지지 않게 할지니라."

## 정리하는 말

사랑하는 성도 여러분! 금년 한 해 진실한 예배의 삶을 사셨습니까? 예배 생활에서 만족함을 얻으셨습니까? '성공적 예배의 삶'이 '성공적인 인생의 삶'이라는 진리를 꼭 간직하시고 살아가시기 바랍니다. 오늘도 살아계신 하나님께서 여러분들의 예배의 삶 가운데 깊숙이 개입하셔서 순간순간 역사하시는 '아름다운 예배'의 삶을 살아가시기를 소원합니다.

## 평가와 결심

1. 제사와 예배의 필요성 첫째가 무엇입니까?
   (레 6:1~7, 이웃에게 그릇 행한 죄로부터의 자유함)
2. 제사에서 제사장들의 특별 임무가 무엇입니까?
   (레 6:8~30, 대속 희생을 통해 하나님의 좋은 소식 전하는 것)
3. 하나님께 드려지는 예배와 제사의 의미는 무엇입니까?
   (레 7:11~21, 하나님께 감사하고 평화와 화목을 이루는 것)

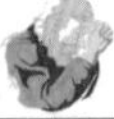

### 주간 경건의 시간 <49> · 날마다 말씀과 함께

| 요일 / 내용 | 주일/월(Mon) | 화(Tue) | 수(Wed) | 목(Thu) | 금(Fri) | 토(Sat) |
|---|---|---|---|---|---|---|
| 찬송 | 88동 / 29동 | 40 / 43 | 205 / 236 | 219 / 279 | 315 / 512 | 358 / 400 |
| 성경 | 레 1: / 2: | 레 3: | 레 4: | 레 5: | 레 6: | 레 7: |
| 적용 | 회막에서/ 소제의 제물 | 화목제 제물 | 속죄제 규례 | 여호와의 성물 범죄 | 소제의 규례 | 화목제물 당일 먹음 |

* 예배는 신령과 진정으로 하며, 예배하는데 지장되는 것은 모두 배제해야 한다.

< 아더 P. 스탠리, 1815-1881, 영국 성직자, 웨스트민스터 수석사제>

12단원 은혜 결산의 달

제50과

# 신령과 진정한 예배

찬송 / 549, 539, 534 / 통 431, 483, 324
성경 / **레위기 10:1-20**
요절 / **레위기 10:3**
"모세가 아론에게 이르되 이는 여호와의 말씀이라 이르시기를 나는 나를 가까이 하는 자 중에서 내 거룩함을 나타내겠고 온 백성 앞에서 내 영광을 나타내리라 하셨느니라."
목표 / 개인 · 가정마다 신령과 진정으로 영광된 예배를 드리도록 한다.

## 시작하는 말

본문에서 아론의 아들 나답과 아비후가 각기 향로를 가져다가 여호와께서 명령하시지 아니하신 다른 불을 담아 여호와 앞에 분향했습니다. 결과는 처참하게도 불이 여호와 앞에서 나와 그들을 삼켜버렸습니다. 예배의 실패로 그들은 하나님의 심판을 자초한 것입니다. 성도 여러분! 예배와 제사에서 제사장의 역할이 얼마나 중요한지를 깨닫게 하는 장면입니다. 신령과 진정의 '바른 예배'를 드리시기를 간절히 부탁드립니다.

## 오늘의 말씀

1. 거짓된 예배자들은 하나님의 심판이 있습니다(레 10:1~2).

이 장면은 보고 또 보아도 끔찍한 장면입니다. 이는 거짓된 예배자들의 죄와 그에 대한 심판이 무섭다는 것을 보여줍니다. 다른 사람이 아니라 아론의 아들들의 예배 행위였다는데, 새삼 놀랍습니다. 아론의 아들들이 행한 것에 주목하십시오. 그들은 향로를 가져다가 편리하게 불을 내는 연금 練金; 쇠붙이를 달구어 단련함을 그 속에 넣었습니다. 그런 뒤 그 연금 위에 향을 넣어 회막으로 들어가서 향을 내는 제단 위에 분향했습니다. 무엇이 잘못되었습니까? 그들의 죄는 무엇입니까?

하나님이 명하시지 않은 불을 드렸습니다. 1절 아마도 이것은 그들이 가까운 곳에서 타고 있는 불로부터 불 피울 수 있는 숯불을 취했음을 뜻하는 듯합니다. 이것은 잘못된 것이었습니다. 왜냐하면 하나님의 숯불은 다른 곳이 아닌 바로 '번제단'으로부터 가져와야 함을 명하셨기 때문입니다. 12절 번제단은 하나님과의 화목이나 속죄에 대한 필요를 상징합니다. 하나님은 '화목'이나 '속죄'가 없는 제사는 열납悅納하지 않습니다.

· 함께 읽어요 : 시편 66편 18절, 히브리서 10장 29절

"시 66:18 내가 나의 마음에 죄악을 품었더라면 주께서 듣지 아니하시리라."

"히 10:29 하물며 하나님의 아들을 짓밟고 자기를 거룩하게 한 언약의 피를 부정한 것으로 여기고 은혜의 성령을 욕되게 하는 자가 당연히 받을 형벌은 얼마나 더 무겁겠느냐 너희는 생각하라."

## 2. 하나님의 법도에 맞는 예배 방식을 따라야 합니다(레 10:3).

이러한 끔찍한 일이 벌어지자 아론은 두려움에 사로잡혔습니다. 두 제사장들은 그의 아들들이었고 하나님의 불타오르는 거룩함이 그들을 치셨습니다. 이 책무는 우선적으로 제사장들, 곧 하나님의 사역자들에게 속해 있습니다. 어떤 사람들보다 제사장들은 백성들에게 어떻게 하나님께 나아가야 하는지를 가르칠 의무가 있었습니다. 아론의 두 아들, 나답과 아비후는 하나님께서 명하신 법도를 위반했던 것입니다.

첫째로, 거짓된 예배자들은 '하나님께서 말씀하시는 대로 나아가지 않았기 때문'입니다. 3절 하나님은 분향단에 어떻게 나아가야 하는지를 명확하게 말씀하셨습니다. 분향단은 하나님께 기도를 통해 어떻게 나아갈 수 있는지를 정확히 묘사해 주었음을 명심하십시오.

둘째로, 하나님의 거룩함을 인정하지 않았기 때문입니다. 3절 제사는 대속의 희생물 위에 그 근거를 두고 있습니다. 하나님께서 받으시고 그의 기도를 들으시는 것은 대속의 희생물을 통해 나아올 때 뿐입니다. 이 진리는 예배자들 모든 사람들에게 가르쳤어야 했습니다.

· 함께 읽어요 : 레위기 10장 3절

"모세가 아론에게 이르되 이는 여호와의 말씀이라 이르시기를 나는 나를 가까이 하는 자 중에서 내 거룩함을 나타내겠고 온 백성 앞에서 내 영광을 나타내리라 하셨느니라."

### 3. 하나님을 사랑하는 마음으로 온전히 나아가야 합니다(레 10:4~11).

하나님은 모세와 백성들에게 어떻게 하나님의 심판을 피할 수 있는지를 가르쳐 주셨습니다. 하나님의 심판을 피할 수 있는 다섯 가지 중요한 요소들이 있습니다.

첫째로, 더럽혀지지 않게 경계해야 합니다. 4-5절 아론의 아들들임에도 불구하고 그 시체들을 만지는 것이 금지되었습니다.

둘째로, 전적全的인 헌신獻身을 요구하는 것입니다. 6-7절

셋째로, 술독주, 毒酒을 마시지 말아야 합니다. 8-9절 아론에게 직접 말씀한 것으로 제사장은 술 취한 상태로 집무 수행해서는 절대 안 됩니다.

넷째로, 하나님을 위해 온전히 사는 것입니다. 10절

다섯째로, 하나님의 모든 율법을 가르치는 것입니다. 11절

· 함께 읽어요 : 신명기 6장 5절

"너는 마음을 다하고 뜻을 다하고 힘을 다하여 네 하나님 여호와를 사랑하라."

## 정리하는 말

여러분! 하나님께서는 가까이 하는 자 중에서 거룩함을 나타내시기를 원하십니다. 온 백성 앞에서 하나님의 영광을 나타내시기를 원하십니다. 심판을 피하는 방법은 ①더러운 것 피하시고, ②전적인 헌신, ③술 취하지 말 것, ④거룩함과 세속화를 엄격히 구별하며, ⑤율법을 잘 가르치는 것입니다. 하나님은 우리의 신령과 진정의 예배를 원하십니다. 바른 예배를 통하여 하나님을 기쁘시게 하고, 영광 돌릴 수 있기를 기원합니다.

## 평가와 결심

1. 제사장 나답, 이비후가 죽임을 당한 이유는 무엇입니까?
   (레 10:1~3, 여호와께서 명하시지 않은 다른 불을 드려 제사함)
2. 거짓된 예배 자들을 심판하시는 이유가 무엇입니까?
   (레 10:3~, ① 하나님 말씀대로 나아가지 않음 ② 하나님의 거룩함 나타내지 아니함)
3. 어떻게 하면 하나님의 심판을 피할 수 있습니까?
   (레 10:4~11, ①더러운 것 피함, ②전적 헌신, ③술 취하지 말 것, ④성속 구별, ⑤율법을 잘 가르침)

### 주간 경건의 시간 <50> · 날마다 말씀과 함께

| 요일 / 내용 | 주일/월(Mon) | 화(Tue) | 수(Wed) | 목(Thu) | 금(Fri) | 토(Sat) |
|---|---|---|---|---|---|---|
| 찬송 | 39동 / 23동 | 31 / 46 | 34 / 45 | 33 / 12 | 610 / 289 | 570 / 453 |
| 성경 | 레 8: / 레 9: | 레 10: | 레 11: | 레 12: | 레 13: | 레 14: |
| 적용 | 우림과 둠밈/ 화목제물 | 나답 아비후 | 정한 짐승 부정한짐승 | 산모 부정 규례 | 나병 진단 | 정결 규례 |

* 성장하고 있는 영혼들에게는 위대한 싸움이 위대한 해방이다.

< 로강 피어솔 스미스, 1865-1946, 영국 작가 >

12단원 은혜 결산의 달

# 올바른 생명 신앙의 길

찬송 / 132, 493, 363 / 통 38, 545, 479
성경 / **레위기 16:1-34**
요절 / **레위기 16:10**
"아사셀을 위하여 제비 뽑은 염소는 산채로 여호와 앞에 두었다가 그것으로 속죄하고 아사셀을 위하여 광야로 보낼 지니라."
목표 / 하나님께 올바로 나아가는 신앙의 태도로 살도록 한다.

## 시작하는 말

여러분! 미래의 어느 땐가 죄와 악에 대한 하나님의 두려운 진노의 날이 닥치게 될 것입니다. 그 어느 누구도 하나님의 공의를 집행하시는 것을 막지 못할 것이며, 하나님에 의하여 공의가 시행될 것입니다. 나는 모른다고 부인하거나 무지, 무관심, 도피하려고 애써도 하나님의 공의와 심판은 피하지 못할 것입니다. 그렇다면 금년 한 해 여러분들은 어떻게 살아오셨습니까? 죄악을 해결하는 길은 오직 희생 제물의 피를 통해 하나님께 나아가는 유일한 길이 있음을 아시기 바랍니다.

## 오늘의 말씀

### 1. 하나님께 나아가는 유일한 길이 마련되었습니다(레 16:1~2).

세상에서 가장 큰 필요는 죄의 용서와 하나님과의 화목입니다. 왜 그렇습니까? 요즘 지진으로 인해 사람들의 불안이 고조되고 있습니다. 이러한 불안은 죄로부터 온다는 사실을 아시기 바랍니다. 하나님의 심판은 가깝게는 사람이 죽을 때 절감합니다. 죽음은 그 누구도 피할 수 없으며 한 인간을 평가하게 되고 생을 돌아보게 합니다. 그렇다면 여러분은 올 한 해를 살아오면서 과연 하나님의 공의의 심판을 맞을 준비를 하셨습니까? 하나님께 올바르게 나아가는 방법이 있습니다.

첫째로, 나답과 아비후처럼 잘못된 나아감이 있습니다. 1절

둘째로, 올바로 나아가는 길이 있습니다. 2절 그 길은 자신의 죄성과 하나님의 거룩성을 철저히 인정함으로 나아가는 것입니다. 대제사장도 일년 일차 들어가는 지성소의 법궤를 위한 장막, 즉 시은좌, 곧 속죄 덮개 위는 하나님이 좌정해 계시는 곳입니다. 누구나 피 없이 들어가면 죽게 됩니다. 그곳 휘장이 그리스도의 십자가 사건 때 찢어졌습니다. 마 27:51절 이제 우리의 구원은 예수그리스도의 십자가의 보혈에 완성되었습니다.

· 함께 읽어요 : 히브리서 9장 7절, 마태복음 27장 51절

"히 9:7 오직 둘째 장막은 대제사장이 홀로 일 년에 한 번 들어가되 자기와 백성의 허물을 위하여 드리는 피 없이는 아니하나니" "마 27:51 이에 성소 휘장이 위로부터 아래까지 찢어져 둘이 되고 땅이 진동하며 바위가 터지고"

## 2. 대제사장에 의해 올바른 준비가 이루어져야 합니다(레 16:3~10).

대제사장은 예수 그리스도에 대한 상징이라는 것에 주목하십시오. 하나님께 나아가기 위해서는 대제사장에 의하여 올바른 준비가 이루어져 있어야 합니다.

첫째로, 올바른 희생 제물을 준비해야 합니다. 3절 그는 속죄제를 위하여 어린 숫염소 한 마리를, 그리고 번제를 위하여 숫양 한 마리를 준비하여야 했습니다.

둘째로, 자신을 씻고 깨끗한 옷을 입어야 했습니다. 4절 죄를 위한 구속의 희생 제사를 드리기 위하여 그는 대제사장의 화려한 옷을 벗고 특별

한 옷을 입어야 했습니다. 그 의복에는 속옷과 고의와 띠와 관, 이 모두 흰 세마포로 만든 것이었습니다.

셋째로, 올바른 희생 제물을 준비해야 했습니다. 5절 속죄제를 위하여 숫염소 둘과 번제를 위하여 숫양 하나를 준비해야 했습니다.

넷째로, 자신과 권속을 위해 희생 재물을 드려야 했습니다. 6절

다섯째로, 백성들을 위해 올바른 희생 제물을 드릴 준비를 즉시 갖춰야 했습니다. 7-10절

· 함께 읽어요 : 레위기 16장 15절

"또 백성을 위한 속죄제 염소를 잡아 그 피를 가지고 휘장 안에 들어가서 그 수송아지 피로 행함 같이 그 피로 행하여 속죄소 시은좌 곧 은혜의 자리 위와 속죄소 앞에 뿌릴지니"

### 3. 백성들의 죄를 위하여 구속 희생 제물이 있어야 합니다(레 16:15~22).

① 속죄제를 위한 희생 제물이 죽임을 당해야 했습니다. 15-19절

염소는 백성들을 위한 속죄 제물로 15절 그것의 피는 지성소 속죄소 위에, 회막의 기구들 위에도 뿌려졌습니다. 백성들의 죄와 거역은 회막을 오염시켰기에, 16절 죄 용서 전에 오염된 모든 것들을 깨끗케 해야 합니다.

② 속죄의 염소를 하나님께 드렸습니다. 20-21절 살아있는 염소를 끌고 옵니다. a. 백성들의 모든 죄와 거역을 속죄의 염소 위에 얹어 놓습니다. 염소 머리 위에 손을 얹고 그들의 죄들을 고백합니다. b. 그는 백성들의 죄들이 제거되고 없어졌음을 상징했습니다. 21-22절 그는 속죄 염소를 광야로 내보냄으로써 이 일을 했습니다. 속죄의 염소는 백성들의 죄를 지고 아주 멀리, 전혀 보이지 않는 곳으로, 영원히 떠나갔습니다.

· 함께 읽어요 : 레위기 16장 22절

"염소가 그들의 모든 불의를 지고 접근하기 어려운 땅에 이르거든 그는 그 염소를 광야에 놓을지니라."

## 정리하는 말

여러분! 백성들의 죄를 지고 떠난 염소는 예수 그리스도에 대한 상징입니다. 세상 죄를 지고 가셔서 그것들을 제거하신 분은 예수 그리스도이십니다. 하나님과 화목하기 위해서는 정결함과 희생 제사가 필요하다는 것을 인정하여야 합니다. 죄에 대한 용서는, 두 마리 염소의 대속 희생 제사에 의하여 상징적으로 표현되었습니다. 이 위대한 날, 즉 이스라엘은 속죄일을 영원히 지켜야 했습니다. 이 일을 잊지 마시기 바랍니다.

## 평가와 결심

1. 본문에서 하나님께 올바로 나아가는 길은 무엇이라고 했습니까?
   (레 16:1~2, 자신의 철저한 죄성과 하나님의 거룩성을 인정함으로)
2. 속죄의 염소 머리 위에 어떻게 하였습니까?
   (레 16:20~21, 백성들의 모든 죄와 거역을 속죄의 염소머리 위에 안수해 얹음 )
3. 속죄 염소 머리에 안수하고 죄를 고백한 후 어떻게 했습니까?
   (레 16:20~21, 백성들의 죄를 진 염소를 무인지경 광야로 멀리 떠나보냄)

### 주간 경건의 시간 <51> · 날마다 말씀과 함께

| 요일 / 내용 | 주일/월(Mon) | 화(Tue) | 수(Wed) | 목(Thu) | 금(Fri) | 토(Sat) |
|---|---|---|---|---|---|---|
| 찬송 | 28 / 85 | 250 / 182 | 260 / 194 | 299 / 418 | 301 / 460 | 363 / 479 |
| 성경 | 레 15: / 레16: | 레 17: | 레 18: | 레 19: | 레 20: | 레 21: |
| 적용 | 유출 병/ 속죄일 | 피가 생명이라 | 가증한 풍속 피함 | 지혜의 유익 | 생명나무 | 그리하면 살리라 |

* 율법에 규정되어 있는 것과 같이 무엇보다도 먼저 불멸의 신을 존경하라.

< 피타고라스, B. C. 582-500 그리스 철학자, 수학자 >

# 헌신과 정직한 결산

찬송 / 330, 323, 301 / 통 370, 355, 460
성경 / **레위기 27:1-34**
요절 / **레위기 27:32**
"모든 소나 양의 십일조는 목자의 지팡이 아래로 통과하는 것의 열 번째의 것마다 여호와의 성물이 되리라."
목표 / 주님의 성도로서 성물을 정직하게 결산하는 태도를 기른다.

## 시작하는 말

오늘 말씀은 연말을 맞는 우리 성도들의 성물 결산에 대하여 공부하게 됩니다. 우리 성도들은 살다보면 사망, 질병, 사고, 전쟁 등 치명적인 상황들을 만나게 됩니다. 이런 때 특별 기도를 하도록 만듭니다. 하나님께서 구원해 주시면 가정을 하나님께 드리겠다든지, 돈과 재산을 드리겠다든지, 죄악 된 습관들을 끊어버리겠다고 서원을 하게 됩니다.

한 해 동안 이러한 서약이나 서원을 했다면 그 약속대로 지켜졌는지를 잘 살펴보아 정직하게 결산하는 연말이 되도록 해야 할 것입니다.

## 오늘의 말씀

### 1. 자신이나 다른 사람을 드리겠다는 서약이 있습니다(레 27:1~8).

가장 일반적인 서약은 자신의 삶을 하나님께 드리겠다는 것입니다. 그 다음으로는 자신의 자녀나 가족을 하나님께 드리겠다는 것입니다.

사람의 삶을 하나님께 드리는 것은 지금까지 행해진 서약 중에서도 가장 중요한 것입니다. 모세 당시 일반 사람은 자기 자신이나 자녀들을 사역에 바칠 수 없었습니다. 그 직임은 오직 레위족 제사장에게만, 즉 아론과 그의 아들들과 그들의 후손에게만 허락되었습니다. 그러므로 자기 자신이나 다른 어떤 사람을 하나님께 드린 사람은 그 사람에 대한 가치를 금전으로 환산하여 그 값을 성소에 지불해야 했습니다. 그 값은 그 사람의 노동력, 즉 그 사람이 일할 수 있는 능력에 기초했다는 것에 주목하십시오. 여기에 놀라운 교훈이 있습니다. 한 사람의 금전적 가치는 성전 안에서 봉사하는 성전 노예의 가치에 기초하고 있었습니다. 그는 자기 자신을 드려 하나님의 종이 되게 합니다. 그는 하나님께 매인 종이며 지금이나 영원토록 삶 전체를 통하여 하나님께 매여 있습니다.

· 함께 읽어요 : 사무엘상 1장 27~28절

"27 이 아이를 위하여 내가 기도하였더니 내가 구하여 기도한 바를 여호와께서 내게 허락하신지라 28 그러므로 나도 그를 여호와께 드리되 그의 평생을 여호와께 드리나이다하고 그가 거기서 여호와께 경배敬拜하니라."

## 2. 집이나 토지를 드리겠다는 서약이 있습니다(레 27:14~25).

어떤 신자들은 매우 헌신적이어서 가능한 한 하나님의 증거가 강력하게 그리고 신속히 이루어지기를 원합니다. 그래서 하나님을 향한 그들의 사랑과 열정 때문에 그들은 자신의 재산을 하나님께 바칩니다.

첫째로, 집을 바치겠다는 서약을 할 수 있습니다. 14~15절 집 한 채를 하나님께 드리고자 할 때에 그 집 한 채의 가치는 그 집이 하나님께 드려질 때 정해졌습니다. 만일 사람이 자기 집을 속량, 즉 되사오기를 원한다면 그는 그 값에 20%를 추가하여 지불해야 했습니다.

둘째로, 토지를 바치겠다는 서약을 할 수 있습니다. 16~24절 토지를 하나님께 드리겠다는 서약은 다른 어떤 헌물을 드릴 때보다 더 복잡합니다. 이것은 50년 만에 돌아오는 희년 때문입니다. 그때가 되면 모든 토지는 원래의 소유주에게로 되돌아갔습니다. ① 토지의 값은 그 토지가 산출할 곡식의 가치에 해당했습니다. 16절 ② 만일 그 땅이 희년 중에 드려졌다면 그 땅에 대한 완전한 값이 적용되었습니다. 17절 ③ 만일 그 땅이 희년 이후에 바쳐졌다면 그 땅에 대한 가치는 조정되고 감해져야 했습니다. 18절 ④ 땅을 바쳤으나 그것을 속량, 즉 되찾기를 원하면 그는 그 땅 값에 20%를 추가하여 지불해야 했습니다. 19절 ⑤ 바친 밭을 속량하지 않고 희년 전에 그것을 다른 사람에게 팔았으면 그 땅은 결단코 속량될 수 없었습니다. 20-21절 ⑥ 자기 땅이 아닌 땅을 사서 바친 경우에 그 땅의 가치는 희년까지 남아 있는 연수에 기초하여 계산했습니다. 그 사람은 바치는 날에 그 값을 지불하도록 했습니다.

· 함께 읽어요 : 신명기 16장 17절
"각 사람이 네 하나님 여호와께서 주신 복을 따라 그 힘대로 드릴지니라."

### 3. 서원하여 드릴 수 없는 세 가지가 있었습니다(레 27:26~33).

서원할 수 있는 것은 자기나 자신의 것에 한정되어 있습니다. 이미 여호와께 속해 있으면 서원하거나 바칠 수 없습니다. 서원할 수 없는 세 가지가 있습니다. 즉 필수적인 헌물들은 이미 부과된 것이었기에 불가했습니다.

첫째로, 짐승의 초 태생은 하나님께 서약하거나 바칠 수 없습니다. 26-27절

둘째로, 서약하여 바쳐진 것은 그것을 다시 속량할 수 없습니다. 28-29절

셋째로, 십일조는 서원 예물로 드릴 수 없습니다. 30-33절 십일조는 이미 하나님께 드려져야 하는 것이기 때문에 서원 예물로 드림이 불가합니다.

· 함께 읽어요 : 레위기 27장 31절
"또 만일 어떤 사람이 그의 십일조를 무르려면 그것에 오분의 일을 더할 것이요."

## 정리하는 말

성도 여러분! 오늘 말씀을 보면 변덕스러운 사람들의 약속이나 서원 예물 규정을 말씀해 주고 있습니다. 십일조를 드리고 있는데, 약속이나 서원을 했을 경우 그 십일조로 대신 낼 수 있지 않으냐는 질문에 답을 하고 있는 것입니다. 연말 정산의 경우 헌금하지도 않은 십일조 헌금 영수증을 발행해 달라고 한다면 안 된다는 말입니다. 성도들이 나라의 세금 납부에도 정직하게 해야 하나님께서 기뻐하심을 아시기 바랍니다.

## 평가와 결심

1. 자신이나 다른 사람을 드리기로 한 서약은 어떻게 지켜야 합니까?
   (레 27:1~8, 성전에서 일하는 노예 가치처럼 전적으로 헌신해야 함)
2. 집을 바치기로 했다가 다시 속량하려면 어떻게 해야 합니까?
   (레 27:14~25, 다시 사올 때 본 가치에 20%를 추가해 내야 함)
3. 서원할 때 다시 드릴 수 없고 속량할 수 없는 것은 무엇입니까?
   (레 27:8~20, ① 짐승의 초 태생 ② 서약해 바쳐진 것 ③ 십일조 )

### 주간 경건의 시간 <52> · 날마다 말씀과 함께

| 요일 / 내용 | 주일/월(Mon) | 화(Tue) | 수(Wed) | 목(Thu) | 금(Fri) | 토(Sat) |
|---|---|---|---|---|---|---|
| 찬송 | 121동 / 120동 | 312 / 341 | 315/ 512 | 350/ 393 | 314 / 511 | 363 / 479 |
| 성경 | 레 22: / 23: | 레 24: | 레 25: | 레 26: | 레 27: | 민 1: |
| 적용 | 감사제물 / 여호와 절기 | 항상 켜둘 등잔불 | 안식년 희년 | 일곱 배 징벌 | 서원 예물의 값 | 싸움 나갈 자 계수 |

* 사람에게 내리는 재앙 중 예배의 손실보다 더 큰 재앙이 무엇이란 말인가!
<토머스 칼라일, 1795-1881, 영국 수필가, 역사가, 전기 작가, 철학자 >

제53과

# 아름다운 성전 봉사

찬송 / 330, 323, 301 / 통 370, 355, 460
성경 / 민수기 4:1-33
요절 / 민수기 4:30
"삼십 세부터 오십 세까지 회막에서 복무하고 봉사할 모든 자를 계수하라."
목표 / 성도로서 성전 봉사의 결산을 성실하게 하는 태도를 기른다.

## 시작하는 말

오늘은 연말을 맞는 우리 성도들의 결산 자세에 대하여 공부하게 됩니다. 한 해를 마무리 하면서 연초에 결심했던 봉사 계획이 얼마나 이루어졌는가를 점검해야 하고, 또 새로운 한 해를 준비해야 할 것입니다. 본문에 보면 회막에서 복무하고 봉사할 모든 자를 계수하라고 했습니다. 만물의 영장으로 예배의 봉사자로 세워주셨지만 일꾼으로 제대로 봉사하지 못하고 빈둥빈둥 놀면서, 시간과 물질만 허비하며 살았던 삶은 아니었는지 미래를 위해 반성하고 돌아보아야 할 것입니다.

## 오늘의 말씀

### 1. 일할 수 있는 자를 계수하라고 했습니다(민 4:1~3).

우리의 주변에는 도움을 필요로 하는 자들로 가득 차 있습니다. 일꾼이 필요합니다. 모세와 아론에게 분명한 명령이 주어졌습니다. 그것은 일할 수 있는 자를 계수하라는 것입니다. 이미 그들은 인구 조사를 행하였으며, 30세부터 50세에 이르는 모든 남자를 계수했습니다. 3절 앞에 민수기 3장에서는 한 달 이상 된 모든 레위인들이 계수되었습니다. 민 3:15절 물론 아이들은 장막에서 봉사할 수 없었습니다. 이것이 이번 특별한 인구 조사를 한 이유였습니다. 즉 장막에서 봉사할 수 있을 만한 사람들이 얼마나 되는지를 알아보아야 했습니다. 봉사를 할 수 있는 나이는 30에서 50살이었다는 것에 주목하십시오. 민수기 8장 24절에서는 실제적으로 봉사를 시작하는 나이가 25세였다고 언급합니다. 아마도 처음 5년은 훈련 기간이었을 것으로 예측됩니다.

· 함께 읽어요 : 민수기 8장 24~25절

"24 레위인은 이같이 할지니 곧 이십오 세 이상으로는 회막에 들어가서 복무하고 봉사할 것이요 25 오십 세부터는 그 일을 쉬어 봉사하지 아니할 것이나 26 그의 형제와 함께 회막에서 돕는 직무를 지킬 것이요 일하지 아니할 것이라 너는 레위인의 직무에 대하여 이같이 할지니라."

## 2. 고핫 자손에게 부여된 임무는 이렇습니다(민 4:4~20).

이스라엘 백성들의 생활 중심은 회막 곧 성전이었습니다. 출애굽하여 광야 생활 중에도 철저하게 회막을 중심으로 군대 이동막사처럼 동서남북에 지파를 배치해 관리했습니다. 특별히 천막을 설치하고 이동하기 위해서 짐을 싸 운반하는 일을 담당한 고핫 자손의 임무는 막중했습니다.

첫째로, 지성물을 돌보는 일입니다. 4-5절 "하나님의 보좌를 둘러싸고 있는 거룩한 천사들이 그분의 임재 앞에서 자신의 얼굴과 발들을 가리우듯 사 6:1-3절 고핫 자손들은 지성물에 너무 가까이 다가가지 않도록 조심해야 했습니다. 5절 왜냐하면 지성물은 가장 거룩하신 하나님의 임재를 상징하기 때문입니다."[1)]

둘째로, 지성물은 제사장들만이 준비 할 수 있습니다. 6-14절 제사장들은 그리스도에 대한 상징으로 서 있었습니다. 오직 그리스도만이 거룩한 것들을 예비할 수 있으며, 그것들이 하나님께 받아들여지게 할 수 있습니다. 그 누구도 하나님의 거룩함에 다가갈 수 없었으며, 그분의 거룩함을 대표하는 것들에 다가갈 수 없었습니다. 만일 그렇게 하면 반드시 죽임당할 것입니다. 하나님께 받아들여 질 수 있는 유일한 사람은 완전한 분 그리스도나 그 완전한 인격을 예표하는 제사장뿐입니다. 고핫 자손 일꾼은 하나님의 거룩한 것들을 쳐다보기만 해도 죽임당할 것입니다.

· 함께 읽어요 : 민수기 4장 15절

"진영을 떠날 때에 아론과 그의 아들들이 성소와 성소의 모든 기구 덮는 일을 마치거든 고핫 자손들이 와서 멜 것이니라. 그러나 성물은 만지지 말라 그들이 죽으리라 회막 물건 중에서 이것들은 고핫 자손이 멜 것이며"

### 3. 게르손 자손과 므라리 자손에게 맡겨진 임무가 있습니다(민 4:21~33).

게르손 종족과 므라리 자손을 계수하여 일을 맡겼습니다.

① 게르손 자손 일꾼들이 할 봉사는 장막을 꾸리고 해체하고 이동시키는 일이었습니다. 24-26절

② 므라리 자손 일꾼들의 봉사는 장막 구조물과 주변 뜰을 이루는 기구들을 꾸리고 해체하고 이동시키는 중요한 일을 책임졌습니다. 31-33절

성막 봉사에서 각 사람의 중요성이 명령 안에서 보여집니다. 천막 말뚝 하나라도 잃는다면 천막을 칠 수 없고 예배도 드릴 수 없었을 것입니다.

· 함께 읽어요 : 민수기 4장 43절

"삼십 세부터 오십 세까지 회막에서 복무하고 봉사할 모든 자라."

---

1) *The Expositor's Bible Commentary*, Vol 2. Frank E. Gaebelein, Editor, p.734.

## 정리하는 말

사랑하는 성도 여러분! 모든 믿는 자는 하나님의 예배당에서 책임 역할을 가지고 있습니다. 믿는 자의 봉사는 모두가 중요하며 하나님은 아름다운 성전 봉사를 원하십니다. 하나님 앞에서 믿는 자 모두는 책임성 있는 사람이어야 합니다. 그는 자신의 봉사를 완수하기 위하여, 즉 성실하게 봉사하기 위하여 헌신한 사람이어야 합니다. 하나님께는 천막 말뚝을 옮기는 것조차 극히 중요한 일이었습니다. 맡은 일에 충성하셔서 하나님께 영광 돌리고, 축복의 주인공이 되시기를 간절히 기원합니다.

## 평가와 결심

1. 모세와 아론에게 명령하신 내용이 무엇입니까?
   (민 4:1~3, 일할 수 있는 사람을 계수하라고 함)
2. 고핫 자손에게 맡겨진 임무와 경고가 무엇입니까?
   (민 4:4~20, 지성물을 돌보는 일로 너무 가까이 다가가지 않아야 함)
3. 성막 봉사에서 작은 일 한 가지라도 왜 중요합니까?
   (민 4:21~33, 성막 말뚝 한 개라도 잃으면 천막 예배가 불가능함)

### 주간 경건의 시간 <53> · 날마다 말씀과 함께

| 요일 / 내용 | 주일/월(Mon) | 화(Tue) | 수(Wed) | 목(Thu) | 금(Fri) | 토(Sat) |
|---|---|---|---|---|---|---|
| 찬송 | 87동 / 25동 | 219 / 279 | 264 / 198 | 301 / 460 | 336 / 383 | 325 / 359 |
| 성경 | 민 2: / 3: | 민 4: | 민 5: | 민 6: | 민 7: | 민 8: |
| 적용 | 진 편성 / 나답 아비후 | 고핫 자손 임무 | 죄에 대한 값 | 나실 인의 법 | 감독자 헌물 | 일곱 등잔 |

* 예수 그리스도 그분은 바로 신성의 겸양이시요, 인성의 고양이시다.
< 필립스 브룩스, 1835-1893, 미국 서사시인, 주교 >

13단원 절기 공과

제54과 신 년 절

# 은혜로 한 해를 살게 하소서!

찬송 / 550, 552, 554 / 통일 248, 358, 267
성경 / **누가복음 4:16-23**
요절 / **누가복음 4:19**
"주의 은혜의 해를 전파 하게 하려 하심이라 하였더라."
목표 / 새해는 먼저 영·육간 은혜의 해를 전파하며 살아가도록 한다.

## 시작하는 말

새해를 맞이하면서 우리는 무엇인가 새로운 꿈을 가지게 됩니다. 비전이 없는 삶은 노년기의 특징입니다. 새로운 한 해를 맞을 때마다 새로운 비전과 꿈을 가지십시오. 그런데 요즘은 젊은이들을 보면 무대 위에서의 순간이나 찰나의 즐거움에 도취하여 있는 듯합니다. 한편 현대인들은 하루를 마음을 졸이며 살아가는 듯합니다. 그러나 하나님의 자녀들은 창조주 하나님께서 천지 만물을 다스리라는 문화 명령을 주셨습니다. 항상 자부심을 가지고 화해와 평화 속에서 '은혜의 해'가 되시기 바랍니다.

## 오늘의 말씀

1. 새해는 불멸의 꿈을 꾸며 살아갑시다(눅 4:16~19).

예수께서 마귀의 시험을 물리치시고 복음전파를 위한 행보가 시작되었습니다. 성령의 능력으로 행한다는 소문이 무성했고, 갈릴리 여러 회당에서 가르치실 때 칭송을 받으셨습니다. 그러나 반대 세력도 만만치 않았습니다. 나사렛 회당에서 늘 하시던 대로 성경을 읽으려고 서시니 이사야의 글을 주셨습니다. 책을 펴시고 읽으십니다.

예수께서 읽으신 본문은 이사야 61장 1절 이하의 글입니다. "주 여호와의 영이 내게 내리셨으니 이는 여호와께서 내게 기름을 부으사 가난한 자에게 아름다운 소식을 전하게 하려고, 나를 보내사 마음이 상한 자를 고치며, 포로 된 자에게 자유를, 갇힌 자에게 놓임을 선포하게 하셨다" 는 내용입니다. 금년 한 해도 나라 안팎의 시대적 조건과 상태가 어떨지 아무도 예측할 수 없습니다. 그러나 이사야 선지자의 예언처럼 '주의 은혜'로 치유하심과 자유와 평화가 임하는 새해! 희망찬 변화가 일어나는 대망의 꿈을 꾸시며 살아가는 한 해가 되시기를 소원합니다.

· 함께 읽어요 : 이사야 60장 1절

"[1] 일어나라 빛을 발하라 이는 내 빛이 이르렀고 여호와의 영광이 내 위에 임하였음이니라"

## 2. 새해는 '은혜의 해'가 선포되기를 바랍니다(눅 4:19~21).

고대 이스라엘에서 하나님께서 주신 아름다운 전통이 있습니다. 곧 '희년' 쉐나트 하요벨 <שְׁנַת הַיֹּבֵל; 수양 뿔의 해>은 이스라엘에서 준수된 안식년 주기에서 50년 째 되는 해, 가난을 모면하기 위해 넘겨주었던 땅이 원 소유주에게 되돌려졌고, 종 된 이스라엘 사람이 풀려나게 되었던 해를 가리킵니다. 그 땅 전역에 수양 뿔의 나팔을 붊으로써 희년이 시작되었는데, 그 희년의 속죄일, 곧 제7월(에다님; 9·10월) 10일에 시작했습니다. 희년은 안식년 주기를 종결하는 해입니다. 레 25장, 출 23:10-11 하나님께서 작정하시기를 땅에 파종하는 매 6년이 지난 제7년, 그동안 일하던 땅과 모든 사람과 동물이 '안식'해야 한다고 하셨습니다. 그리고 사람과 동물은 제6년의 풍성한 소출에 의존하여 생활했습니다. 레25:20-21절 희년 선포는 토지 보유와 인간 노예 상태의 측면에서 이스라엘 사회 회복을 위하는 의미가 내포되어 있습니다.

사랑하는 성도 여러분! 세상은 가진 자에게 밀려 가난과 억압 속에 살아가는 선량한 백성들이 있습니다. 이런 자본주의의 열풍이 교회 안에까지 들어와 하나님의 복음을 꽉 쥐고 놓아 주지 않는다면 불편한 세상이 되어 버릴 것입니다. 금년 한 해는 가정에도, 교회에도, 사회에도 '은혜의 해'가 선포되는 한 해가 되기를 간절히 소망합니다.

· 함께 읽어요 : 이사야 61장 2~3절

"[2] 여호와의 은혜의 해와 우리 하나님의 보복의 날을 선포하여 모든 슬픈 자를 위로하되 [3] 무릇 시온에서 슬퍼하는 자에게 화관을 주어 그 재를 대신하며……"

### 3. '찬송의 옷'으로 그 슬픔을 대신하게 하기를 원합니다(사 61:3).

예수님 당시 유대 사회의 형편에서 가난한 자, 마음이 상한 자, 포로된 자, 갇힌 자가 있었습니다. 오늘날 사회나 국가에도 무수한 지구상의 나라와 민족들마다 이런 불평등不平等에 지친 자들로 가득 차 있습니다. 노아의 홍수 전의 형편처럼 '사람의 죄악이 세상에 가득함과 그의 마음으로 생각하는 모든 계획이 항상 악할 뿐임을 보시고' 이제는 갈아 엎어버려야 할 때가 되었다고 생각하는 이들이 많습니다. 창 6:5절

형평성이 무너져 버려 더 이상 바로잡을 수 없고, 재앙의 대접에 죄악의 폭우가 넘쳐흐르고 있습니다. 이때 우리는 하나님을 신뢰하는 자세가 분명해야 합니다. 그래서 슬픔을 대신해 '찬송의 옷'으로 그 근심을 대신하여야 합니다. 사 61:3절 따라서 "그러나 노아는 여호와께 은혜를 입었더라"는 말씀이 이 시대 우리들에게 임하고 이루어지기를 소원합니다.

· 함께 읽어요 : 창세기 6장 7절하~8절

"[7]그것들을 지었음을 한탄함이니라 하시니라. [8]그러나 노아는 여호와께 은혜를 입었더라."

## 정리하는 말

사랑하는 성도 여러분! 한 해가 가고 새해가 밝았습니다. 세상은 어둠이 더 짙어질수록 새벽은 가까워옵니다. 부정적인 생각은 지워버리시고, 인간의 생각이나, 나 한 사람의 기대와 고집은 던져 버리세요. 하나님께서 베푸시는 '은혜의 해 年'를 기대하며 바라보십시오. 그분의 불변하시는 약속대로 관용하며 사랑하며 담대하게 "은혜의 새해가 선포되기를 축복합니다." '은혜의 해'로 시작하여 평화와 화해의 삶을 사시기를 바랍니다.

## 평가와 결심

1. 새해에 마음먹고 살아가야 할 첫째 교훈이 무엇입니까?
   (눅 4:16~19, '불멸의 꿈을 꾸며' 살아가시오.)
2. 새해를 출발하면서 가져야 할 둘째 교훈이 무엇입니까?
   (눅 4:18~19, '은혜의 해가 선포'되기를 소망하면서 행하십시오.)
3. 새해를 살아가는 성도들에게 주신 셋째 교훈이 무엇입니까?
   (사 61:3, 그 근심을 대신하여 '찬송의 옷'으로 갈아입고 살아가시오.)

## 주간 경건의 시간 <54> · 날마다 말씀과 함께

| 요일 / 내용 | 주일/월(Mon) | 화(Tue) | 수(Wed) | 목(Thu) | 금(Fri) | 토(Sat) |
|---|---|---|---|---|---|---|
| 찬송 | 37동 / 36동 | 80 / 101 | 90 / 98 | 95 / 82 | 397 / 454 | 516 / 265 |
| 성경 | 눅1:34-80/ 2:1-33 | 눅 2:34-52 | 눅 3: | 눅 4: | 눅 5: | 눅 6: |
| 적용 | 돋는 해/ 성령의 지시 | 지혜와 키 | 세례 요한 전파 | 갈릴리 회당 | 말씀에 의지하여 | 비판하지 말라 |

* 너무 자유스럽다는 것은 좋지 않다. 필요한 것이 모두 있다는 것도 좋지 않다.

<파스칼 Pascal, 1623-62, 프랑스 철학자, 수학자 >

13단원 절기 공과

제55과 고 난 절

# 십자가 대속의 죽으심

찬송 / 149, 150, 154 / 통 147, 135, 139
성경 / **누가복음** 24:25-35
요절 / **누가복음** 24:26
"그리스도가 이런 고난을 받고 자기의 영광에 들어가야 할 것이 아니냐 하시고."
목표 / 그리스도의 십자가 고난과 대속함을 기억하며 살도록 한다.

## 시작하는 말

세상 죄를 지고 가는 어린양이 계십니다. 만인을 위해 고난을 자초하신 분이 계십니다. 만인을 위해 대신 죽으신 분이 계십니다. 바로 그분이 하나님의 아들 예수 그리스도이십니다. 한 사람의 무죄한 자가 골고다 산상 십자가 위에서 죽으셨습니다. 우리는 예수님의 사랑으로 하나가 되었습니다. 하나님의 사랑이 예수의 십자가 안에서 완성 되었습니다. 기독교의 십자가는 모든 것을 이루신 '사랑과 대속의 십자가'입니다.

## 오늘의 말씀

### 1. 십자가의 고난을 나누면 '복음 가족'이 됩니다(눅 23:26).

예수께서 무거운 십자가를 메고 골고다로 걸어가다 처절한 고통과 무게를 못 이겨 쓰러집니다. 대신 지워 가게 할 사람을 찾다가 구레네 트리폴

리인 사람 시몬에게 지워 가도록 했습니다. 고난과 역경은 내가 원하든 원하지 아니하든 간에 찾아오는 것입니다. 마가는 시몬을 알렉산더와 루포의 아버지라고 기록하고 있습니다. 막 15:21절 바울은 루포와 그의 어머니에게 문안하라고 했습니다. 롬 16:13절 "주 안에서 택하심을 입은 루포와 그의 어머니에게 문안하라 그의 어머니는 곧 내 어머니니라." 로마 교회에 루포라는 사람이 있어, 하나님의 선택하심을 받은 자라고 불리어지며, 그 어머니를 바울이 믿음 안에서 자기 어머니라고 부를 수 있을 만큼, 소중한 어머니를 가진 크리스천이었습니다. 이 루포가 아마도 구레네 시몬의 아들 루포이며, 그의 어머니가 시몬의 아내였음이 틀림없는 듯합니다. 그리스도의 고난을 함께 나눈 시몬이 예수님을 바라보았을 때, 그의 원망스러웠던 마음은 감동함으로 바뀌었고, 결국에는 '신앙'으로 바뀌어서 크리스천이 되었습니다. 그의 가족도 로마 교회에서 택함을 받은 자로서 중추적인 역할을 하였을 것입니다. 예수님의 십자가 고난을 함께 지면 '복음 가족'이 됩니다.

· 함께 읽어요 : 마가복음 15장 21~22절

"[21] 마침 알렉산더와 루포의 아버지인 구레네 사람 시몬이 시골로부터 와서 지나가는데 그들이 그를 억지로 같이 가게 하여 예수의 십자가를 지우고 [22] 예수를 끌고 골고다라 하는 곳 번역하면 해골의 곳 에 이르러"

## 2. 성경이 '십자가의 고난과 영광'을 증거 합니다(눅 24:25~29).

여러분! 우리가 십자가의 정상에 있는 예수님을 이해하지 않고서는 그리스도의 생애를 바로 이해 할 수 없듯이, 예수님의 전 생애와 관계를 맺지 않고서는 십자가를 이해할 수 없습니다. 예수님의 제자들조차 십자가를 바로 이해하지 못해 '고난을 받고 죽임을 당하고 제 삼일에 살아나야 할 것'을 말씀하실 때 "베드로가 예수를 붙들고 항변하여 이르되 주여 그리 마옵소서. 이 일이 결코 주께 미치지 아니 하리이다"라고 말하였다가 "사탄아 내 뒤로 물러가라 너는 나를 넘어지게 하는 자로다" 마 16:21-22절 라는 책망을 받게 되었습니다.

예수님의 십자가는 하늘 영광을 버리시고 이 땅에 인간의 몸을 입고 태어나신 그때 이미 시작되었습니다. 십자가에 못 박혀 달리신 예수님의 십자가는 2천 년 전의 사건이지만 지금도 주님은 십자가에서 죄인들을 부르시고 용서해 주시는 것입니다. 십자가의 고통은 인간의 언어로는 그야말로 형용할 수 없는 고난입니다. 여러분! 그리스도가 당하신 십자가의 고난을 통해 영광의 하늘나라를 바라볼 수 있기를 간절히 소망합니다.

· 함께 읽어요 : 갈라디아서 6장 14절

"그러나 내게는 우리 주 예수 그리스도의 십자가 외에 결코 자랑할 것이 없으니 그리스도로 말미암아 세상이 나를 대하여 십자가에 못 박히고 내가 또한 세상을 대하여 그러하니라."

### 3. 성경을 풀어주실 때에 마음이 뜨거워졌습니다(눅 24:30~35).

예수님은 엠마오 길에서 나타나셔서 성경을 풀어주셨습니다. 음식 잡수실 때에 떡을 가지사 축사하시고 떼어 제자들에게 주셨습니다.

그제야 제자들의 눈이 밝아져 예수님을 알아보았습니다. 제자들에게 성경을 풀어주실 그때에 그들 속에서 마음이 뜨거워짐을 증언하고 있습니다. 우리 주 예수 그리스도는 성경 대로 죽으시고, 성경 대로 장사 되셨고, 성경 대로 다시 살아나신 것입니다. 고전 15:3-4 여러분은 하루에 얼마나 성경을 읽습니까? 금년 한 해 성경을 통독하시면서 성령 충만하고 은혜 충만하여 하나님의 말씀의 은혜로 살아가시기를 바랍니다.

· 함께 읽어요 : 누가복음 24장 32절

"그들이 서로 말하되 길에서 우리에게 말씀하시고 우리에게 성경을 풀어 주실 때에 우리 속에서 마음이 뜨겁지 불타지 아니하더냐? 하고"

## 정리하는 말

사랑하는 성도 여러분! 지금 우리는 주님의 십자가의 고난을 묵상하면서 '고난 주간'을 지나고 있습니다. 중세의 성자 聖者들은 그리스도의 십자가를 묵상하면서 몸소 고통을 체험하려고 고행 苦行을 했습니다. 주님의 고난을 나누면 '복음 가족'이 됩니다. 주님의 십자가에는 고난과 영광이 깃들여 있습니다. 십자가를 자랑하고 증거하며 고난에 동참하면서, 대속의 은혜를 감사하며 하나님의 나라를 사모하시기 바랍니다.

## 평가와 결심

1. 예수의 십자가를 대신 메고 골고다로 갔던 사람이 누구입니까?
   (눅 23:26, 알렉산더와 루포의 아버지 구레네 사람 시몬)
2. 성경이 우리에게 증언하는 가장 중요한 핵심은 무엇입니까?
   (눅 24:27~29, 예수 그리스도의 대속의 십자가의 고난과 영광)
3. 예수님께서 성경을 풀어주실 때 그들의 심령은 어떠했습니까?
   (눅 24:30~35, 그들 속에서 마음이 뜨거워져 성령을 체험함)

### 주간 경건의 시간 <55> · 날마다 말씀과 함께

| 요일 / 내용 | 주일/월(Mon) | 화(Tue) | 수(Wed) | 목(Thu) | 금(Fri) | 토(Sat) |
|---|---|---|---|---|---|---|
| 찬송 | 89동 / 145동 | 147 / 136 | 143 / 141 | 150 / 135 | 149 / 147 | 151 / 138 |
| 성경 | 눅 18: / 19: | 막 12: | 막 13: | 막 14: | 막 15: | 막 16: |
| 적용 | 만져주심/ 찬송하리 로다! | 포도원 농부 | 말세의 징조 | 마지막 만찬 | 예수님 숨지심 | 예수님 살아나심 |

* 무기력을 격퇴하고, 태만을 추방하라. < 플라우투스, B.. C. 254-184, 로마 시인 >

13단원 절기 공과

부 활 절

# 주님께서 살아나셨습니다!

찬송 / 170, 172, 168 / 통 16, 152, 158
성경 / 누가복음 24:1-35
요절 / 누가복음 24:7
"이르시기를 인자가 죄인의 손에 넘겨져 십자가에 못 박히고 제삼 일에 다시 살아나야 하리라 하셨느니라 한대"
목표 / 현대를 살아 가면서 부활신앙으로 살아가는 태도를 가진다.

## 시작하는 말

예수 그리스도의 부활 사건은 아주 중요하기 때문에 4복음에 모두 기록되어 있습니다. 죽음이란 인류에게 가장 무서운 형벌임에 틀림없습니다. 그러나 죽음 이후에 '부활 사건'은 인류 역사에 최상의 굿 뉴스 Good News 입니다. 세상 사람들은 현실에 만족하고 그리스도의 부활을 부인하려고 합니다. 그러나 그리스도의 부활의 증인들은 목숨을 바쳐가며 그리스도의 부활을 증언했던 것입니다. '주께서 과연 살아나시고' 이 한마디가 부활을 부정하는 모든 불신자들의 입을 막아버립니다.

## 오늘의 말씀

1. 예수 그리스도의 부활의 첫 증인들이 증언했습니다(눅 24:1~12).

일요일 주일 主日 은 유대인의 안식일 토요일 다음날로서, 이날 예수께서 부활하셨습니다. 그날은 안식 후 첫날입니다. 예수님의 부활에 대한 강력한 증거가 여기 있습니다. 그들은 예수님의 죽으심과 장사되심에 대한 실제적인 증인들이었습니다. 그들은 향품香品을 사서 예수님의 몸에 바르기 위하여 안식 후 첫날일요일 새벽에 무덤을 찾아갔습니다. 여자들은 도덕적이고 신실했으므로, 예수님의 죽으심과 부활에 대해 진솔한 생각과 그녀들이 보고 들은 바를 증거 했습니다.

무덤 입구로부터 큰 돌이 옮겨져 있었습니다. 옮겨진 돌로 인해 여자들은 깜짝 놀랐습니다. 4절 그 돌은 예수님을 위해서라기보다는 부활의 증인들을 위해 굴려진 것이었습니다. 예수님이 살아나셨을 때 부활한 몸, 시간과 공간을 초월하신, 영적 차원의 신령한 몸이셨기 때문입니다.

· 함께 읽어요 : 누가복음 24장 5~6절
"[5] 여자들이 두려워 얼굴을 땅에 대니 두 사람이 이르되 어찌하여 살아 있는 자를 죽은 자 가운데서 찾느냐 [6] 여기 계시지 않고 살아나셨느니라. 갈릴리에 계실 때에 너희에게 어떻게 말씀하셨는지를 기억하라."

## 2. 좌절과 절망에 빠진 제자들에게 증언해 주셨습니다(눅 24:13~24).

안식 후 첫날은 아주 중요한 날이었습니다. 그날은 여자들이 빈 무덤을 발견하고 그 사실을 제자들에게 전해주었던 바로 그날이었습니다. 이 두 사람 글로바와 그의 동료는 이미 여인들의 증언을 들었거나 전해들었을 것입니다. 그러나 엠마오1)로 내려가는 도중 내내 슬퍼했고, 절망에 빠져있었습니다.

그들은 자신들의 심경을 그대로 나누고 있었을 것입니다. 이것은 저들이 너무나 깊은 절망과 자신들의 이야기 속에 빠져 있었기에, 그들이 주님을 알아보았을 때는 주께서 이미 그들과 동행하시고 계셨다는 사실을 의미합니다. 그럼에도 불구하고 그들은 그분이 주님이신 줄 몰랐다

1) 엠마오, 예루살렘으로부터 7마일 정도 11.2km 떨어져 있었고, 걸어서 약 2시간가량 소요되는 곳이다.

는 사실입니다. 주님의 부활하신 몸은 변형되었으므로 자세히 살펴보지 않고는 예수님의 얼굴을 알아보지 못했을 것입니다. 주님은 저들의 눈을 가려서 주님을 알아보지 못하도록 하였을 것입니다. 주님은 저들과 더 자유롭게 자신에 관한 일들을 토의하고 싶으셨던 것입니다.

예수님은 그들의 얼굴에 가득한 슬픔과 절망을 보시고는 "너희가 길 가면서 서로 주고받은 이야기가 무엇이냐?" 17절고 물으셨습니다. 글로바라 하는 자가 의아해 하면서 "당신은 어떻게 예루살렘에 거하면서 우리가 왜 슬픔과 절망에 처해 있는지 모를 수 있습니까?"라고 되물었습니다. 이어서 십자가 사건을 이야기하고 있습니다.

· 함께 읽어요 : 누가복음 24장 19~20절

"[19] 이르시되 무슨 일이냐 이르되 나사렛 예수의 일이니 그는 하나님과 모든 백성 앞에서 말과 일에 능하신 선지자이거늘 [20] 우리 대제사장들과 관리들이 사형 판결에 넘겨주어 십자가에 못 박았느니라."

## 3. 성령과 성경이 그리스도의 부활을 증거 합니다(행 1:8, 요 5:39).

엠마오로 가는 두 제자와 동행하시면서 예수님은 성경을 설명해 주십니다. 모세의 율법과 예언서와 시편에서 예수님 자신을 두고 하신 말씀이 반드시 이루어져야 한다고 말씀했습니다. 그 기록대로 그리스도는 고난을 받고 죽었다 3일 만에 다시 살아나심으로써, 성경말씀이 성취되었다는, 이 말씀을 하실 때에 마음이 뜨거워지고 눈이 밝아졌습니다.

여기서 분명히 깨달을 것은 모든 성경의 중심 내용은 십자가에 죽으시고 다시 부활하신 예수님입니다. 성경은 십자가와 부활이 핵심입니다. 예수 그리스도를 통하여 성경을 읽을 때 성령이 역사하사 비로소 말씀이 바르게 깨달아진다는 사실을 명심하시기 바랍니다. 눅 24:32-44, 46

· 함께 읽어요 : 누가복음 24장 30~31절

"[30] 그들과 함께 음식 잡수실 때에 떡을 가지사 축사하시고 떼어 그들에게 주시니 [31] 그들의 눈이 밝아져 그인 줄 알아보더니 예수는 그들에게 보이지 아니하시는지라."

## 정리하는 말

주 예수께서 부활하셨어도 믿지 못하는 자들은 슬픔과 좌절과 실망에 빠져 여전히 부활 생명과는 상관없이 삶을 살아갈 수도 있음을 알아야 합니다. 십자가에 죽으시고 다시 살아나신 그리스도께서 바로 여러분들의 부활 생명이 되기를 간절히 축복합니다. 그리스도의 십자가의 고난과 부활 신앙의 은혜로 기쁨과 소망을 누리며 살아가시기 바랍니다.

## 평가와 결심

1. 그리스도의 부활의 첫 증인들은 누구였습니까?
   (눅 24:1~12, 막달라 마리아, 야고보의 어머니 마리아, 살로메)
2. 엠마오로 내려간 두 제자에게 누가 부활을 증언합니까?
   (눅 24:13~24, 부활하신 예수 그리스도 자신이)
3. 누가 그리스도의 부활을 가장 확실하게 증거 합니까?
   (요 5:39, 행 1:8, 주님과 성경 말씀과 성령의 증거)

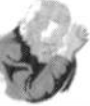

### 주간 경건의 시간 <56> · 날마다 말씀과 함께

| 요일 / 내용 | 주일/월(Mon) | 화(Tue) | 수(Wed) | 목(Thu) | 금(Fri) | 토(Sat) |
|---|---|---|---|---|---|---|
| 찬송 | 145동/ 144동 | 330 / 370 | 353 / 391 | 400/ 463 | 430/ 456 | 456 /509 |
| 성경 | 눅 20:1-18/ 20:19-47 | 눅 21: | 눅 22:1-46 | 눅 22:47-56 | 눅 23: | 눅 24: |
| 적용 | 세금 논쟁/ 부활 논쟁 | 환난의 징조 | 마지막 만찬 | 예수 잡히심 | 예수 숨지심 | 엠마오 두 제자 |

* 하나님의 위대한 구원의 완성은 그리스도의 재림과 함께 올 것이다.

< 폴 믹키 Paul A. Mickey >

13단원 절기 공과

제57과 감 사 절

# 향유 옥합을 깨뜨려 감사

찬송 / 587, 588, 592 / 통 306, 307, 311

성경 / **누가복음 7:36-50**

요절 / **누가복음 7:38**

"예수의 뒤로 그 발 곁에 서서 울며 눈물로 그 발을 적시고 자기 머리털로 닦고 그 발에 입 맞추고 향유를 부으니"

목표 / 성도들은 가장 귀한 것을 주님께 드려 감사하는 태도를 기른다.

## 시작하는 말

본문 말씀은 회개한 죄인과 자기 의義를 가진 바리새인의 태도가 명백하게 대비되고 있습니다. 회개한 죄인은 주님께서 사랑하시지만 자기 의를 가진 자는 심각한 죄이기 때문에 거침돌이 됩니다. 주님의 은혜를 깨달은 사람이야 말로 자신의 것을 아낌없이 주님께 드릴 수 있습니다. 주님의 은혜를 깨달은 사람만이 교회생활에서 기쁨으로 헌신 할 수 있습니다. 여러분도 고귀한 것으로 주님께 헌신 봉사하시기 바랍니다.

## 오늘의 말씀

### 1. 예수님은 조건 없이 바리새인의 초대에 응하셨습니다(눅 7:44~46).

바리새인 시몬은 예수님을 집으로 초대했지만 통상적인 예의를 하나도 갖추지 않았습니다. 시몬에 대한 예수님의 신랄한 지적은 그의 초대가 얼마나 허술하고 지적인 호기심에 집착했는가를 드러내고 있습니다. 당연히 시몬은 예수님을 메시야로, 심지어는 선지자로도 여기지 않았습니다. 예수님을 초대했지만 입을 맞추지 아니했습니다. 하물며 가룟 유다도 거짓으로나마 예수께 입을 맞추었는데, 시몬은 제대로 인사 입 맞춤조차 없었습니다. 그러면 왜 예수님을 초대했을까요? 시몬은 잔치 벌이기를 좋아하는 사람으로서 예수님에 대한 이야기를 너무 많이 들었기 때문입니다. 그래서 우호적인 측면에서 예수님을 만나 이야기를 나누고 싶어 했을 것입니다.

예수님은 죄인들과도 종교인들과도 식사하셨습니다. 그분은 사람을 찾고 만나셔서 섬기려하고, 복음으로 구원 백성 삼으시기를 원하십니다.

· 함께 읽어요 : 마가복음 10장 45절

"인자가 온 것은 섬김을 받으려 함이 아니라 도리어 섬기려 하고 자기 목숨을 많은 사람의 대속 물로 주려 함이니라."

## 2. 예수님은 죄인인 여인을 기쁨으로 만났습니다(눅 7:37, 44).

사람들이 죄로 인한 고통을 가장 힘들어 합니다. 이것을 해결하기를 원합니다. 본문의 여인은 이에 대해 어떤 태도를 보이고 있습니까?

첫째로, 그 여인은 절실한 필요를 느꼈습니다. 그녀는 어디선가 예수님의 말씀을 들었고 무거운 죄책감에 시달렸을 것입니다. 회개하고 하나님 나라를 준비하라는 예수님의 말씀이 그 여인의 마음을 찔렀습니다. 그녀는 자신이 죄인임을 깨달았습니다. 자신이 부정하고, 쓸모없고, 정죄받을 자임을 알았습니다. 예수께 나와 죄의식과 그 죄의 중압감에서 벗어나기를 원했습니다. 용서함과 깨끗함, 자유함과 해방을 열망했습니다.

그래서 죄인임에도 불구하고 주님께 다가갔습니다. 그녀는 사람들이 자신을 경멸하고 자신에 관해 수군거리는 것도 알았습니다. 그러나 이 모든 것을 떨쳐버리고, 예수님께 나아왔습니다. 그녀는 최상의 겸손으로 자신을 내맡겼습니다. 거기에서 그녀는 죄책감과 감동으로 압도당했습니다. 그녀는 예수님의 발 앞에 엎드려 울었고, 눈물이 흘러내려 범벅이 되었습니다. 회한의 눈물이었습니다. 회개의 눈물이었습니다. 감사의 눈물이었습니다. 그녀는 머리를 풀어 예수님의 발을 닦고 거기에 입을 맞추고 향유 옥합을 깨뜨려 부었습니다. 이런 간절한 방식의 감사와 헌신과 사랑을 보인 사람은 하나도 없었습니다. 그녀는 마음과 생명을 완전히 주께 내어 놓고, 예수님께 용서를 구하고 있었습니다.

· 함께 읽어요 : 누가복음 7장 44절
"그 여자를 돌아보시며 시몬에게 이르시되 이 여자를 보느냐 내가 네 집에 들어올 때 너는 내게 발 씻을 물도 주지 아니하였으되 이 여자는 눈물로 내 발을 적시고 그 머리털로 닦았으며"

## 3. 예수님께서 주신 가장 귀한 생명을 감사 찬양합시다(눅 7:37~43).

주님은 오백 데나리온은전의 명칭과 오십 데나리온 빚진 자들에 대해 말씀합니다. 주님은 시몬에게 "갚을 것이 없으므로 둘 다 탕감하여 주었듯이 둘 중에 누가 더 사랑하겠느냐"42절고 물으십니다. 당연히 많은 빚을 탕감 받은 자가 진정한 기쁨과 감사를 드릴 수 있다고 대답합니다. 바리새인 시몬은 의인이라고 자부했고, 죄 지은 여인은 깊은 죄악 가운데에 산다고 생각했습니다. 그러나 이 여인은 죄를 용서하시고 구원하신 예수님의 사랑에 감격했습니다. 예수님은 이 여인을 통하여 우리에게 진정한 감사가 무엇인지를 보여주신 사건입니다. 여러분! 주신 생명을 감사하여 세상에서 가장 귀한 것으로 감사하고 찬양하시기 바랍니다.

· 함께 읽어요 : 마태복음 26장 11~12절
"11 가난한 자들은 항상 너희와 함께 있거니와 나는 항상 함께 있지 아니하리라
12 이 여자가 내 몸에 이 향유를 부은 것은 내 장례를 위하여 함이니라."

## 정리하는 말

오늘날 세상은 거짓과 탐욕, 그리고 돈과 명예와 권력으로 무너져가고 있습니다. 그러나 용서와 헌신의 표현인 회개의 눈물로 주님의 발을 적셔 머리털로 씻어드리고, 향유를 부어드린 행위야 말로 신앙 고백이요, 감사와 찬양의 극치입니다. 여러분도 가장 귀한 것이 무엇인지 찾아보시고, 그 귀한 것으로 헌신하고 주님께 감사와 찬양을 돌리시기 바랍니다.

## 평가와 결심

1. 시몬의 초대가 갖는 의미가 무엇입니까?
   (눅 7:36, 한 바리새인의 초대는 자기 의義를 가진 자의 사교성 짙은 초대)
2. 죄인인 한 여자가 보여준 예수님께 대한 태도는 어떠했습니까?
   (눅 7:38, 겸손함과 죄책감 때문에 눈물과 머리털로 주님 발을 씻김)
3. 죄인인 한 여자가 예수님께 어떤 헌신과 봉사를 했습니까?
   (눅 7:6~12, ①향유옥합 깨뜨림 ②주님 머리에 향유 부음 ③장례 준비)

### 주간 경건의 시간 <57> · 날마다 말씀과 함께

| 요일 / 내용 | 주일/월(Mon) | 화(Tue) | 수(Wed) | 목(Thu) | 금(Fri) | 토(Sat) |
|---|---|---|---|---|---|---|
| 찬송 | 146동 / 91동 | 598 / 244 | 400 / 463 | 413/ 440 | 386 / 470 | 415 / 471 |
| 성경 | 눅 7: / 8: | 눅 9: | 눅 10: | 눅 11: | 눅 12: | 눅 13: |
| 적용 | 백부장 종/ 좋은 땅 | 오직 예수만 | 성령으로 기뻐하사 | 성령을 주시리라 | 어리석은 부자 | 이와 같이 망하리라 |

* 내가 소유한 것이 아니라 내가 행하는 것이 나의 삶을 결정한다.

< 토머스 칼라일T. Carlyle, 1795-1881, 영국 평론가, 역사가 >

13단원 절기 공과

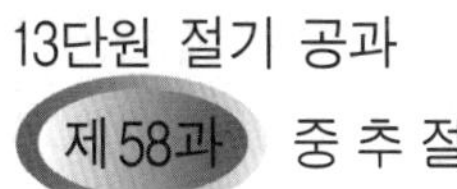

제58과 중추절

# 여호와로 기뻐하라!

찬송 / 593, 595, 588 / 통 312, 372, 307
성경 / **느헤미야 8:2-18**
요절 / **느헤미야 8:10절 하반절**
"이 날은 우리 주의 성일이니 근심하지 말라 여호와로 인하여 기뻐하는 것이 너희의 힘이니라 하고"
목표 / 여호와로 기뻐하며 풍성하고 복된 명절로 살아가도록 한다.

## 시작하는 말

요즘 사람들은 추석 명절을 고향에서 보내기보다는 콘도나 여행을 즐기며 보내기를 좋아합니다. 그러나 우리 민족의 고유한 명절 추석秋夕이야 말로 서양 사람들의 그 어떤 명절보다 더 정이 갑니다. 추석을 위해 온 가족이 모여 송편도 빚고, 풍성한 과일을 선물하면서 조상 성묘省墓도 하는 그 의미가 깊습니다. 본문은 수문 앞 광장에 백성들을 모으고 율법책을 낭독하며 기쁨의 예배를 드리는 감동적인 모습을 봅니다.

## 오늘의 말씀

### 1. 백성들이 학사 에스라에게 율법 듣기를 청했습니다(느 8:1~3).

민족 고유의 명절인 추석을 맞으면서 온 가족이 함께 하나님께 주님의 말씀을 읽으며 찬송을 하고 예배를 드리면 하나님께서 기뻐하실 것입니다. 유다 총독 스룹바벨의 인솔 하에 제1차로 주전 537년 귀환한 이스라엘 사람들이 예루살렘 성전의 건축을 위해서 기꺼이 예물을 드려 성전을 중수했습니다. 에스라 1-6장 제2차 귀환은 에스라 인솔 하에 약 2천 세대가 귀환했습니다. 에스라 7-10장 제3차 귀환은 주전 444년 느헤미야 인솔로 귀환했습니다. 바벨론 포로 귀환은 하나님의 은혜 중에 은혜인 것입니다. 학사인 에스라에게 율법을 듣기를 원해서 청했습니다. 에스라는 하나님의 율법을 연구하고 가르치는 일에 준비된 자였습니다. 스 7:6절

에스라가 율법을 낭독하며 레위인들이 백성들에게 말씀 교육을 통하여 신앙의 기초와 성벽을 쌓기를 시작했습니다.

· 함께 읽어요 : 느헤미야 8장 3절

"수문 앞 광장에서 새벽부터 정오까지 남자나 여자나 알아들을만한 모든 사람 앞에서 읽으매 뭇 백성이 그 율법 책에 귀를 기울였는데"

## 2. 하나님 여호와를 송축하고 예배하는 모습입니다(느 8:4~8).

예배의 ①장소는 수문 앞 광장이었습니다. ②남자나 여자나 뭇 백성이 다 모였습니다. ③에스라는 특별히 제작한 나무 강단에 서고, ④에스라가 책을 펼 때에 모든 백성이 일어섭니다. ⑤백성들은 새벽부터 정오까지 율법책 읽는 소리에 귀를 기울였습니다. ⑥에스라가 위대하신 하나님 여호와를 송축하매 ⑦모든 백성이 손을 들고 아멘, 아멘 하고 응답하고 ⑧몸을 굽혀 얼굴을 땅에 대고 여호와께 경배했습니다.

"에스라 오른 쪽에 선자는 맛디댜, 스마, 아나야, 우리야, 힐기야, 마아세야요, 그의 왼쪽에 선자는 브다야, 미사엘, 말기야, 하숨, 하스밧다나, 스가랴, 므슬람이라." 4절 "레위 사람들은 백성이 제자리에 서있는 동안 율법을 깨닫게 하니" 느 8:9절 라고 했습니다.

이 같은 백성들의 종교적인 부흥의 열기를 신앙의 개혁으로 승화시킨

인물이 바로 에스라 Ezra 입니다.

그동안 정치적이고 행정적인 개혁에 있어서는 느헤미야가 이끌어왔지만, 이제 영적 개혁을 시작함에 있어서는 에스라가 전면에 나서게 됩니다. 느헤미야는 탁월한 지도력으로 백성들을 격려하고 단결시켜 짧은 시간 안에 성벽을 재건했습니다. 에스라는 율법에 익숙한 자로서 하나님의 말씀을 가르쳐 백성들의 마음속에 무너져 버린 신앙의 성벽을 재건했습니다.

· 함께 읽어요 : 느헤미야 8장 6절

"에스라가 위대하신 하나님 여호와를 송축하매 모든 백성이 손을 들고 아멘, 아멘 하고 응답하고 몸을 굽혀 얼굴을 땅에 대고 여호와께 경배 하니라."

### 3. 백성들은 하나님의 말씀에 귀를 기울였습니다(느 8:9~12).

예배 참석자들의 태도를 5~6절에서 잘 가르쳐 주고 있습니다.

① 책을 펼 때에 모든 백성이 자리에서 일어섭니다. 5절

② 에스라가 위대하신 여호와를 송축합니다. 6절

③ 모든 백성이 손을 들고 아멘, 아멘 하고 응답합니다. 6절

④ 몸을 굽혀 얼굴을 땅에 대고 여호와께 경배합니다. 6절

⑤ 율법책을 낭독하고 깨닫게 합니다. 8절

⑥ 율법의 말씀을 듣고 눈물로 회개합니다. 9절

백성들을 향해 느헤미야는 a. 살진 것을 먹고, 단 것을 마시되 준비하지 못한 자에게는 나눠주라. b. 주의 성일이니 근심하지 말고 '여호와로 인하여 기뻐하라'고 합니다. 백성들은 하나님의 말씀을 분명하게 이해했습니다.

· 함께 읽어요 : 느헤미야 8장 10절

"느헤미야가 또 그들에게 이르기를 너희는 가서 살진 것을 먹고 단 것을 마시되 준비하지 못한 자에게는 나누어 주라 이 날은 우리 주의 성일이니 근심하지 말라 여호와로 인하여 기뻐하는 것이 너희의 힘이니라 하고"

## 정리하는 말

사랑하는 성도 여러분! 금년 추석을 맞으면서 온 가정에 수문 앞 광장의 예배처럼 가정이 "여호와로 인하여 기뻐하는 것이 너희의 힘이니라."는 이 말씀이 임하여 여러분들의 가정마다 복된 현장되시기 바랍니다. 여러분들의 가정이 하나님의 말씀으로 헌신을 결단하며 충성을 다짐하는 즐거운 중추절이 되기를 바랍니다. 주님의 은혜로 온 가정이 축복된 가문들이 되기를 소원합니다.

## 평가와 결심

1. 수문 앞 광장의 예배의 특징이 무엇입니까?
   (느 8:1~5, 학사 에스라에게 율법 듣기를 자청하여 들음)
2. 느헤미야와 에스라의 예배 진행의 특징이 무엇입니까?
   (느 8:6~8, 서서 여호와 송축, 아멘 응답, 율법 낭독, 회개함)
3. 예배 회중들의 반응이 어떻게 나타났습니까?
   (느 1:13~14, 여호와를 송축함, 율법 낭독과 해석, 회개 운동)

### 주간 경건의 시간 <58> · 날마다 말씀과 함께

| 요일 / 내용 | 주일/월(Mon) | 화(Tue) | 수(Wed) | 목(Thu) | 금(Fri) | 토(Sat) |
|---|---|---|---|---|---|---|
| 찬송 | 73동 / 74동 | 312 / 341 | 315 / 512 | 350 / 393 | 314 / 511 | 345 / 461 |
| 성경 | 느 2: / 느 3: | 느 4: | 느 5: | 느 6: | 느 7: | 느 8: |
| 적용 | 묵도하고 / 성벽 중수 | 산발랏 도비야 | 가난한 백성 | 내 손을 힘있게 하소서 | 노래하는 자들 | 여호와로 기뻐하라 |

* 도량이 좁은 사람은 용서하는 것이 얼마나 거룩하고 영광스런 일인지를 알지 못한다. < 니콜라우스 로우, 1674-1718, 극작가, 시인>

13단원 절기 공과

제59과 성 탄 절

# 그 이름을 예수라 하라!

찬송 / 122, 108, 101 / 통 122, 113, 106
성경 / **누가복음 1:26-38**
요절 / **누가복음 1:35**
"천사가 대답하여 이르되 성령이 네게 임하시고 지극히 높으신 이의 능력이 너를 덮으시리니 이러므로 나실 바 거룩한 이는 하나님의 아들이라 일컬어지리라.
목표 / 하나님의 아들 주 예수 그리스도 성탄축하하는 태도를 기른다.

## 시작하는 말

오늘 본문에 천사 가브리엘이 하나님의 보내심을 받았습니다. 가브리엘<גַּבְרִיאֵל; *Γαβριήλ*>은 '하나님의 사람' 혹은 '하나님의 용사', '하나님의 힘'을 의미합니다. 그는 하나님 앞에 실제로 서 있는 자입니다. 그는 사람들에게 좋은 소식을 가져다주는 자입니다. 그는 다니엘, 사가랴, 마리아에게 좋은 소식을 전달했습니다. 오늘 본문의 내용은 예수님의 탄생을 둘러싼 가브리엘의 두 번째 사명입니다.

## 오늘의 말씀

### 1. 예수 그리스도는 '동정녀'를 통해 탄생했습니다(마 2:1).

엘리사벳의 잉태 후 여섯 달 만에 가브리엘은 갈릴리 나사렛으로 보내심을 받았습니다. 갈릴리는 이방인 혹은 이교도 나라와 경계지역이었습니다. 그러므로 종종 이방인의 갈릴리라고 불렀습니다. 나사렛은 멸시받는 동네였으며, 유다의 다른 지역보다 열등한 곳으로 간주되었습니다. 그 지역 사람들은 특히 로마 사람들에게 무시당하는 식민지 백성이었습니다. 다윗의 자손 요셉의 약혼녀 마리아는 결코 사내를 알지 못하였고, 부도덕하지 않았습니다. 히브리인들의 '젊은 여인', '알마'<עַלְמָה; 처녀>는 동정녀를 의미했습니다. 마리아는 요셉과 정혼하였고, 마리아와 요셉은 둘 다 경건하였고, 그렇기 때문에 그들을 선택해 하나님의 아들을 낳는 중대한 사명을 맡겼던 것입니다.

· 함께 읽어요 : 마태복음 1장 20절
"이 일을 생각할 때에 주의 사자가 현몽하여 이르되 다윗의 자손 요셉아 네 아내 마리아 데려오기를 무서워하지 말라 그에게 잉태된 자는 성령으로 된 것이라."

### 2. 예수의 동정녀 탄생을 믿어야 합니다(눅 1:27, 마 1:23, 사 7:14).

오늘날 많은 사람들이 동정녀 탄생을 믿지 못하겠다고 합니다. 그러나 성경은 분명하게 예수 그리스도는 '동정녀'를 통해 나셨다는 것을 문자로 기록해 우리에게 확실하게 전해주고 있습니다.

그리스도의 동정녀 탄생을 대함에는 사려 깊고 정직하게 생각할 필요가 있습니다. 즉 사람은 정직해야만 하고, 깊이 있는 사고를 해야만 합니다. 왜 하나님의 아들은 동정녀를 통해 세상에 오셔야만 했겠습니까? 왜 그리스도께서는 동정녀에게서 태어나셔야 했겠습니까?

① 하나님 아들의 탄생에는 이적이 요구되었습니다. 그리스도께서 필요로 하신 것은 오로지 한 몸이었습니다. 히 10:5절

② 하나님 아들의 탄생에는 하나님 편에서와 여자의 편에서의 연합을 이루는 행위가 요구되었습니다. 요 3:16절

③ 하나님 아들의 탄생에는 이적적인 성품, 즉 신의 성품과 인간의 성품 모두가 요구되었습니다. 히 2:14-18절, 마 1:16절

④ 하나님 아들의 탄생은 완전한 성품의 탄생을 요구했습니다. 왜냐하면 완전한 삶을 살아야 했기 때문입니다.

⑤ 하나님 아들의 탄생은 창조적인 하나님의 말씀을 요구했습니다. 하나님께서 단지 말씀으로 한 몸과 세상을 창조하셨습니다. 히 10:5절

· 함께 읽어요 : 히브리서 10장 5절

"그러므로 주께서 세상에 임하실 때에 이르시되 '하나님이 제사와 예물을 원하지 아니하시고 오직 나를 위하여 한 몸을 예비하셨도다."

### 3. 마리아는 하나님께 은혜를 입은 여인이었습니다(눅 1:28~38).

본문의 마리아는 하나님께 큰 은혜를 받았음을 기록하고 있습니다.

첫째로 그녀는 하나님께 큰 은혜, 즉 유일한 특권을 받았다고 했습니다.

둘째로 하나님은 마리아와 함께 하셨습니다. 하나님께서는 그녀와 함께 계셨으며, 과거 함께 계시며, 현재 함께 계실 것입니다. 미래 그럼에도 그녀는 두려움으로 인해 염려하고 충격을 받았습니다. 마리아에게는 놀라운 일이었지만 이것은 분명 하나님의 충만한 은혜였습니다.

① 마리아는 천사가 그녀에게 전한 것으로 인해 놀랐습니다.

② 마리아는 하나님께서 그녀에게 어떻게 그런 큰 은혜를 주실 수 있는지 이해하지 못했기 때문에 놀랐습니다. 친족 엘리사벳이 본래 임신하지 못한다고 알려진 이가 이미 여섯 달이 되었다고 일러주었습니다. 성경은 "대저 하나님의 모든 말씀은 능하지 못하심이 없느니라" 눅 1:37절 했음을 기억하시기 바랍니다. 여러분에게 하나님의 은혜가 충만하시길 기원합니다.

· 함께 읽어요 : 누가복음 1장 35절, 38절

"35 천사가 대답하여 이르되 성령이 네게 임하시고 지극히 높으신 이의 능력이 너를 덮으시리니 이러므로 나실 바 거룩한 이는 하나님의 아들이라 일컬어지리라. 38 마리아가 이르되 주의 여종이오니 말씀대로 내게 이루어지이다 하매 천사가 떠나 가니라."

## 정리하는 말

사랑하는 성도 여러분! 하나님의 아들이신 만왕의 왕 예수 그리스도께서 육신을 입으시고, 사람의 모양으로 허물과 죄로 죽었던 우리를 살리려고 오신 것입니다. 하나님께서는 요셉과 동정녀 마리아에게 먼저 그리스도 탄생 소식을 알리셨습니다. 정직하고, 진실하였기에 하늘 영광을 친히 보았고, 가브리엘 천사를 통해 온 세상에 전할 기쁨의 소식을 전달 받았습니다. 하나님의 크신 은혜가 임하시기를 간절히 소원합니다.

## 평가와 결심

1. 예수 그리스도의 탄생은 누구를 통해 이루셨습니까?
   (눅 1:27~28, 다윗의 자손 요셉과 동정녀 마리아를 통해)
2. 주께서 세상에 임하실 때 무엇을 예비하셨습니까?
   (히 10:5; 사 7:14, 주를 위하여 한 몸을 예비하심)
3. 천사의 수태고지[2]를 듣고 놀라자 무슨 말씀을 주십니까?
   (눅 1:37, "대저 하나님의 모든 말씀은 능하지 못하심이 없느니라.")

### 주간 경건의 시간 <59> · 날마다 말씀과 함께

| 요일 / 내용 | 주일/월(Mon) | 화(Tue) | 수(Wed) | 목(Thu) | 금(Fri) | 토(Sat) |
|---|---|---|---|---|---|---|
| 찬송 | 104동 / 105동 | 108 / 113 | 109 / 109 | 115 / 115 | 114 / 114 | 122 / 122 |
| 성경 | 눅1:1-38/ 마1: | 마 2: | 마 3: | 마 4: | 마 5: | 마 6: |
| 적용 | 세례 요한 / 예수라 하라 | 베들레헴 | 성령과 불 | 회개하라 | 세상의 소금이니 | 이렇게 기도하라 |

* 아첨꾼들은 가장 나쁜 종류의 적이다. < 타키투스, 55~120, 로마 역사가 >

2) 수태고지, 受胎告知 란 천사 가브리엘이 성령에 의한 임신을 마리아에게 알려 준 일.

14단원 가정의례 공과

제60과 임종 예배

# 모세의 임종 준비와 교훈

찬송 / 606, 610, 608 / 통일 291, 289, 295
성경 / **민수기 14:11-38**
요절 / **민수기 14:30**
"여분네의 아들 갈렙과 눈의 아들 여호수아 외에는 내가 맹세하여 너희에게 살게 하리라 한 땅에 결단코 들어가지 못하리라."
목표 / 모세의 임종 준비를 보면서 복된 임종을 맞는 준비를 하도록 한다.

누구나 한 인간의 죽음이 가까우면 본인과 가족들은 마음을 준비하고 **임종 예배**를 드려야 합니다. 임종 예배를 드리고 나서 다시 살아나는 경우가 있더라도 운명하시기 전에 '임종 예배'를 드리는 것이 바람직합니다. 목회자가 없다하더라도 당황하지 말고 구역회원이나 속회의 성도들을 불러서 간단한 예배를 드리는 것이 좋습니다. 임종 예배에서는 **죄 고백**과 예수 그리스도를 믿음으로 **용서**와 **확신**을 갖도록 도와주어야 합니다. 이때에는 **부활 신앙**과 내세관을 통하여 **죽음**을 **긍정적**으로 **받아들이도록 도와주는 것**이 무엇보다 중요합니다.

## 시작하는 말

모세는 이스라엘 민족의 지도자로서 자신의 죽음이 가까웠음을 감지하고 여호수아를 불러 사명을 이양하고 이어가도록 하면서 임종을 준비했습니다. 한 인간의 출생도 중요하지만 임종이야 말로 그의 인생을 정리하는 귀중한 순간입니다. 모세는 애굽에서 태어나 민족의 지도자로 애굽의 학문과 무예를 익히고, 광야의 신학 수업 40년을 마친 후 지도자로 우뚝 섭니다. 그러나 백성들은 불신에 빠져 불평 불만하면서 여호수아와 갈렙의 설득에도 불구하고, 분노와 비탄에 빠져 네 사람의 지도자를 돌로 치려했습니다. 단 한 사람도 약속의 땅으로 인도할 수 없다고 대적할 그때 여호와의 영광이 나타났습니다.

### 오늘의 말씀

#### 1. 하나님의 진노와 심판에, 모세가 중보 기도합니다(민 14:10~19).

여호와의 영광이 모든 백성의 목전에서 회막 앞에 나타났습니다. 여호와 하나님께서 "언제까지 이 백성들이 자신을 멸시하겠느냐?"고 물으십니다. 그리고 백성들을 전염병으로 진멸하시고, 모세를 세워서 새롭고 강력한 백성을 일으키시겠다고 하셨습니다.

중대한 범죄를 저지른 하나님의 백성들을 위해 모세는 끝까지 백성들 편에 서서 세 가지 사항을 고려해 달라고 중보 기도로 진언합니다.

첫째로, 하나님의 영예를 기억하셔야 합니다. 13-18절

둘째로, 하나님의 사랑과 용서에도 문제가 발생합니다. 19절

셋째로, 하나님은 사랑이시며 또한 공의로우신 분이십니다. 따라서 "애굽의 종살이에서 구원하신 이후로 늘 그러하셨듯이 그들의 죄를 용서해 주셔야 합니다"라고 간절히 호소하며 하나님께 기도했습니다.

#### 2. 하나님께서는 심판과 사랑을 선언하십니다(민 14:21~25).

하나님께서는 용서를 위한 모세의 기도를 들으셨습니다. 그 백성들을 위해 간구했던 모세의 간절한 기도를 들으시고 하나님은 놀라운 진리를 선언하셨습니다. 그 이유는 모세가 그의 백성들을 위해 간구했기 때문에 그의 기도를 들으신 것입니다.

백성들의 계속적인 불순종과 반항에 대해 하나님은 자신의 온전한 공

의와 심판을 행하셨던 것입니다.

첫째로, 하나님의 심판입니다. 23절 장년들 곧 어른들은 한 사람도 약속의 땅에 들어가지 못할 것이고, 광야에서 죽게 될 것입니다.

둘째로, 갈렙과 여호수아만은 제외됩니다. 24절 하나님의 심판에도 예외가 있었습니다. 그들은 마음을 다하여 여호와를 좇았으며, 충성하였고, 하나님을 전적으로 믿었기 때문입니다.

셋째로, 두 번째 심판은 광야에서 방황하도록 했습니다. 25절 약속된 땅의 원수들로부터 자신의 백성들을 보호하기 위하여 하나님께서 취하신 조처였습니다. 그 결과 약속의 땅에 들어가기 전에 광야에서 장년 세대들이 다 죽어 묻히고, 유소년들이 자라기까지 40년을 유리 방황하여야 했습니다. 광야는 불신앙적인 사람들의 무덤이 될 것입니다.

### 3. 하나님의 심판이 모세를 통하여 선언 되었습니다(민 14: 26~39).

백성들은 그들이 말한 대로 "광야에서 죽었으면 좋았을 것" 거두어야 했습니다. 그것이 하나님의 공의로운 심판입니다. 사람은 누구나 자신이 뿌린 것을 거두게 될 것입니다. 갈 6:7절

첫째로, 광야에서 죽게 됩니다. 14:29-30절 그들은 약속된 땅의 원수들을 대적하느니 차라리 광야에서 죽는 것이 더 나을 것이라고 14:2절 원망했던 그들의 말 대로 성취되도록 하여 하나님의 공의는 실현되었습니다.

둘째로, 자녀들만 약속의 땅으로 들어가게 됩니다. 14:31-33절 단 한 명의 자녀도 노예가 되지 않을 것입니다.

셋째로, 그들의 심판은 40년 동안 심판 받게 됩니다. 14:34절 믿지 않은 정탐꾼들이 가나안 땅을 탐사했던 40일 중에서 하루를 1년으로 쳐서 백성들은 40년이란 괴롭고 긴 세월 동안 광야에서 유리하게 되고, 반항한 죄인들은 광야를 방황하며 고통을 당해야 했습니다. 믿지 않은 열 명의 정탐꾼들은 백성들보다 더 큰 심판을 받았던 것입니다. 14:36~38절

## 정리하는 말

사랑하는 성도 여러분! 모세가 백성들에게 하나님의 심판을 선언했을 때, 반응은 어떠했습니까? 그들은 슬픔에 사로잡혀 비통해 했습니다. 그러나 때는 너무 늦었습니다. 성도 여러분! 모세의 임종 전 내려진 심판을 통해 우리가 어떻게 살아가야 할 것인지 교훈해 주고 있습니다. 모세가 임종 전에 후계자를 세워 임무를 인계하고, 백성들을 위해 기도한 것처럼, 우리도 매사에 유종의 미를 거둘 수 있기를 주님의 이름으로 축원합니다.

## 평가와 결심

1. 열 명의 정탐꾼들의 보고를 듣고 백성의 반응은 어떠했습니까?
   (민 14:1~10, 불신과 불평으로 모세와 아론을 돌로 치려함)
2. 백성들이 지도자들을 돌로 치려하자 어떤 일이 벌어졌습니까?
   (민 14:11~19, 여호와 영광이 나타남, 전염병으로 전멸 시키겠다하심)
3. 하나님의 심판 선언을 들은 모세의 반응과 결과는 무엇이었습니까?
   (민 14:13~19, "사하시옵소서"라고 중보 기도한 결과 그들을 사하심)

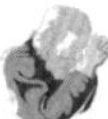

## 주간 경건의 시간 <60> · 날마다 말씀과 함께

| 요일 / 내용 | 주일/월(Mon) | 화(Tue) | 수(Wed) | 목(Thu) | 금(Fri) | 토(Sat) |
|---|---|---|---|---|---|---|
| 찬송 | 93동 / 83동 | 143 / 141 | 301 / 460 | 363 / 479 | 436 / 493 | 483 / 542 |
| 성경 | 민 9: / 10: | 민 11: | 민 12: | 민 13: | 민 14: | 민 15: |
| 적용 | 유월절/ 나팔신호 | 70인 장로 임한 영 | 모세의 충성 | 가나안 땅 정탐 | 모세의 중보기도 | 제사와 제물 |

* 지배하려는 의지만 가지면 결코 유혹되지 않고 정복할 수 있다.

<로버트 헤릭, 1591~1674, 영국 시인 >

14단원 가정의례 공과

제61과 입관 예배

# 아론의 임종

찬송 / 480, 481, 483 / 통 293, 531, 532
성경 / **민수기 20:10-29; 유다서 1:9-10**
요절 / **민수기 20:29**
"온 회중 곧 이스라엘 온 족속이 아론이 죽은 것을 보고 그를 위하여 삼십 일 동안 애곡하였더라."
목표 / 아론이 호르산에서 그 조상에게 돌아갔을 때 그 장의 예절을 배운다.

옛날부터의 관습은 시신을 입관시킬 때까지의 절차를 염, 습, 전, 반함, 졸습, 소렴, 대렴이라 하여 그 과정이 복잡하고 까다로웠다. 그러나 간소하고 정중한 예식을 위해 장의사나 전문가의 도움을 받는 것도 좋다. 그 순서와 요령은 다음과 같다. ① 인도자의 지시에 따라 시신의 좌우에 두세 사람이 나누어 앉는다. ② 시신을 덮었던 홑이불을 벗기고 붕대나 백지 등을 제거한다. 양말을 벗기고 허리띠를 끌러낸다. ③ 죽은 이가 남자면 남자상주가 여자면 여자상주가 앞가리개(곤포)로 가리며 하의를 벗기고, ④ 상의를 벗긴다. ⑤ 알코올이나 향수를 깨끗한 수건에 적셔서 몸을 닦아낸 후, 다시 마른 수건으로 훔친다. ⑥ 빗으로 머리를 빗기고 긴 손톱은 자른다. 머리카락과 손톱은 주머니에 넣거나 종이에 싸서 쟁반에 담아 두었다가 입관 때 관 속에 함께 넣는다. ⑦ 다음은 수의를 입힌다. ⑧ 이상의 일들을 마치면 홑이불로 시신의 머리부터 수족에 이르기까지 전신을 덮는다.

## 시작하는 말

본문 서두에 미리암의 장사가 소개되고 있으며, 1절 가데스를 떠나 호르산에 올라 아론이 죽었습니다. 28절 이때 그의 옷을 벗겨 그의 아들 엘르아살에게 입히라고 했습니다. 이는 아론의 대제사장 직무를 아들 엘르아살에게 이임하는 의식이 되는 것입니다. 항상 위대한 사람이나 지도자가 죽을 때 그의 사업과 사명을 그의 후계자에게 잘 이임해 주는 것이 필요합니다. 보통 가정에서는 가시는 고인이 관리하던 재산이나 통장 등은 정신이 흐려지지 아니했을 때 상속하고 물려줌으로써 갑자기 세상을 떠났을 때 만일의 혼란을 최소화할 수 있는 것입니다.

## 오늘의 말씀

### 1. 모세와 아론의 경우는 특수한 사례입니다(민 20:1, 22-29; 유 1:9~10).

아론이나 모세의 경우는 하나님께서 직접 관리하셨습니다. 유다서에 "천사장 미가엘이 모세의 시체에 관하여 마귀와 변론할 때에 감히 비방하는 판결을 내리지 못하고 다만 말하되 주께서 너를 꾸짖으시기를 원하노라 하였거늘." 유 1:9절 이 구절을 보면 운명 직후에 시체에 대해서도 마귀와 천사장 간의 분쟁이 있었음을 볼 수 있습니다. 그러므로 신자이든 불신자이든 숨이 끊어지기 전 운명 전에 자녀들이나 장의葬儀를 담당하는 분들은 심중하게 임무를 진행해야 합니다. 시체는 흙으로 돌아가기 전에 상주나 가족들은 시신을 잘 관리하고, 그의 영혼이 천국으로 인도되도록 장례 예식을 잘 진행되도록 해야 할 것입니다.

· 함께 읽어요 : 유다서 1장 21절
"하나님의 사랑 안에서 자신을 지키며 영생에 이르도록 우리 주 예수 그리스도의 긍휼을 기다리라."

### 2. 므리바에서 모세의 반응과 아론의 임종 준비입니다(민 20:10~24).

여기 본문에서 확연하게 볼 수 있는 내용은 온유한 사람 모세에게도 나이가 들면서 한계가 왔다는 것을 보여줍니다. 그에게도 나이로 인한 장애가 보여집니다. 나이가 들면 조급해 지며, 참을성이 줄어듭니다. 불평과 불만으로 지도자들에게 달려드는 저들을 아시고, 네 형 아론과 함께 회중을 모으고 그들의 목전에서 "너희는 반석에게 명하여 물을 내라 하라. 네가 그 반석이 물을 내게 하여 회중과 짐승에게 마시게 할지니라." 8절

모세와 아론이 회중을 그 반석 앞에 모으고 모세가 그들에게 이르되 "반역한 너희여 들으라. 우리가 너희를 위하여 이 반석에서 물을 내랴?" 하고 모세가 반석을 두 번 치니 물이 많이 솟아나오므로 회중과 그 짐승들이 마셨습니다. 모세와 아론에게 "너희가 나를 믿지 아니하고 이스라엘 자손의 목전에서 내 거룩함을 나타내지 아니한 고로 너희는 이 회중을 내가 그들에게 준 땅으로 인도하여 들이지 못하리라" 12절 고 하셨습니다. 이스라엘이 여호와와 다투었으므로 그곳을 므리바 <מְרִיבָה; 다투다, 시험>라 했습니다.

· 함께 읽어요 : 민수기 20장 13절

"이스라엘 자손이 여호와와 다투었으므로 이를 므리바 물이라 하니라 여호와께서 그들 중에서 그 거룩함을 나타내셨더라."

### 3. 에돔이 통과를 거절하여 이스라엘이 호르산으로 향합니다(민 20:14~29).

에돔 땅을 통과해서 가나안으로 행했더라면 쉬웠을 것을 강한 군대로 맞서오니 백성들과 유아들은 겁에 질렸을 것입니다. '대로로만 통과하겠고, 물을 마시면 값을 지불한다'고 했건만 저들은 군대로 맞서니, 피할 수밖에 없었습니다. 호르산에 이르렀을 때 하나님께서는 모세와 아론을 부르시고 '가나안에 들어가지 못하리라'고 말씀하십니다. 아론은 호르산에 올라가 임종을 맞습니다. 엘르아살이 아론을 대신하여 대제사장직을 행하게 됩니다.

· 함께 읽어요 : 민수기 20장 26절

"아론의 옷을 벗겨 그의 아들 엘르아살에게 입히라. 아론은 거기서 죽어 그 조상에게로 돌아가리라."

## 정리하는 말

사랑하는 성도 여러분! 하나님의 백성들에게 손을 대는 것은 그분의 눈동자에 손을 대는 것과 같습니다. 하나님은 자기 백성들을 징계하실 수 있으시며, 그들을 심판하거나 훈련시킬 수 있습니다. 아론의 장례는 성경에 자세히 언급되지 않았으나 삼십일 동안 애곡하였더라는 말씀을 참고하면 행군을 멈추고, 온 백성이 장례에 최선을 다했을 것입니다. 사람은 죽음을 잘 준비하는 것이 평안이요, 행복임을 아시기 바랍니다.

## 평가와 결심

1. 본문에 나타난 장례는 누구 누구였습니까?
   (민 20:1, 22~29; 유 1:9-10, 미리암1절과 대제사장 아론28절 )
2. 모세는 아주 중대한 시간에, 그의 결정적인 실수는 무엇입니까?
   (민 20:12, 반석을 두 번이나 쳐서 하나님의 거룩하심을 나타내지 아니함)
3. 하나님께서는 아론에게 어떻게 그리고 무엇을 준비시켰습니까?
   (민 20:14~29, 하나님께서 사랑으로 임종을 예고하고 준비시킴)

## 주간 경건의 시간 <61> · 날마다 말씀과 함께

| 요일 / 내용 | 주일/월(Mon) | 화(Tue) | 수(Wed) | 목(Thu) | 금(Fri) | 토(Sat) |
|---|---|---|---|---|---|---|
| 찬송 | 146동 / 88동 | 283 / 183 | 182 / 169 | 184 / 173 | 198 / 284 | 197 / 178 |
| 성경 | 민 16: / 17: | 민 18: | 민 19: | 민 20: | 민 21: | 민 22: |
| 적용 | 고라반역/아론의 지팡이 | 레위인의 십일조 | 법의 율례 | 아론의 임종 | 우물물아 솟아나라 | 발람 선지자 |

* 셰익스피어는 시대가 없다. < 사무엘 테일러 코울리지, 1772-1834, 영국 시인, 비평가 >

14단원 가정의례 공과

제62과 장례 예배

# 새로운 지도자에게 위탁

찬송 / 606, 607, 608 / 통 291, 292, 295
성경 / **민수기 27:1-23**
요절 / **민수기 27:22~23**

"22 모세가 여호와께서 자기에게 명령하신 대로 하여 여호수아를 데려다가 제사장 엘르아살과 온 회중 앞에 세우고 23 그에게 안수하여 위탁하되 여호와께서 모세에게 명령하신 대로 하였더라."

목표 / 예배와 의식을 통하여 기독교 장례의 신성함을 가지도록 한다.

· 장례 치름을 '치장'이라 일컫는다. 치장은 3일 만에 행함이 보통이다. 만약 상주가 먼 곳에 있어 미처 사흘 안에 돌아오지 못하는 가족을 위해서는 4일장 또는 5일장으로 해도 좋다. 장례방법은 토장, 수장, 화장 등이 있다. 토장은 우리나라에서 예로부터 시행해 오고 있는 방법으로 지장地葬이라고도 한다. 가장 대중적인 토장방법은 보통 다음 순서로 진행한다.

① **장지**葬地; 선산이나 공원묘지는 집안에 노인이 계시면 미리 준비해 놓아야 차질이 없다.

② 상을 당하면 호주나 동거가족 또는 동거인이 서둘러 사망신고, 매장신고를 해야 한다.

③ **사망 신고**는 주민등록지의 주민센터나 시, 군, 구청 등 본적지의 공무원을 찾아가면 안내해 준다. 구비서류는 사망 진단서 2부(본적지 아닌 곳이면 3부), 의사의 진단서나, 시체 검안서(사고로 사망한 경우) 등을 첨부해야 한다. ④ **매장**화장 **신고**는 주소지, 사망지, 매장지, 납골당 소재지의 관할 읍, 면, 동장에게 신고하며, 인터넷에서 양식을 다운 받아 서류를 작성해 구비서류(사망진단서 또는 시체 검안서, 사설묘지의 경우는 묘지사용 승낙서, 성인인 경우 주민등록증 휴대)를 첨부하여 주민센터에 신고해 신고 증을 교부받는다.

· 영결식 진행순서는 ① 개식사 ② 찬송 ③ 기도 ④ 성경봉독 ⑤ 설교 ⑥ 기도 ⑦ 고인 약력보고 ⑧ 조사나 조가弔歌 ⑨ 분향 또는 헌화 ⑩ 광고 ⑪ 찬송 ⑫ 축도 순으로 진행한다. 가능하면 장례식순을 만들어서 함께 보면서 예식을 진행하면 전도傳道에도 도움이 된다.

## 시작하는 말

사람마다 한 번 죽는 것은 정한 이치요, 죽음의 요단강을 건너지 않을 자 없습니다. 영웅호걸 장수도 제왕도 어부나 농부에 이르기까지 다 한 번은 가야할 길입니다. 죽음이란 인류에게 가장 무서운 형벌임에 틀림없습니다. 그러나 죽음 이후에 '부활'과 '영생'이 있으므로 하나님의 자녀들은 용기를 가지고 유업을 이어가야 합니다. 또한 장례식 전에 모세에게 명하신 것처럼 가정이나 교회에서도 후임자를 세워, 그에게 임무들을 위탁하고 위임 · 인계를 잘 하도록 해야 합니다.

## 오늘의 말씀

### 1. 위대한 지도자 모세는 하나님의 명령에 순종합니다(민 27:21~23).

여러분! 하나님의 말씀을 순종하는 일에는 주의를 기울여야 합니다. 특별히 나이가 들면 기억력도 희미해지고, 체력도 떨어짐을 인정해야 합니다. "체력이 국력이다"라는 말이 있습니다. 자신의 연약함을 알고 건강을 잘 챙기면서, 성경을 통해서 죽음 이후 장래에 어떻게 되어 질 것인가를 자세히 가르쳐 주신대로 지키도록 하고 순종해야 합니다.

산 사람의 문제보다 죽은 사람의 문제가 더 복잡하고 신비한 것입니다. 한 번 죽는 것은 정하신 법이지만 죽음 이후 우리의 육체와 영혼에 대한 문제까지 소홀히 할 수 없는 것입니다.

여기서 모세는 하나님의 명령에 순종하여 대제사장 엘르아살과 온 회중 앞에 여호수아를 세우고 그에게 안수하여 새 지도자로 세웁니다.

그는 이 젊은 지도자에게 임무를 부여하였으며, 이 젊은이는 하나님의 사랑하는 백성들을 다스리는 지도권을 맡게 되었습니다. 딤전 4:14절

· 함께 읽어요 : 디모데전서 4장 14~15절

"[14] 네 속에 있는 은사 곧 장로의 회에서 안수 받을 때에 예언을 통하여 받은 것을 가볍게 여기지 말며 [15] 이 모든 일에 전심전력하여 너의 성숙함을 모든 사람에게 나타나게 하라."

## 2. 시대마다 유능하고 새로운 지도자를 필요로 합니다(민 27:18~21).

주 예수 그리스도께서도 곡식이 여물어 추수하게 되었으나 일꾼이 적다고 말씀하십니다. 우리에게는 일꾼이 필요합니다. 앞에 나서서 하나님을 섬기는 일에 자신을 드릴 사람들이 필요합니다. 그런 일꾼들을 어디서 얻을 수 있습니까?

대체로 세상의 곤경은 지도자들이 부족하거나 없기 때문에 일어나는 현상들입니다. 하나님의 눈은 온 땅을 두루 살피며 그분을 사랑하고 순종할 사람들을 찾고 있습니다. 모세는 하나님께서 이스라엘 백성들을 다 진멸하겠다는 결정을 되돌려 놓는 '중보의 기도'를 드렸습니다. 모세는 하나님의 양들을 끔찍하게 사랑했던 목자의 심성을 그대로 간직한 위대한 지도자였습니다. 이제 후계자를 위해 간절한 기도를 드립니다.

· 함께 읽어요 : 민수기 27장 16~17절

"16 여호와, 모든 육체의 생명의 하나님이시여 원하건대 한 사람을 이 회중위에 세워서 17 그로 그들 앞에 출입하며 그들을 인도하여 출입하게 하사 여호와의 회중이 목자 없는 양과 같이 되지 않게 하옵소서."

## 3. 주요 결정을 대제사장이 하나님께 묻도록 가르쳤습니다(민 27:21).

여호수아는 모세처럼 회막會幕 모일 회, 장막 막 안의 하나님께 직접 나아갈 수 없었기 때문에, 즉 지명된 중보자 엘르아살 대제사장을 통해서 하나님께로 나가야 했습니다. 주요한 결정을 내릴 때 대제사장이 입었던 옷에 붙은 우림과 둠밈을 통해 하나님의 뜻을 분별해서 전달하도록 했습니다.

· 함께 읽어요 : 출애굽기 28장 30절

"너는 우림과 둠밈을 판결 흉패 안에 넣어 아론이 여호와 앞에 들어갈 때에 그의 가슴에 붙이게 하라 아론은 여호와 앞에서 이스라엘 자손의 흉패를 항상 그의 가슴에 붙일지니라."

## 정리하는 말

전도서는 "초상집에 가는 것이 잔칫집에 가는 것보다 나으니"라고전 7:2절 했습니다. 잔칫집은 잔치에 마음이 끌립니다. 그러나 초상집에는 죽음 이후의 영생의 문제를 생각하며 교훈을 받을 수 있기 때문일 것입니다. 여러분! 장례 의식에 참석하여 예배드리면서 인생 철학을 배우고, 복된 인생을 잘 준비하는 은혜를 받으시기 간절히 축복합니다.

## 평가와 결심

1. 모세는 가장 중요한 일인 무엇을 실천하였습니까?
   (민 27:22~23, 엘르아살과 여호수아를 새 지도자로 세웠음)
2. 모세는 누구에게 안수하여 지도자로 세웁니까?
   (민 27:18, 그의 안에 영이 머무는 자 눈의 아들 여호수아에게)
3. 모세가 엘르아살에게 가르친 내용이 무엇입니까?
   (민 27:21, 우림의 판결 법을 가르쳐 백성들로 순종하게 함)

### 주간 경건의 시간 <62> · 날마다 말씀과 함께

| 요일 / 내용 | 주일/월(Mon) | 화(Tue) | 수(Wed) | 목(Thu) | 금(Fri) | 토(Sat) |
|---|---|---|---|---|---|---|
| 찬송 | 89동 / 93동 | 376 / 422 | 378 / 430 | 410 / 468 | 442 / 499 | 456 / 509 |
| 성경 | 민 23: / 24: | 민 25: | 민 26: | 민 27: | 민 28: | 민 29: |
| 적용 | 발람의 예언/ 발람의 축복 | 제사장 직분 언약 | 두 번째 인구조사 | 여호수아 임직 | 안식일 유월절 | 속죄일 장막절 |

* 위대함이란 흔히 위대한 성공과 공손한 동의어로 통한다.

< 필렙 게달라, 1890-1944, 영국 사학자, 수필가 >

14단원 가정의례 공과

제63과 안장(하관) 예배

# 비스가 산상에서의 모세

찬송 / 483, 488, 492 / 통 532, 539, 544
성경 / **신명기 3:23-29**
요절 / **신명기 3:27**
"너는 비스가산 꼭대기에 올라가서 눈을 들어 동서남북을 바라고 네 눈으로 그 땅을 바라보라 너는 이 요단을 건너지 못할 것임이니라."
목표 / 모세의 죽음 과정을 살펴보며 기독교의 상 조례를 이해한다.

## 시작하는 말

모세는 하나님의 명령에 따라서 충직하게 섬긴 종이었습니다. 그는 애굽에서 고통당하는 백성들 200여만 명을 이끌고 비스가 산상까지 왔습니다. 눈물과 역경과 고통의 세월이었습니다. 모세의 일생을 보면 지도사로 산다는 것이 얼마나 어려운가를 실감하게 됩니다. 그는 온유한 성품을 가졌습니다. 그러나 하나님의 영광을 위해 광야에서 끊임없이 불평 불만을 쏟아낸 백성들을 이끌고 약속의 땅으로 인도한 것을 보면 위대한 지도자임이 분명합니다. 모세는 비스가 산상에서 약속의 땅을 바라봅니다. 그는 이것이 마지막임을 알고 희비의 만감이 교차했습니다.

## 오늘의 말씀

1. 모세는 마지막을 하나님께 의지했습니다(신 **3:23~25**).

모세는 하나님의 백성들을 직접 이끌고 약속의 땅으로 들어가고 싶은 마음이 간절했습니다. 하나님이 징계의 손을 거두어 주시지 않을까하는 희망은 죽음을 목전에 둔 순간에도 포기할 수 없었습니다. 그러기에 모세는 간절한 마음으로 하나님께 간구합니다. "구하옵나니 나를 건너가게 하사 요단 저쪽에 있는 아름다운 땅, 아름다운 산과 레바논을 보게 하옵소서." 25절 이것이 모세의 진정한 간구였습니다. 여러분! 인생의 마지막을 앞에 두고서 인위적으로 문제를 해결하고자 하지 않고서 하나님께 완전히 의지하는 모세를 보십시오. 신앙을 가진 성도라면 마땅히 그래야만 합니다. 평생의 소원이기는 했지만 하나님에게 겸손하게 묻는 자세가 우리에게 귀감을 줍니다. 하나님은 이런 성도를 보호하기 위해 싸워주시고 기뻐하심을 명심하시기 바랍니다.

· 함께 읽어요 : 신명기 3장 22절
"너희는 그들을 두려워하지 말라 너희의 하나님 여호와께서 친히 너희를 위하여 싸우시리라 하였노라"

### 2. 모세는 마지막 소원을 비스가 산상에서 내려 놓았습니다(신 3:24~27).

온갖 두려움, 어려움, 환난, 배반, 불평들을 무릅 쓰고 백성들을 이끌어 낸 모세는 하나님께 대한 그의 강한 사랑과 존경심이 표현되어 있는 기도를 드렸습니다. 24절 '주 여호와!'라고 부르면서 하나님께서 그의 마음과 삶 가운데서 이제 일을 시작했을 뿐이며, 그분의 위대함과 능력을 이제 그에게 나타내기 시작했을 뿐이라는 사실을 붙잡고 호소했습니다. 그는 요단을 건너 약속된 땅을 들어가는 특권을 달라고 청했습니다. 25절 하나님께서는 모세의 청을 물리치셨습니다. 26절 그는 하나님의 명령에 순종치 않은 죄를 지었기 때문입니다. 하나님은 다만 비스가산에서 그 땅을 바라보도록 허락해 주셨습니다. 그래서 마지막 소원을 내려 놓고 새 지도자를 세워 사명을 위임해야 했습니다. 사람은 누구든 본향으로 돌아갑니다. 사람이 임종하면 '임종 예배'를 드립니다. 영혼이 본향으로 돌아가는 시점에서 망자가 천국으로 입성함을 확신하면서 예배로서 신앙을 고백하는 것입니다. 아마도 모세도 임종 후 후사들에 의해 거룩한 '안장예배'安葬禮拜를 드렸을 것입니다. 이러한 안장예배는 살아있는 자들에게 복이되고, 견고한 신앙을 북돋아 주는 큰 힘이 될 것입니다.

· 함께 읽어요 : 신명기 3장 27절
"너는 비스가 산 꼭대기에 올라가서 눈을 들어 동서남북을 바라고 네 눈으로 그 땅을 바라보라 너는 이 요단을 건너지 못할 것임이니라"

### 3. 모세는 굳건한 하나님의 후사를 세웠습니다(신 3:28; 34:9).

모세는 진정으로 하나님께 충성된 종이었습니다. 이제 그는 자신에게 부여된 모든 책무를 완료했습니다. 이스라엘 백성의 미래는 다른 지도자를 필요로 했습니다. 하나님은 그것을 분명하게 알고 계셨습니다. 그러므로 하나님은 모세에게 마지막 명령을 내리십니다. 여호수아를 세우라는 것입니다. "그를 담대하게 하여 그를 강하게 하리. 그는 이 백성을 거느리고 건너가서 네가 볼 땅을 그들이 기업으로 얻게 하리라."28절 백성에 대하여 더 이상 걱정하지 말라는 것입니다. 이 백성은 네가 아니라 내가 인도하고 함께한다는 것입니다. 모세는 실로 마지막까지 하나님의 명령에 충실했습니다. 그리고 영원한 천국을 바라보면서 아쉽지만 온 이스라엘과 작별을 하고 여호수아에게 하나님께 받은 사명을 인계하고 자신은 생을 아름답게 마감했습니다. 우리는 모세를 본받아 자신의 후사를 든든히 세워서 민족과 나라와 가문에 공헌하시기 바랍니다.

· 함께 읽어요 : 신명기 34장 9절
"모세가 눈의 아들 여호수아에게 안수하였으므로 그에게 지혜의 영이 충만하니 이스라엘 자손이 여호와께서 모세에게 명하신 대로 여호수아의 말을 순종하였더라."

## 정리하는 말

바울은 "나는 선한 싸움을 싸우고 나의 달려갈 길을 마치고 믿음을 지켰으니"딤후 4:7 라고 말했습니다. 인생의 마지막은 아름다워야 합니다. 모세처럼 자신을 정리하고 후사를 세우는 일에 하나님의 뜻을 물어야 합니다. 그것이 믿는 성도의 당연한 도리이고 임무입니다. 왜냐하면 자신의 인생 다음에도 역사는 지속되기 때문입니다. 따라서 성경에 기초한 '건전한 기독교 장례문화'를 만들어가기 위해 진력을 다하시기 바랍니다.

## 평가와 결심

1. 느보산, 비스가산 꼭대기에서 어떤 기도를 드렸습니까?
   (신 3:25, 요단 저쪽 아름다운 땅, 아름다운 산과 레바논을 보게 하옵소서)
2. 모세의 간청에 하나님의 반응은 어떠했습니까?
   (신 3:26, ①그만해도 족하니 ②이 일로 다시 내게 말하지 말라)
3. 하나님께서 마지막 허락하신 것이 무엇입니까?
   (신 3:27~28, 요단 건너지 못할 것이나 눈으로 그 땅 바라보라)

### 주간 경건의 시간 <63> · 날마다 말씀과 함께

| 요일 / 내용 | 주일/월(Mon) | 화(Tue) | 수(Wed) | 목(Thu) | 금(Fri) | 토(Sat) |
|---|---|---|---|---|---|---|
| 찬송 | 89동 / 93동 | 209 / 247 | 210 / 245 | 265 / 199 | 305 / 405 | 489 / 541 |
| 성경 | 민 30: / 31: | 민 32: | 민 33: | 신 1: | 신 2: | 신 3: |
| 적용 | 서원한 것/ 레위 인에게 | 찾아낼 줄 알라 | 제비 뽑아 나눌 것 | 천 배나 많게 | 광야에서 보낸 세월 | 모세의 기도 간구 |

* 세상은 가장 위대한 사람들에 의해 변화되고 발전되며, 그들에 의해 죽고 멸망당하기도 한다. <헨리 테일러 경, 1806-1886, 영국 시인, 극작가, 정치사회학자 >

제64과 추모 예배

# 하나님을 더욱 사랑!

찬송 / 315, 317, 314 / 통 512, 353, 511
성경 / 신명기 6:1-19
요절 / 신명기 6:5
"너는 마음을 다하고 뜻을 다하고 힘을 다하여 네 하나님 여호와를 사랑하라."
목표 / 온 가족 함께 추모예배 드리며 하나님 사랑하는 태도를 배운다.

## 가정 추모 예배는?

◆ 추모(追慕)예배의 의의 ◆

추모追慕라는 용어가 바람직합니다. 추도追悼라는 용어는 '죽은 이를 생각하며 슬퍼해 한다'는 뜻입니다. 이 말 속에는 다분히 불신자적인 인상이 짙습니다. 추모追慕라는 용어의 뜻은 죽은 사람을 기억하고 그리워함입니다. 이렇게 보면 기독교에서 사용되어야하는 바른 용어는 추모追慕가 되어야 할 것입니다.

## 시작하는 말

오늘날 사람들은 추석을 고향에서 보내기보다는 콘도나 여행을 즐기며 보내기를 좋아합니다. 그러나 우리 민족의 고유 명절 추석秋夕이야말로 서양 사람들의 추수감사절보다 더 정이 갑니다. 추석맞이 하기 위해 온 가족이 모여 송편도 빚고 풍성한 과일을 선물하면서 온 가족이 화목을 이루고, 하나님을 더욱 사랑하는 마음으로 예배드려야 합니다.

## 오늘의 말씀

### 1. 우리에게 주신 최우선적 명령을 순종하도록 해야 합니다(신 6:1~3).

하나님께서 모세에게 주신 명령들 중에서 최우선적인 것은 하나님의 명령에 순종하도록 가르치는 것이었습니다. 하나님의 계명들은 사람에게 어떻게 살아야 하는지 정확히 말해 주는 생명의 근원입니다. 하나님은 위대한 창조주이시며, 모든 생명의 주님主이시므로 사람이 어떻게 살아야 하는지를 알고 계십니다. 이것이 사람들에게 계명을 주신 이유입니다. 즉 사람에게 어떻게 정복하고 충만한 삶을 살 수 있는지를 보여주시고자 계명들을 주셨습니다. 그러므로 신앙의 가족들에게 최우선적인 말씀은 '여호와를 경외敬畏하는 일'일 것입니다. 이것을 삼가 행하면 범사가 잘되고, 장수케 하실 것입니다. 여호와의 명령에 순종하면 그의 자손들이 영적으로나 육신적으로 복을 받고 크게 번성케 할 것입니다.

· 함께 읽어요 : 신명기 6장 3절

"이스라엘아 듣고 삼가 그것을 행하라 그리하면 네가 복을 받고 네 조상들의 하나님 여호와께서 네게 허락하심 같이 젖과 꿀이 흐르는 땅에서 네가 크게 번성하리라."

### 2. 가장 큰 계명이 여기 있습니다(신 6:4~5).

율법 중에서 가장 큰 계명이 무엇이냐고 주님께서도 질문을 받으셨습니다. 그때 주님은 지체하시지 않으시고 신명기의 이 말씀대로 즉시 대답하십니다. 마 22:37~38; 막 12:29~31 가장 큰 계명은 이것입니다.

첫째로, 우리 하나님은 오직 한 분이신 여호와이십니다. 4절

① 여호와 하나님은 우주의 위대한 창조자, 주권자이십니다. 고전 8:6

② 여호와는 우리의 하나님이십니다. 이는 우리가 섬기는 하나님은 인

격적이신 하나님이시라는 말씀입니다.

③ 하나님은 한 분이십니다. 오직 유일신 唯一神; 한 하나님 으로서 하나님은 살아계시고 진실하신 진리 그 자체이십니다.

둘째로, 여호와 하나님은 우리 마음을 다하고 성품을 다하고 힘을 다하여 사랑해야 할 분이십니다. 5절 '마음' 레바브<לֵבָב>; 인격의 내적 부분, 즉 속사람 을 다하고, '성품', 즉 '영혼' 네페쉬<נֶפֶשׁ>; 사람의 숨과 생명, 즉 의식의 자리 을 다하고, '힘' 메오드<מְאֹד>; 힘의 힘으로, 사람의 충만한 능력 을 다하여 하나님을 사랑해야 한다는 말씀입니다. 왕하 23:25절

· 함께 읽어요 : 열왕기하 23장 25절

"요시야와 같이 마음을 다하며 뜻을 다하며 힘을 다하여 모세의 모든 율법을 따라 여호와께로 돌이킨 왕은 요시야 전에도 없었고 후에도 그와 같은 자가 없었더라."

### 3. 이것이 바로 우리 성도들과 신자의 의무입니다(신 6:6~9).

본문에서 믿는 자의 말씀에 대처하는 자세에 대하여 모세는 분명하고도 사실적인 언어로 말하고 있습니다. 모든 신자들은 이 세 가지 중요한 의무를 항상 기억해야 합니다.

첫째로, 마음에 새겨야 합니다. 6절 신자라면 자기 마음속에 이 계명들을 간직하고 있어야 합니다. 마음 가운데에 새겨야 계명들이 믿는 자들의 삶 가운데서 뚜렷하게 드러나는 것입니다.

둘째로, 부지런히 가르쳐야 합니다. 7절 성도들이나 신자들이나 자신들 입장에서는 그 말씀을 배운 대로 실천해야 하는 것입니다.

셋째로, 이 계명들을 사람들 앞에서 증거로 삼아야 합니다. 8-9절 가장 신실한 증거는 말씀의 증거입니다. 말씀 신앙은 끝까지 흔들리지 않습니다.

· 함께 읽어요 : 잠언 7장 1~2절, 사도행전 4장 20절

"[1] 내 아들아 내 말을 지키며 내 계명을 간직하라 [2] 내 계명을 지켜 살며 내 법을 네 눈동자 같이 지키라. [20] 우리는 보고 들은 것을 말하지 아니할 수 없다 하니"

## 정리하는 말

사랑하는 성도 여러분! 우리 민족의 고유 명절을 맞이했습니다. 온 가족이 함께 모였습니다. 서로 축복하며 감사함으로 기쁨을 나누시기 바랍니다. 추석의 밝은 달처럼 사랑으로 마음을 열고 대화를 나누시기 바랍니다. 서로 '사랑하시는 은혜'가 넘쳐서 화목한 가정을 이루시고 하나님과 조상들의 뜻을 기리며 기쁨과 풍성한 한가위를 누리시기 바랍니다.

## 평가와 결심

1. 신자와 성도의 제일 우선적인 계명이 무엇일까요?
   (신 6:2, '주 하나님 여호와를 경외하라'는 계명임)
2. 우리가 섬기는 하나님은 어떤 분이십니까?
   (신 6:4, ① 여호와시요, ② 하나님이시며, ③ 한 분이신 분)
3. 신자들의 말씀에 대한 세 가지 의무는 무엇입니까?
   (신 6:6~9, ① 마음에 새기고 ② 부지런히 가르침 ③ 증거를 삼으라)

### 주간 경건의 시간 <64> · 날마다 말씀과 함께

| 요일 / 내용 | 주일/월(Mon) | 화(Tue) | 수(Wed) | 목(Thu) | 금(Fri) | 토(Sat) |
|---|---|---|---|---|---|---|
| 찬송 | 144동 / 146동 | 273 / 331 | 177/ 164 | 347/ 382 | 358 / 400 | 400 / 463 |
| 성경 | 민 34: / 35: | 민 36: | 신 4: | 신 5: | 신 6: | 신 7: |
| 적용 | 가나안 경계 / 도피성 | 슬로브핫의 기업 | 찾으면 만나리라 | 지켜 행하라 | 질투하시는 하나님 | 너는 알라 여호와를 |

* 유혹에 대한 여러 가지 좋은 방위법이 있으나 가장 확실한 것은 겁을 가지는 것이다. < 마크 트웨인, 1835-1910, 클레멘스의 필명, 미국 해학가>

하나님의 은혜를 사모하는 구역

구역부흥은 교회부흥

# 제 1 학기 출석부

| 번호 | 성 명 | 1월 | | | | | 2월 | | | | | 3월 | | | | | 계 | |
|---|---|---|---|---|---|---|---|---|---|---|---|---|---|---|---|---|---|---|
| | | 1 | 2 | 3 | 4 | 5 | 1 | 2 | 3 | 4 | 5 | 1 | 2 | 3 | 4 | 5 | | |
| 1 | | | | | | | | | | | | | | | | | | |
| 2 | | | | | | | | | | | | | | | | | | |
| 3 | | | | | | | | | | | | | | | | | | |
| 4 | | | | | | | | | | | | | | | | | | |
| 5 | | | | | | | | | | | | | | | | | | |
| 6 | | | | | | | | | | | | | | | | | | |
| 7 | | | | | | | | | | | | | | | | | | |
| 8 | | | | | | | | | | | | | | | | | | |
| 9 | | | | | | | | | | | | | | | | | | |
| 10 | | | | | | | | | | | | | | | | | | |
| 11 | | | | | | | | | | | | | | | | | | |
| 12 | | | | | | | | | | | | | | | | | | |
| 13 | | | | | | | | | | | | | | | | | | |
| 14 | | | | | | | | | | | | | | | | | | |
| 15 | | | | | | | | | | | | | | | | | | |
| 16 | | | | | | | | | | | | | | | | | | |
| 17 | | | | | | | | | | | | | | | | | | |
| 18 | | | | | | | | | | | | | | | | | | |
| 19 | | | | | | | | | | | | | | | | | | |
| 20 | | | | | | | | | | | | | | | | | | |

* **출석표 표기법** • 출석 / • 네모칸 왼쪽 : 주간, 주일 출석 참여 회수
• 네모칸 오른쪽 : 새벽예배 출석 참여 회수 - 각 교회 지침대로 기록하세요.

M/E/M/O 구역부흥은 교회부흥 M/E/M/O

# 제 2 학기 출석부

| 번호 | 성 명 | 4월 | | | | | 5월 | | | | | 6월 | | | | | 계 | |
|---|---|---|---|---|---|---|---|---|---|---|---|---|---|---|---|---|---|---|
| | | 1 | 2 | 3 | 4 | 5 | 1 | 2 | 3 | 4 | 5 | 1 | 2 | 3 | 4 | 5 | | |
| 1 | | | | | | | | | | | | | | | | | | |
| 2 | | | | | | | | | | | | | | | | | | |
| 3 | | | | | | | | | | | | | | | | | | |
| 4 | | | | | | | | | | | | | | | | | | |
| 5 | | | | | | | | | | | | | | | | | | |
| 6 | | | | | | | | | | | | | | | | | | |
| 7 | | | | | | | | | | | | | | | | | | |
| 8 | | | | | | | | | | | | | | | | | | |
| 9 | | | | | | | | | | | | | | | | | | |
| 10 | | | | | | | | | | | | | | | | | | |
| 11 | | | | | | | | | | | | | | | | | | |
| 12 | | | | | | | | | | | | | | | | | | |
| 13 | | | | | | | | | | | | | | | | | | |
| 14 | | | | | | | | | | | | | | | | | | |
| 15 | | | | | | | | | | | | | | | | | | |
| 16 | | | | | | | | | | | | | | | | | | |
| 17 | | | | | | | | | | | | | | | | | | |
| 18 | | | | | | | | | | | | | | | | | | |
| 19 | | | | | | | | | | | | | | | | | | |
| 20 | | | | | | | | | | | | | | | | | | |

* **출석표 표기법** • 출석 / • 네모칸 왼쪽 : 주간, 주일 출석 참여 회수
• 네모칸 오른쪽 : 새벽예배 출석 참여 회수 - 각 교회 지침대로 기록하세요.

M/E/M/O 구역부흥은 교회부흥 M/E/M/O

# 제 3 학기 출석부

| 번호 | 성 명 | 7월 | | | | | 8월 | | | | | 9월 | | | | | 계 | |
|---|---|---|---|---|---|---|---|---|---|---|---|---|---|---|---|---|---|---|
| | | 1 | 2 | 3 | 4 | 5 | 1 | 2 | 3 | 4 | 5 | 1 | 2 | 3 | 4 | 5 | | |
| 1 | | | | | | | | | | | | | | | | | | |
| 2 | | | | | | | | | | | | | | | | | | |
| 3 | | | | | | | | | | | | | | | | | | |
| 4 | | | | | | | | | | | | | | | | | | |
| 5 | | | | | | | | | | | | | | | | | | |
| 6 | | | | | | | | | | | | | | | | | | |
| 7 | | | | | | | | | | | | | | | | | | |
| 8 | | | | | | | | | | | | | | | | | | |
| 9 | | | | | | | | | | | | | | | | | | |
| 10 | | | | | | | | | | | | | | | | | | |
| 11 | | | | | | | | | | | | | | | | | | |
| 12 | | | | | | | | | | | | | | | | | | |
| 13 | | | | | | | | | | | | | | | | | | |
| 14 | | | | | | | | | | | | | | | | | | |
| 15 | | | | | | | | | | | | | | | | | | |
| 16 | | | | | | | | | | | | | | | | | | |
| 17 | | | | | | | | | | | | | | | | | | |
| 18 | | | | | | | | | | | | | | | | | | |
| 19 | | | | | | | | | | | | | | | | | | |
| 20 | | | | | | | | | | | | | | | | | | |

* **출석표 표기법** • 출석 / • 네모칸 왼쪽 : 주간, 주일 출석 참여 회수
• 네모칸 오른쪽 : 새벽예배 출석 참여 회수 - 각 교회 지침대로 기록하세요.

# 제 4 학기 출석부

| 번호 | 성 명 | 10월 | | | | | 11월 | | | | | 12월 | | | | | 계 | |
|---|---|---|---|---|---|---|---|---|---|---|---|---|---|---|---|---|---|---|
| | | 1 | 2 | 3 | 4 | 5 | 1 | 2 | 3 | 4 | 5 | 1 | 2 | 3 | 4 | 5 | | |
| 1 | | | | | | | | | | | | | | | | | | |
| 2 | | | | | | | | | | | | | | | | | | |
| 3 | | | | | | | | | | | | | | | | | | |
| 4 | | | | | | | | | | | | | | | | | | |
| 5 | | | | | | | | | | | | | | | | | | |
| 6 | | | | | | | | | | | | | | | | | | |
| 7 | | | | | | | | | | | | | | | | | | |
| 8 | | | | | | | | | | | | | | | | | | |
| 9 | | | | | | | | | | | | | | | | | | |
| 10 | | | | | | | | | | | | | | | | | | |
| 11 | | | | | | | | | | | | | | | | | | |
| 12 | | | | | | | | | | | | | | | | | | |
| 13 | | | | | | | | | | | | | | | | | | |
| 14 | | | | | | | | | | | | | | | | | | |
| 15 | | | | | | | | | | | | | | | | | | |
| 16 | | | | | | | | | | | | | | | | | | |
| 17 | | | | | | | | | | | | | | | | | | |
| 18 | | | | | | | | | | | | | | | | | | |
| 19 | | | | | | | | | | | | | | | | | | |
| 20 | | | | | | | | | | | | | | | | | | |

* **출석표 표기법** • 출석 / • 네모칸 왼쪽 : 주간, 주일 출석 참여 회수
• 네모칸 오른쪽 : 새벽예배 출석 참여 회수 - 각 교회 지침대로 기록하세요.

*M/E/M/O* 구역부흥은 교회부흥 *M/E/M/O*

# 창세기와 출애굽기 레위 민수기

"모든 성경은 하나님의 감동으로 된 것으로 교훈과 책망과 바르게함과"(딤후 3;16)

JongSuk Kim, 1978.
rev. Joseph Shine, 2012

BIBLE CONTENTS: 13.10.13.12.8.12.11.10
Joseph Shine, 1978

1. 창 세 기 와 출 애 굽 기 레 위 민 수 기 신 명 기 는 모 세 5 경 율 법
2. 욥 기 시 편 잠 언 들 과 전 도 아 가 서 경 건 하 신 성 도 들 의 노 래
3. 마 태 복 음 마 가 누 가 요 한 4 복 음 사 도 행 전 성 령 충 만 역 사

여 호 수 아 사 사 기 와 룻 기 세 권 은 선 민 의 신 정 시 대 삼 백 오 십 년
이 사 야 서 예 레 미 야 애 가 에 스 겔 다 니 엘 대 선 지 서 다 섯 권 이 요
로 마 고 전 고 후 갈 엡 빌 립 골 로 새 살 전 후 딤 전 딤 후 디 도 빌 레 몬

왕 정 시 대 여 섯 권 은 삼 상 하 열 왕 상 하 역 대 상 하 요
소 선 지 서 열 두 권 은 호 세 아 요 엘 아 모 스 오 바 댜 요 나
바 울 서 신 다 음 책 은 히 브 리 야 고 보 서 베 드 로 전 후

에 스 라 와 느 헤 미 야 에 스 더 애 국 정 신 가 르 친 역 사 서
미 가 나 훔 하 박 국 서 스 바 냐 학 개 서 와 스 가 랴 말 라 기
요 한 1 서 2 서 3 서 유 다 서 예 수 그 리 스 도 의 계 시 록

• 설문지 : 독자 앙케이트 •

# 구역공과를 다루고서

〈각 교회에서 설문지를 그대로 보내주셔도 좋겠고, 통계치만 보내셔도 됩니다 〉

1. 구역공과를 다루고 나서 어떤 방법이 가장 좋았는가?
   (　　) 1 기존의 방법대로 구역장이 혼자 가르치는 것이 좋겠다.
   (　　) 2 문답지를 나누어주고 미리 풀어 오도록 하여 토론하는 것이 좋겠다.
   (　　) 3 성경 문제지를 나누어주고 그날 함께 풀어 가는 방법이 좋겠다.
   (　　) 4 문답지를 나누어주고 구역장이 설명해 가는 방법이 좋겠다.
2. 성경 공부 문제지를 다루는데 그 정도가 어떠했는가?
   (　　) 1 문제가 어려워서 손대기가 어려웠다.
   (　　) 2 문제지는 그런대로 쉬웠으나 묵상과 적용이 잘 안되었다.
   (　　) 3 문제지도 어려웠고 묵상과 적용도 어려웠다.
   (　　) 4 문제지는 보통이고 묵상과 적용도 할만했다.
3. 성경 공부 문제의 양이 어떠했는가?
   (　　) 1 문제가 너무 많았다.
   (　　) 2 문제가 너무 적었다.
   (　　) 3 문제가 적당했다.
4. 성경공부 진행 및 내용의 배열은 어떻게 하는 것이 좋겠는가?
   (　　) 1 시작하는 말, 오늘의 말씀, 정리하는 말, 평가와 결심의 순서대로가 좋겠다.
   (　　) 2 오늘의 말씀, 정리하는 말, 평가와 결심으로 줄였으면 좋겠다.
   (　　) 3 성경본문을 읽고 각자가 느낀 점을 이야기하고 적용하는 방식이 좋겠다.
   (　　) 4 성경 본문만 읽고 중보(합심)기도를 길게 하는 것이 좋겠다.
5. 구역 모임시간에 대하여 어떻게 했으면 좋겠는가?
   (　　) 1 찬송을 많이 불렀으면 좋겠다.
   (　　) 2 성경 공부에 중점을 두었으면 좋겠다.
   (　　) 3 합심기도에 시간을 많이 할애했으면 좋겠다.
   (　　) 4 구역원들 간에 이야기하는 시간을 많이 두어야 좋겠다.
6. 성도의 교제 시간 운영 방안에 좋은 방법은 무엇인가?
   (　　) 1 민속놀이를 했으면 좋겠다(윷놀이 등).
   (　　) 2 음식 나누어 먹기가 좋겠다.
   (　　) 3 가정을 위해 특별기도를 해주는 것이 좋겠다.
   (　　) 4 성경 퀴즈를 했으면 좋겠다.
   * 보기에 없으면 적 으시오(　　　　　　　　)
7. 구역공과교재나 교재출판위원회에 하고 싶은 이야기를 적으시오.

절

취

선

| 〈 보내주시는 교회 선물을 받으실 분 〉<br>(우편번호) 주소는 정확하게, 담임목회자 명 | 〈 보내 주실 곳〉<br>07010 서울 동작구 사당로 214(사당동)<br>도서출판 아가페문화사 교재편찬위원회 앞 |
|---|---|

## 라이브 성경 · The Live Bible

**적극 추천합니다.**

**김의원 교수** : 구약
총신대학교 전, 총장
백석대학교 현, 부총장

**김상훈 교수** : 신약
총신대학교 신학대학원,
신약학 교수

편찬책임 | 김영무 목사

■ 사륙 변형판 / 값 39,000원(최고급 소재, 컬러 종류: 검정, 겨자, 와인)

**BIG 개역개정4판 | 해설 새찬송가 합본**

**갈급한 영혼을 위한!**
**읽기 편한 큰 글자 성경!**

**살아있는 성경!**
갈급한 영혼을 위해 다양한 주제를 파노라마식으로 제시.
영혼의 산책을 통해 신앙을 부흥시키는 성경.

**적용하는 성경!**
성경을 통독하게 하고,
말씀에 따라 살도록 인도하는 성경.
명확한 해석 제시와 본문에 맞는 연대기 표기.

**실제적인 성경!**
예배와 영성을 위한 성경본문에 맞는 관련 찬송 수록.
핵심 영성 심방사전 및 설교사전 수록.

◆ 편찬책임 김 영 무 목사
- 총신대학교 신학대학원 졸업(M. Div. Equiv.)
- 총신대학교 교육대학원 졸업(M. Ed.)
- 현재, 도서출판 아가페문화사 대표

THE PRAYER BIBLE THE PRAYER BIBLE THE PRAYER BIBLE THE PRAYER

**대표기도 ● 개인기도 ● 특별기도의 결정판!!**

- 하나님의 보좌를 움직이는 생생한 기도의 실제 가이드!!
- 기도에 대한 성경의 가르침
- 주기도문 해설 - 주님! 기도를 가르쳐 주옵소서!
- 대표기도 핵심 가이드(실제예문 수록)
- 성경인물들과 역사적 인물들의 살아있고 능력을 겸비한 모범기도
- 개인영성훈련기도의 실제적인 지침서

# 주님! 기도를 가르쳐 주옵소서!

김경화 · 김영무 지음

아가페문화사

696쪽 신국판 정가 17,000원
4×6판 정가 12,000원
국반판 정가 8,000원(기도 바이블)

부흥하는 구역
생동하는 구역
전진하는 구역
결실하는 구역
파송하는 구역
건강한 구역
치유하는 구역
소그룹 및 구역공과 편찬위원회
대표 신소섭 목사

세상을 변화시키는 52주 구역공과

# 하나님의 은혜를 사모하는 구역

2016. 11. 15 초판 인쇄
2016. 11. 20 초판 펴냄

지은이 교재편찬위원회
발행인 김영무

발행처 도서출판 아가페문화사
07010 서울 동작구 사당4동 254-9
전화 3472-7252, 7253 팩스 523-7254
등록 제3-133호(1987. 12. 11)

보급처 : 아가페문화사
07010 서울 동작구 사당4동 254-9
전화 3472-7252, 7253 팩스 523-7254
우 체 국 011791-02-004204 (김영무)

값 7,000원

ISBN 978-89-8424-149-7 03230